René Borbonus

Relevanz

René Borbonus

# Relevanz

Was wann warum für wen
wichtig wird

Econ

**Wir verpflichten uns zu Nachhaltigkeit**

- Klimaneutrales Produkt
- Papiere aus nachhaltiger Waldwirtschaft
- ullstein.de/nachhaltigkeit

MIX
Papier aus verantwortungsvollen Quellen
FSC® C014496
FSC
www.fsc.org

Econ ist ein Verlag
der Ullstein Buchverlage GmbH

ISBN: 978-3-430-21005-8

2. Auflage 2022


Redaktion: Michael Schickerling, schickerling.cc, München

Gesetzt aus der Janson Text LT
Satz: Pinkuin Satz und Datentechnik, Berlin
Druck und Bindearbeiten: GGP Media GmbH, Pößneck
Printed in Germany

# Inhalt

## Prolog

# Der Kitt in den Fugen der Welt: Warum Relevanz die kurze Antwort auf alles ist

*»So ist Fußball. Manchmal gewinnt der Bessere.«*
*Lukas Podolski*

Kommunikation ist keine Glückssache. Auch wenn es immer wieder Momente gibt, in denen es so scheinen mag. Und damit meine ich jetzt nicht einmal diese Momente, wenn ich nach dem Abpfiff nicht schnell genug den Fernseher ausschalte, wenn ich der Logik meiner Kinder argumentativ beim besten Willen nichts entgegenzusetzen habe oder wenn meine Frau Diskussionen ganz entspannt mit einem Blick beendet und einfach nicht verstehen will, dass ich recht habe … Ich meine etwas anderes und es ganz ernst damit: Mir tut es wirklich weh, wenn Menschen mit ihren Zielen an ihrer Kommunikation scheitern. Damit meine ich zwar weder alle Menschen noch alle Ziele, denn Blödsinn gibt es auf allen Kanälen weiß Gott schon genug. Wenn jemand keine Wirkung hat, weil seine Argumente einfach Quatsch sind, weil er keinen Sinn stiftet oder weil seine Idee niemandem nützt außer ihm selbst, dann finde ich das absolut fair.

Wenn aber jemand mit einer wichtigen Botschaft keine Relevanz findet, weil er sie nicht gut genug oder sogar falsch kommuniziert, finde ich das schade. Wenn jemand mit einer zündenden Idee trotz guter Argumente nicht gehört wird, obwohl er etwas bewegen könnte, ist das ein Drama. Und diesem Drama möchte ich, soweit es denn in meiner Macht steht, begegnen.

Wir alle – und da schließe ich mich selbst ausdrücklich ein –

haben das Nachdenken über Sprache und Kommunikation dringend nötig. Wir leben in einer Welt, die mit jedem Tag komplexer wird. Wenn Sie mich fragen: im Großen und Ganzen trotz allem besser und schöner, aber eben auch schneller und anspruchsvoller. Die Ansprüche und das Tempo unserer Kommunikation steigen gleichzeitig und gefühlt täglich. Es gibt immer mehr Kommunikation, aber immer weniger davon kommt an. Seit wir auf mehr Kanälen kommunizieren, als wir Sinne haben, wird es immer schwieriger, überhaupt noch zu Menschen durchzudringen. Und gleichzeitig wird es immer wichtiger, dass es uns gelingt.

Fakt ist: Wir schulden uns selbst und einander einen bewussten Umgang mit Sprache. Wir alle können neue Sprachwerkzeuge und Kommunikationsstrategien gebrauchen, um mit der Komplexität und dem steigenden Tempo klarzukommen. Doch sei es in der Familie, unter Kollegen, beim Kunden, gegenüber dem Vorgesetzten oder vor irgendeiner Art von Öffentlichkeit: Einfach nur irgendwie kommunizieren reicht nicht mehr, um Menschen zu erreichen. Heute dringen wir nur noch mit unseren Botschaften durch, wenn wir relevant kommunizieren.

Höchstwahrscheinlich trage ich damit bei Ihnen Euros nach Athen. Eigentlich ahnen wir alle, wie wichtig das ist, wozu ich Sie bringen möchte: sich mit Kommunikation auseinanderzusetzen, mit der Wirksamkeit von Worten und den Möglichkeiten von Sprache. Wir alle tragen diese wundervolle Kompetenz in uns. Wir alle haben irgendwann erfahren, was sie bewirken kann – in einem alles verändernden Gespräch oder durch eine umwerfende Rede zum Beispiel. Doch wir machen uns selten strukturiert Gedanken darüber, wie wir sie besser nutzen können.

Denn mehr braucht es gar nicht: Wer sich mehr Relevanz wünscht, muss besser kommunizieren. Mehr nicht. Das ist alles. Echt jetzt. So ist Kommunikation: Manchmal wird der Bessere gehört.

Deshalb gibt es dieses Buch. Ich möchte Sie dabei unterstützen, relevanter zu kommunizieren. Auch ich bin in Sachen Relevanz und in Sachen Kommunikation selbst immer Lernender, und werde es immer sein: Für unsere Kommunikation bekommen wir alle lebenslänglich.

Abnehmen kann und will ich Ihnen das Nachdenken über Kommunikation zwar nicht, und ich will es auch gar nicht. Ihre Relevanz ist Ihre Relevanz, und das ist eine gute Nachricht: Niemand kann sie faken. Ein bisschen was kann ich aber doch für Sie tun. Ich kann Ihnen Impulse und ganz konkrete Werkzeuge an die Hand geben, die Ihre Relevanz stützen, fördern, steigern. Und ich kann Ihnen Inspiration schenken, die genau das macht, was auch wirkungsvolle Kommunikation macht: Spaß.

Das Beste ist: Sie müssen dafür noch nicht mal ein Sabbatical nehmen. Denn das, worum es geht, tun Sie sowieso ständig: Sie kommunizieren den ganzen Tag, und Sie wirken den ganzen Tag – ob Sie wollen oder nicht. Sie können also einfach mit Ihrem Leben weitermachen – nur besser, schöner und ganz oft tatsächlich auch einfacher. Das ist das Wunderbare an der Kommunikation: Indem wir uns die Frage stellen, wie wir relevanter kommunizieren können, finden wir die Antworten auf viele, wenn nicht sogar die meisten unserer kleinen und großen Lebensfragen.

Genau mit denen, und wie die Kommunikation uns dabei hilft, beschäftigen wir uns in diesem Buch – einen Schritt nach dem anderen.

Los geht es in Kapitel 1 mit der Frage, was Relevanz eigentlich ist, und warum wir alle uns mehr davon wünschen. Seit es Relevanz auch digital gibt, genauso wie Kommunikation, hat sich der Wunsch gehört zu werden nämlich scheinbar potenziert.

In Kapitel 2 blicken wir hinter die Benutzeroberfläche von Kommunikation. Wir schauen uns an, wie die Relevanz in unseren Köpfen entsteht – also warum wir manche Dinge wichtiger finden als andere und wie sich das auf unsere Lebensgestaltung auswirkt.

Kapitel 3 nimmt die digitale Kommunikation in den Fokus: Wie hat das Internet verändert, was wir für relevant halten und wie wir es kommunizieren?

Auch die Diskussion über die großen Gesellschaftsfragen wird im Internetzeitalter anders geführt als zuvor. Kapitel 4 widmet sich deshalb der Frage, wie wir Relevanz in öffentlichen Debatten erkennen und unseren eigenen Beitrag dazu leisten können.

Wichtig ist das auch deshalb, weil wir inzwischen in einer regelrechten Bewertungskultur leben. Es wird immer schwieriger, relevante Aussagen und bloße Urteile auseinanderzuhalten. Kapitel 5 zeigt, warum wir eher gehört werden, wenn wir urteilsfrei kommunizieren – und wie das eigentlich geht.

Damit ist ein wichtiger Grundstein für den Kern der relevanten Kommunikation gelegt: Wie wir relevant kommunizieren, indem wir Sprache bewusst einsetzen. Kapitel 6 ist der kleinsten Einheit gewidmet: der Kraft, die von der richtigen Wortwahl ausgeht.

Von dort aus ist es nur noch ein kleiner Schritt zum großen Ganzen: Das Thema von Kapitel 7 ist das Sprachbewusstsein als Schlüssel zur überzeugenden Kommunikation, das in jeden Winkel unseres Alltags und unserer Beziehungen vordringt. Wenn wir Sprache bewusst wahrnehmen und einsetzen, verändert das alles.

In Kapitel 8 geht es im logischen nächsten Schritt darum, wie wir als Persönlichkeiten besser wirken können, indem wir relevant kommunizieren – sei es als Fachexperte im Job, als Familienvater oder als Redner.

Und im finalen Kapitel 9 schließen wir den Kreis mit der Frage, wie wir mit den Mitteln der Kommunikation eine Verbindung mit anderen Menschen herstellen, die lange nachklingt: Resonanz durch Relevanz.

Im Mittelpunkt steht bei alldem die gelebte Kommunikation, wie Sie und ich sie jeden Tag praktizieren. Relevanz – oder genauer: relevante Kommunikation – ist der Kitt in den Fugen unserer Welt. Wenn wir morgens am Frühstückstisch die Nachrichten konsumieren: Relevanz. Wenn wir gleichzeitig mit der Familie den Tag planen: Relevanz. Wenn wir dem Vierjährigen erklären, warum ein Batman-Kostüm nicht jeden Tag das ideale Outfit für den Kindergarten ist: Relevanz. Wenn wir versuchen, dem Chef klarzumachen, warum die Fortbildung nächsten Monat kein firmengeförderter Tourismus ist, sondern tatsächlich notwendig: Relevanz. Wenn wir überlegen, was wir abends kochen und was lieber nicht: Relevanz. Wenn wir irritiert sind, weil ein Politiker, den wir nicht leiden können, etwas Gutes sagt und einer, den wir gewählt haben, etwas Dämliches: Relevanz. Wenn wir am örtlichen Flüchtlingsheim vorbeilaufen und unser Unterbewusstsein sich irgendwo zwischen Angst und Neugier einpegelt: Relevanz. Wenn wir uns zwischen einem Wasserstoffauto und einem Benziner entscheiden müssen: Relevanz. Allein schon die Tatsache, dass der Diesel von vornherein aus dem Rennen ist: Relevanz, oder dann eben Irrelevanz.

Relevanz ist die kurze Antwort auf alles.

Ganz zu schweigen von den größten, schönsten, glücklichsten und genauso den herausfordernden, schwierigsten, einschneidendsten Momenten im Leben, wenn es um alles geht und sich alles verändert: Hochzeit, Geburt, Beförderung, Gipfelsturm – Relevanz. Scheidung, Kündigung, Krankheit, Verlust – Relevanz.

Alles ist Relevanz, und ohne Relevanz ist alles nichts.

Kapitel 1

# Alles, außer Kontrolle: Warum wir uns nach Relevanz sehnen

*»Was wir denken, das werden wir.«*
*Buddha (oder Oprah Winfrey – je nachdem, wen Sie relevanter finden)*

## Relevanz ist mehr als ein Bauchgefühl

Für alle, die Prologe grundsätzlich irrelevant finden, hier eine kurze Zusammenfassung: Alles ist Relevanz, und ohne Relevanz ist alles nichts. Und doch haben wir eigentlich keine Ahnung, was das eigentlich genau ist – Relevanz. Oder?

Vielleicht geht es Ihnen wie mir: Für mich war Relevanz die längste Zeit über etwas Gefühltes. Ich habe aus dem Bauch heraus entschieden, was für mich relevant ist, was für andere relevant sein könnte und wie sich das darauf auswirkt, wie ich mit anderen Menschen kommuniziere. Und oft fahren wir damit auch gar nicht schlecht. In seinem Buch *Blink!* hat Malcolm Gladwell beschrieben, dass dieses »Talent« der Gattung Mensch schon über Jahrtausende geholfen hat, schwierige Situationen plötzlich und intuitiv zu erfassen. Deshalb liegen wir auch heute, in einer beispiellos komplexen und komplizierten Version unserer Welt, noch immer ziemlich oft richtig mit unserem Bauchgefühl, unserer eingebauten Antenne.

Doch so effektiv es in manchen Situationen auch heute noch sein mag: Das Bauchgefühl allein reicht nicht mehr, denn unsere Welt ist kompliziert geworden. Heute braucht es beides: das Bauchgefühl für die menschlichen und allzu menschlichen Situationen; komplexere Werkzeuge für die Aspekte des modernen Lebens, für die wir nicht von Natur aus ausgestattet sind. Über die Kommunikation lässt sich dasselbe sagen.

Komplexität erzeugt Unsicherheit, und Unsicherheit macht uns konfus. Wo wir früher das Gefühl hatten zu wissen, was relevant ist und was nicht, wissen wir in komplizierten Zeiten manchmal nicht einmal mehr, wer und wo rechts oder links ist. Die Unsicherheit verzerrt unser Relevanzempfinden. Sie wirkt auf den inneren Kompass wie ein großes Magnetfeld, das die Nadel wild kreisen lässt – und mit ihr die Gedanken. Wenn wir nicht mehr wissen, wo Norden ist, was wissen wir dann überhaupt noch? Wenn auf das eigene Urteilsvermögen kein Verlass mehr ist, worauf dann? Wenn die ureigenen Gewissheiten keine Relevanz mehr zu haben scheinen, was ist dann überhaupt noch relevant?

Diese Relevanzschmerzen haben einen frappierenden Effekt auf unser Denken und sogar auf die Verfasstheit unserer Gesellschaft: **Gerade in bunten Zeiten hat die Schwarzmalerei Hochkonjunktur.**

Unsere Gehirne tun sich bekanntermaßen schwer mit Veränderungen aller Art, da sie potenziell immer ein Risiko bergen. Aber damit nicht genug: Wir sind nicht nur veränderungsscheu, wir sind auch noch geborene Schwarzmaler. Die Forschungsgesellschaft Ipsos Mori hat in einer Studie[1] nachgewiesen, dass es oftmals erhebliche Abweichungen zwischen unserer Wahrnehmung und der Realität gibt – und dass die Ausschläge in unserer Wahrnehmung in den meisten Fällen ins Negative gehen. **Wir nehmen die Welt meist als schlechter wahr, als sie ist.**

## Menschheit vs. Fakten

Dafür fanden die Forscher eine ganze Reihe an Beweisen. Anhand von Fragen über Schlüsselthemen und Bevölkerungsdaten in der jeweiligen Gesellschaft ermitteln die Ipsos-Forscher, wie Menschen ihr Lebensumfeld wahrnehmen und inwiefern diese

Wahrnehmung mit der Realität zusammentrifft. Dafür werden jedes Jahr circa 30 000 Menschen in 38 Ländern befragt. Und 2017, in einem an politischen und wirtschaftlichen Umwälzungen reichen Jahr, war die Lücke rund um den Globus mal wieder besonders groß.

So ist die Mordrate in den meisten Ländern in den letzten 15 Jahren signifikant gesunken. Das ist die Realität. Die Wahrnehmung der Menschen ist aber eine ganz andere: Nicht einmal jeder zehnte Befragte glaubte im weltweiten Durchschnitt daran, dass es heute weniger Morde gibt als in der Vergangenheit. Die Lücke zwischen Realität und Wahrnehmung wird noch deutlicher, wenn wir das Beispiel konkretisieren: Sind in den letzten 15 Jahren mehr Menschen weltweit durch Terrorangriffe gestorben als in den 15 Jahren davor, oder weniger? Vier von fünf Befragten sind davon überzeugt, dass in den letzten 15 Jahren mehr Menschen dem Terror zum Opfer fielen als zuvor – doch das Gegenteil ist der Fall. 9-11 ist inzwischen 17 Jahre her, doch in unserer Wahrnehmung ist seit 9-11 irgendwie immer 9-11. Obwohl die Forscher die Probanden darauf hinweisen, dass die Anschläge auf das World Trade Center nicht in die letzten 15 Jahre fielen, sondern in den Zeitraum davor, bleibt die Einschätzung über die Menge der Terrortoten dieselbe.

Ähnlich fehlgeleitet ist in den meisten Ländern die Wahrnehmung von populären Debattenthemen wie Teenager-Schwangerschaften oder Impfungen. Auch hier weicht die gefühlte Wahrheit teils massiv von den Tatsachen ab: Der Anteil der Teenager-Mütter wurde in ausnahmslos allen 38 Ländern zu hoch eingeschätzt – teils absurd hoch. Und fast sechs von zehn Menschen weltweit sind sich nicht sicher oder sogar davon überzeugt, dass Impfungen bei gesunden Kindern Autismus auslösen können.

Noch eine Überzeugung, die massiv von der Realität abweicht: In allen Ländern, die die Untersuchung abdeckt, überschätzen Menschen den Anteil der Facebook-Nutzer an der Gesamtbevölkerung (13 Jahre und älter). Wir Deutschen liegen bei dieser Einschätzung um satte 37 Prozent daneben. Durchschnittlich glauben wir, 72 Prozent von uns hätten einen Facebook-Account. Tatsächlich – diese Zahl wird Sie vielleicht genauso überraschen wie mich – sind es nur 34 Prozent.

Lassen Sie das mal einen Moment sacken: Nur ein Drittel der Deutschen hat einen Facebook-Account. Dass 95 Prozent meines Umfelds bei Facebook sind, heißt also noch lange nicht, dass das auch auf 95 Prozent der Bevölkerung zutrifft. Ich weiß nicht, wie es Ihnen geht, aber diese Information lässt mich die gesamtgesellschaftliche Relevanz von Facebook in einem völlig neuen Licht sehen.

## Relevanz besiegt Realität

Unsere fehleranfällige Wahrnehmung ist in der Lage, die Grenzen von Raum und Zeit aufzuheben. Sie kann uns glauben machen, dass wir in einer schlechteren Vergangenheit leben, während wir tatsächlich längst in einer besseren Gegenwart angekommen sind. Unsere Wahrnehmung erscheint uns relevanter als die Realität.

Dass das ein Problem ist, liegt auf der Hand: Wenn wir unser Handeln an falschen Wahrnehmungen ausrichten, handeln wir falsch. Mit der Kontrolle über unsere Wahrnehmung verlieren wir auch die Kontrolle über unser Handeln.

Das Merkwürdige ist: Wir sind tatsächlich genetisch darauf programmiert, schlechte Nachrichten ernster zu nehmen als gute. Unser Gehirn reagiert nicht nur messbar stärker auf negative Informationen als auf positive. Es verarbeitet sie auch bevorzugt und legt sie leichter zugänglich in den Erinnerungen ab.[2]

Noch bevor die Medien, die in der Regel für den allgemeinen Pessimismus alleinverantwortlich gemacht werden, überhaupt Einfluss auf unsere Wahrnehmung nehmen konnten, war unser Gehirn also sowieso schon auf Negatives programmiert. Warum? Weil ein Lebewesen, das Bedrohliches mit höchster Priorität behandelt, mit höherer Wahrscheinlichkeit überleben wird.

Deshalb ist unser innerer Kompass, allen Fakten zum Trotz, noch heute ziemlich leicht zu verwirren. Wir sind gar nicht bereit zu glauben, dass die Welt besser sein könnte, als wir sie wahrnehmen. Denn Optimismus kann tödlich sein. Stimmt natürlich nicht (mehr), statistisch betrachtet: Die Wahrscheinlichkeit, dass die gute Nachricht zutrifft (»Heute keine hungrigen Raubtiere direkt vor dem Höhlenausgang!«), ist relativ hoch. Selbst, wenn wir nicht aus reiner Vorsicht zweimal nachsehen, bevor wir rausgehen, überleben wir das wahrscheinlich.

Aber sagen Sie das mal Ihrem archaischen Gehirn.

### Kontrolle übernehmen

Die gute Nachricht ist: Wenn wir uns mehr Kontrolle darüber nehmen, was wann für wen wichtig wird und warum, erlangen wir auch mehr Kontrolle über unser Leben. Wir können besser steuern, welchen Themen, Thesen und Typen wir einen Einfluss auf unser Leben geben, und welchen nicht. Und wenn wir das Prinzip Relevanz in unserer eigenen Kommunikation nutzen lernen, können wir auch dafür sorgen, dass wichtige Themen bei anderen einen höheren Stellenwert erlangen. Wenn wir lernen, Relevanz einzusetzen, können wir Menschen besser überzeugen.

Denn bei allen evolutionären Schrullen unseres Gehirns, die uns bis heute das Überleben sichern, manchmal aber auch ganz schön auf der Leitung stehen lassen: Niemand hat mehr Macht über unsere Wahrnehmung als wir selbst. Jedenfalls so lange, wie wir sie niemand anderem geben.

Wenn wir das Konzept Relevanz neu für uns entdecken, können

wir Kommunikation neu denken und lenken. Manipulation und Indoktrination haben schlechte Karten, wo Menschen in Kontakt und in Verständigung sind. Kommunikation ist Leben. Relevante Kommunikation verleiht dem Leben Relevanz.

Wenn die Relevanz und mit ihr unsere Wahrnehmung und unsere Kommunikation mit beiden Beinen fest auf dem Boden der Tatsachen stehen, öffnet sich auch unser Horizont. Dann können wir sehen, was gut und richtig in der Welt ist – und nicht nur, was neu und bedrohlich wirkt. Erst dann können wir auch weiterdenken, neue Wege gehen, neue relevante Themen und Ideen entdecken und für die Dinge einstehen, die uns am Herzen liegen.

Die Relevanz gehört uns. Nutzen wir sie für das, was uns wichtig ist.

## Was bedeutet Relevanz?

Für etwas, das unseren Alltag bestimmt, ist die Relevanz oft erstaunlich gut getarnt. Oft starren wir ihr ins Gesicht und merken es nicht. Also fangen wir besser ganz vorsichtig an mit der Frage: Was genau ist das eigentlich, Relevanz?

Darauf haben unterschiedliche Disziplinen sehr unterschiedliche Antworten gefunden, und die Bedeutung des Begriffes hat sich auch im Lauf der Zeit recht deutlich verändert. Denn Relevanz ist ein ziemlich dehnbarer Begriff; konkret wird sie durch den Bezug zu einem Thema. Man kann viel über Relevanz lernen, wenn man sich anschaut, wie verschiedene Fachdisziplinen den Begriff definieren und welche Bedeutung sie ihm zuschreiben. Darin stecken spannende Ansätze für unser Ziel, relevanter zu kommunizieren – also Sprache gezielt für das einzusetzen, was uns wichtig ist.

Die Wortherkunft sowohl des Adjektivs »relevant« als auch des Substantivs »Relevanz« lässt uns vom heutigen Sprachgebrauch her betrachtet erst einmal um die Ecke denken: Das Adjektiv »relevant« ist aus dem lateinischen »relevans« abgeleitet, also vom Partizip Präsens von »relevare«. »Relevare« hat im Lateinischen verschiedene Bedeutungen: Es kann sowohl mit »hochheben«[3], »aufheben«, »in die Höhe heben«, »entgegenheben« und dadurch sichtbar, erkennbar und deutlich machen als auch mit »erleichtern« und »befreien« übersetzt werden.[4] »Relevare« ist zusammengesetzt aus »re-« für »entgegen, zurück« und »levare« für »heben, leichter machen, erleichtern«.[5] In der deutschen Sprache wird es im Sinn von »hochheben«, »in die Höhe heben« verwendet.

Diese Verwendung passt auch gut zu der Ballettfigur des Relevé (aus dem französischen »relevé«, »das Aufheben«): Damit ist das bekannte Sicherheben des Tänzers vom flachen Fuß auf die Zehenspitzen gemeint, das sogenannte »Relevieren«.

Den Ursprung vom lateinischen »relevare« hat das Wort »relevant« mit dem Begriff »Relief« gemeinsam. Relief ist zu übersetzen als »plastisches Bildwerk auf einer Fläche«. Es wird aber auch im Sinn von »Geländeoberfläche oder deren plastische Nachbildung« gebraucht.[6] Das Substantiv wurde am Anfang des 18. Jahrhunderts aus dem gleichbedeutenden französischen Wort »Relief« entlehnt, das von französisch »relever« (lateinisch »re-levare«) und »levis« (»leicht«) abgeleitet ist und eigentlich »das Hervorheben« bedeutet.[7] Was also im Wort »relevant« in seiner heutigen Bedeutung steckt, nämlich dass etwas von hervorgehobener Bedeutung ist, findet sich im Wort »Relief« in einem physischen Sinn wieder.

## Vom Juristendeutsch zum Modewort

Das Adjektiv »relevant« ist seit dem 17. Jahrhundert im deutschen Sprachgebrauch nachgewiesen. Man entlehnte das Wort im Verständnis von »schlüssig, richtig« aus der mittellateinischen Formulierung »relevantes articuli«. Im Rechtsstreit bedeutet das so viel wie »berechtigte, beweiskräftige Argumente«. Man beschränkte sich bei der Verwendung des Worts zunächst auf juristisch-administrative Zusammenhänge, es war jedoch zunehmend auch in wissenschaftlichen Texten aufzufinden.[8] Die gedankliche Brücke von »in die Höhe hebend« (beim Ballett) zu »beweiskräftig« geht vom Bild der Waagschalen der Justitia aus.

Das Substantiv »Relevanz« ist im Gegensatz zur viel älteren Verwendung als Adjektiv erst seit dem 19. Jahrhundert im deutschen Sprachgebrauch.[9] Und erst seit Mitte des 20. Jahrhunderts, also seit knapp 70 Jahren, werden sowohl »relevant« als auch »Relevanz« zunehmend auch in ihren heute gebräuchlichen Bedeutungen genutzt. Die Sprachforscher Strauß, Haß und Harras führen das in einer Analyse »brisanter Wörter« auf die wachsende Bürokratisierung des öffentlichen Lebens zurück.[10] Das Leben wurde durch die wachsende Bürokratisierung ab dem 19. Jahrhundert zunehmend verrechtlicht, und so fanden viele Begriffe aus der juristischen Sprache Einzug in die Alltagssprache.

Im Lauf des 20. Jahrhunderts fand »Relevanz« zunächst als Modewort unter dem Einfluss des Englischen immer stärker Eingang in die deutsche Sprache.[11] Schließlich bürgerte sich dabei die Bedeutung ein, die noch heute gebräuchlich ist: »Relevant« ist etwas, das wir in einem bestimmten Zusammenhang als besonders wichtig und ausschlaggebend einstufen.[12]

## Relevanz als Kriterium im Journalismus

Relevanz bedeutet in der journalistischen Arbeit, dass ein Nachrichtenthema für die Zielgruppe interessant oder sogar wichtig sein muss. »Wichtig« heißt hierbei, dass das Thema Auswirkungen zumindest auf einen Teil der Zielgruppe haben muss.[13] Je nach Medium kann das Kriterium der Relevanz unterschiedlich ausgelegt werden. Jedes Medium hat seine eigene spezifische

Zielgruppe, und für jede Zielgruppe sind andere Themen relevant. So kann eine Nachricht über den Dollarkurs für die Zielgruppe des Wirtschaftsmagazins *Capital* sehr relevant sein, weil sich unter den Lesern viele befinden, die Aktien halten oder in internationalen Unternehmen tätig sind. Eine Erhöhung des Hartz-IV-Satzes wäre dagegen weitaus relevanter für die Leser einer Tageszeitung mit sehr breiter Zielgruppe.

Nach dem Modell von Winfried Schulz von 1976 wird Relevanz mit den Kriterien Nähe und Betroffenheit zu einer von sechs Dimensionen zusammengefasst, die zusammen den Wert einer Nachricht bestimmen. Dem Rezipienten geht demnach ein Ereignis nahe und ist daher relevant, weil er unmittelbar davon betroffen ist. Das kann auch bei geografischer Entfernung der Fall sein, sofern das Ereignis Einfluss und Folgen auf die eigene Gesellschaft oder Situation hat.[14]

So hat beispielsweise der Krieg in Syrien zur Flucht vieler Menschen aus dem arabischen Land geführt. Direkt relevant für die hiesige Bevölkerung wurde dieses Thema jedoch erst dadurch, dass ein Teil dieser Menschen nach Europa geflüchtet ist und hierzulande Asyl beantragt hat. Dadurch ist das Thema in unsere unmittelbare Nähe gerückt, und wir sind – oder fühlen uns – direkt betroffen. Der Krieg tobte jedoch zu diesem Zeitpunkt schon jahrelang in Syrien, ohne dass die hiesige Öffentlichkeit viel Notiz davon genommen hätte. Er hatte schlicht zu wenig mit unserem Leben zu tun, bevor auch wir in unserem Alltag mit seinen Folgen konfrontiert wurden.

Ähnlich ist es mit Themen wie den Gigatonnen von Plastikabfall in den Weltmeeren oder dem Klimawandel: Beide Probleme existieren seit Jahrzehnten. Doch erst, seit die Folgen für uns am eigenen Leib spürbar und sichtbar werden, wird umfassend darüber berichtet – auch deshalb, weil sie jetzt in Wort und Bild eindeutig darstellbar sind. Leider ist ein Artikel über Plastik in den Weltmeeren weitaus wirksamer und das Thema schlagartig relevanter, wenn darüber ein Bild von einem mit Plastikmüll behangenen Seepferdchen prangt. Auch das ist letztlich unserer Wahrnehmung geschuldet: Erst das Seepferdchen erzeugt die Aufmerksamkeit in uns, die das Problem erfordert.

Themen erlangen also in den Medien erst eine hohe Wichtigkeit, wenn bestimmte Kriterien erfüllt sind – und Relevanz für die Zielgruppe ist ein ganz zentrales Kriterium. Es muss also nicht immer gleich eine politische Verschwörung dahinterstecken, wenn über gewisse Themen nicht oder nicht sofort berichtet wird.

## Relevanz in der Kommunikation

Dieses Buch stellt Relevanz in einen sehr konkreten, und doch umfangreichen Kontext: den der Kommunikation. Das ist der Bereich, in dem ich mich als Kommunikationstrainer einerseits am besten auskenne – und in dem ich andererseits noch heute ständig dazulerne.

Wir alle kommunizieren jeden Tag, mit jedem Wort und mit jeder Bewegung. Sogar, wenn wir schweigen, senden wir eine Botschaft. Wir können ja bekanntlich nicht *nicht* kommunizieren. Es ist nur so, dass die Tatsache, dass wir permanent kommunizieren, noch nicht viel über die Qualität dieser Kommunikation aussagt. Kommunikation ist das, was wir alle tun. Doch wenn unsere Kommunikation immer auch die gewünschte Wirkung hätte, hätten Menschen wie ich keine Arbeit mehr. Die Beschäftigung mit Relevanz war für mich der konsequente Schritt – denn letztlich ist Relevanz die Antwort auf den Wunsch, mit dem Menschen an mich als Kommunikationstrainer herantreten: Wirkung für ihre Botschaften, und Wirkung für sich als Persönlichkeiten, als Experten, als Sprachrohre.

Dieser Wunsch ist ein Wunsch, der uns alle eint. Wir alle wünschen uns Relevanz mit dem und durch das, was wir sagen. Wir alle wollen mit unserer Kommunikation wirken. Wir alle sehnen uns nach Relevanz. Sie müssen nicht berühmt sein, um

Relevanz zu besitzen. Relevant zu kommunizieren bedeutet wirkungsvoll – oder wahlweise: erfolgreich – zu kommunizieren, auf welcher Flughöhe auch immer. Der Politiker oder Konzernchef, der sich mit seinen Botschaften an die Weltöffentlichkeit richtet, braucht Relevanz genauso wie der Vater, der seinem Kind verständlich macht, warum man Zähne putzen muss. Relevanz kennt keine Unterschiede – Relevanz macht den Unterschied.

Noch etwas ist mir wichtig zu betonen: Rhetorische Relevanz ist keine naturgegebene Eigenschaft. Man kann sie lernen. Sie ist ein Wirkprinzip, das bestimmten Mustern folgt und sich sprachlich und inhaltlich nachweisen und reproduzieren lässt. Sie ist zwar sehr kontextabhängig – aber kein Hexenwerk.

**Relevanzlupe: Definitorischer Dreischritt – Relevanz in der Kommunikation**

1. Relevanz ist ein Wirkprinzip in der Kommunikation.
2. Relevante Kommunikation ist wahrhaftige, also faktentreue und ausgewogene Kommunikation, die außerdem die gewünschte Wirkung hat: Relevanz = Substanz x Wirkung.
3. Eine relevante Persönlichkeit ist eine, die wirkungsvoll kommuniziert.

Für die Kommunikation ist Relevanz gerade deshalb ein so spannendes Konzept, weil es nicht nur das Was und das Wie, sondern auch das Warum von Kommunikation betrifft. In diesem Sinn ist sowohl die Alltagsbedeutung des Begriffs als auch die Verwendung als Fachbegriff im Journalismus Teil der Bedeutung, die Relevanz als Konzept in der Kommunikation hat – denn beide Bedeutungen beziehen sich auf die Wirkung einer Botschaft. Und Relevanz, im Sinn der Wirkung von

Kommunikation, umfasst jeden Prozess der Kommunikation in seiner Gesamtheit, jeden noch so kleinen Aspekt des Austauschs von Botschaften und sogar all das, was wir eben nicht aussprechen, aber mit unseren Äußerungen transportieren.

Relevanz ist, wenn Kommunikation funktioniert.

## Kapitel 2

# Glauben Sie nicht, was Sie denken: Wie Relevanz unser Leben bestimmt

*»Denken ist schwer, darum urteilen die meisten.«*
*Carl Gustav Jung*

### Relevanz zum Runterspülen

Erste Frage: Wussten Sie, dass konservative Politiker sich den Po eher mit der linken Hand abwischen, während linke Politiker dafür eher ihre rechte Hand bemühen?

Zweite Frage: Wollten Sie es wissen?

Dritte Frage: Fragen Sie sich gerade, wie zum Teufel man das herausgefunden hat?

Die unerhörte Information verdanken wir einer Studie des britischen Wissenschaftlers Gary Lewis.[15] Sie bezieht sich auf die sogenannte Social-Priming-Theorie. Sie besagt, dass Menschen, die zuvor unbewusst für ein bestimmtes Thema sensibilisiert wurden, anschließend entsprechende körperliche Reaktionen zeigen können. So beobachteten Forscher, dass Menschen sich langsamer bewegten, wenn sie zuvor mit dem Thema Altern konfrontiert wurden – etwa durch Bilder, die ihnen gezeigt wurden.

Auf der Grundlage dieser Theorie habe er britische Abgeordnete darüber befragt, welche Hand sie nach dem großen Geschäft zur Spurenbeseitigung bevorzugten, so Lewis über seine Studie. Publiziert wurde sie in dem renommierten Magazin *Psychology and Psychotherapy*.[16] Interessant ist, neben dem frappierenden Zusammenhang zwischen politischer Einstellung und Handgebrauch, auch die prominente Riege von Befragten, die sich dieser Studie im Dienst der Wissenschaft stellten: Teilgenommen hätten unter anderen die Parlamentarier Boris Johnski, Terese Maybe und Placido Domingo. Ein Abgeordneter namens Nigel F. Arage habe dagegen kein Interesse am Forschungsgegenstand gezeigt.[17]

Spätestens nach dieser Aufzählung ist Ihnen klar, dass ich Ihnen gerade einen Bären aufbinde. Das Erschütternde ist nur: Die Studie, die Gary Lewis frei erfunden hat, ist tatsächlich im besagten Fachmagazin erschienen. Und das, obwohl die Zeitschrift von sich behauptet, jeden Beitrag vor Veröffentlichung einer Qualitätsprüfung zu unterziehen, der sogenannten »Peer-Review«. Wäre das tatsächlich geschehen, wäre vermutlich irgendjemand über die fiktiven Politikernamen gestolpert – ganz zu schweigen von Lewis' angeblichem Arbeitsplatz, dem »Institut für interdisziplinäre Politik- und Fäkalwissenschaften«.

Mit seiner Aktion wollte der Wissenschaftler allerdings nicht nur Spaß haben, sondern auf ein reales Problem aufmerksam machen: Forscher stehen heute unter enormem Druck, ihre Ergebnisse möglichst oft und breit zu publizieren. Und es gibt Magazine, die das ausnutzen und sich die Publikation bezahlen lassen – während sie gleichzeitig damit werben, durch angebliche Peer-Reviews wissenschaftliche Standards einzuhalten.[18]

Alles relevant, nur die Fakten nicht: ein Trend, der uns in unserer Intelligenz beleidigt und doch um sich greift. Der Grund, warum das so gut funktioniert, ist eigentlich ein erfreulicher: Menschen sind von Natur aus neugierig. Wir wollen so viel wie möglich wissen. Solange wir unter Kontrolle haben, was wir an Informationen aufnehmen, ist das eine gute Sache. Wenn wir Informationen konsumieren, die fürs Klo sind, nicht so sehr. Von letzteren gibt es leider immer mehr, die den relevanten Informationen Konkurrenz machen – ein Zustand, mit dem wir lernen müssen umzugehen. Dafür ist es hilfreich zu verstehen, wie das eigentlich funktioniert: »Wissen« beziehungsweise »Wissenserwerb«.

## Relevanz und Wissen

Jeder Mensch verfügt über Wissen – die einen mehr, die anderen weniger, okay. Doch wie unterscheiden wir, welcher Teil unseres Wissens, das es in der Welt gibt, für unser Leben oder für eine bestimmte Situation relevant ist? Wie konstruieren wir uns unsere ganz persönliche Relevanz – und darauf beruhend unser Leben, Denken und Handeln?

Auf diese existenziellen Fragen suchte der Philosoph, Soziologe und Jurist Alfred Schütz (1899 bis 1959) in seiner Publikation *Die Strukturen der Lebenswelt* Antworten. Darin betrachtete er, wie Menschen Wissen erwerben, und warum sich das Wissen und der Umgang damit von Mensch zu Mensch unterscheidet – je nachdem, welche Erfahrungen sie im Lauf ihres Lebens machen.

Wir haben Wissen, weil wir vom Moment unserer Geburt an versuchen, Situationen zu bewältigen. Seit dem ersten Wimpernschlag ermöglichen unsere Sinne uns die Erfahrung der Realität. Legt ein Kind die Hand auf die heiße Herdplatte, empfindet es Schmerz und wird den Vorgang sicher nicht wiederholen. Das Wissen darüber, dass eine Herdplatte heiß sein kann, »sedimentiert« sich in seinem Gedächtnis. In der primären Sozialisation, also im Vorschulalter, und in der sekundären Sozialisation, also bis zum Alter von 17 bis 20 Jahren, wird Wissen vor allem auf abstraktem Weg in der Schule oder in der Familie vermittelt. Das Kind, der Jugendliche sedimentiert weiter Wissen.[19]

Der Begriff »Sedimentieren« geht auf die Geologie zurück: Wie der Boden besteht auch unsere Erinnerung, also unser durch Erfahrung angesammeltes Wissen, aus unterschiedlichen Schichten, die sich nach und nach durch die Bewältigung von Situationen im Leben ablagern – sowohl bewusst als auch unbewusst. Auf diesen Wissensvorrat greifen wir permanent zurück. Und wir sind als Menschen deshalb unterschiedlich, weil wir in unseren Biografien trotz vielleicht ähnlicher Voraussetzungen unterschiedliche Herausforderungen meistern mussten.

Aus genau diesem Grund sind für unterschiedliche Menschen auch unterschiedliche Informationen, Erfahrungen und Wissensbereiche interessant: Wir leben unterschiedlich, und deshalb hat verschiedenes Wissen Bedeutung dafür, wie wir unseren Alltag bewältigen. Für mich als regelmäßigen Redner etwa ist das Wissen, wie man auf der Bühne vor Tausenden Menschen mit einem Blackout umgeht, ein wichtiger Baustein für die Bewältigung meines Alltags. Wenn Sie dagegen nie vor größeren Menschenmengen sprechen, ist diese Information für Sie ziemlich nutzlos.

Die Tatsache, dass Menschen in derselben Situation völlig unterschiedlich denken, entscheiden und handeln, ist auch der Grund, warum wir unterschiedliche Prioritäten setzen – im Leben allgemein, und auch in unserem Wissenserwerb und in unserer Kommunikation. Diese Prioritäten sind gleichbedeutend mit »Relevanzen«. Verkürzt gesagt bilden die Relevanzen, die wir aufgrund unserer Lebenssituationen und Erfahrungen setzen, um unser Wissen und unser Handeln zu organisieren, unsere individuellen Relevanzstrukturen. Jeder Mensch hat also seine eigenen. Sie sind dafür verantwortlich, dass wir die Welt unterschiedlich und auch selektiv wahrnehmen.

Deshalb ist Relevanz keine Schablone, die wir bequem über alles Wissen in der Welt legen könnten, um alle auf einen Schlag gleich schlau zu sein. Relevanz ist etwas hochgradig Individuelles. Wie Sie Wissen erwerben, wie Sie damit umgehen und welche Prioritäten Sie setzen, um mit Ihrem individuellen Wissensvorrat Ihr Leben zu gestalten, verändert sich mit jeder einzelnen Situation, die Sie je bewältigt haben, und mit jeder einzelnen Erfahrung, die Sie je gemacht haben. Ihre Relevanzstrukturen sind so individuell wie ein Fingerabdruck. Diese hochgradig individuellen Strukturen, die Ihren Wissenserwerb steuern und Ihren Umgang mit Informationen formen, sind so etwas wie der Werkzeugkasten, mit dem Sie Ihr Leben bewältigen. Niemand hat denselben Werkzeugkasten wie Sie – denn niemand hatte immer dieselben Baustellen wie Sie.

So weit, so gut – wenn wir denn tatsächlich nur hilfreiches Wissen erwerben würden. Leider erwerben wir aber nicht nur, wie Schütz in seiner Theorie voraussetzt, hilfreiches Wissen – schon gar nicht, seit die Massenmedien und das Internet so viel Ablenkung für uns bereithalten. Wir sind schlampig geworden mit unserem Wissenserwerb – und das wirkt sich natürlich auf unsere Relevanzstrukturen aus, die erworbenes Wissen priorisieren. Wir halten es mit der Relevanz oft wie mit der Ernährung: Wir stopfen alles Mögliche in uns rein, das nicht gut für uns ist.

## Illusion des Wissens

Relevanz bestimmt also unser Leben, ob wir das wollen oder nicht. Die Relevanz oder Irrelevanz von Botschaften, die wir an uns heranlassen, steuert unser Denken und Handeln und nimmt direkten Einfluss auf unsere Prioritäten. Im Alltag orientieren wir uns permanent an Relevanzkriterien. Wir machen uns diesen Prozess nur in aller Regel nicht bewusst.

Auch wenn wir noch so aufgeklärte, vernünftige und rational denkende, hochqualifizierte Individuen sind: Die Relevanz hat die meisten von uns weit besser im Griff als wir unsere Relevanz. Ich denke, also bin ich relevant? Schön wär's. Der vielleicht größte Irrglaube über das Denken ist, dass wir es unter Kontrolle hätten.

Wir denken uns topinformiert, sind es aber nicht. Deshalb treffen wir falsche Entscheidungen.[20] Allein aufgrund der Tatsache, dass alles Wissen theoretisch per Mausklick zugänglich ist, halten wir uns für schlauer, als wir sind – doch wir zapfen all das verfügbare Wissen nicht wirklich an. Vielmehr berufen wir uns mehr denn je auf den Wissenskonsens in unserem selbst gewählten oder durch soziale Prägung erworbenen Umfeld; einschließlich der digitalen Blase, in der wir uns aufhalten. Mit allem anderen fühlen wir uns im Alltag völlig überfordert.

Kein Mensch könnte zum Beispiel alle Studien über Ernährung konsumieren – zumal noch schnell vor dem Abendessen. Also halten wir uns an das, was wir in einem Internetforum unserer Wahl, von der irre schlanken Kollegin oder »irgendwo im Fernsehen« mal aufgeschnappt haben. Öfter, als wir selbst denken, werden wir gedacht – und wir wollen es so.

Die eigentliche Entscheidung, so Sloman, treffen wir also lange vor unserem vermeintlich individuellen Denk- und Entscheidungsprozess: die Entscheidung, welche Gemeinschaft wir repräsentieren wollen. Deren Wissen zapfen wir an und treffen unsere Entscheidungen dadurch automatisch im Konsens mit dieser Gemeinschaft. Im Klartext: Wir plappern oft nach, was andere Unwissende uns vorsagen.

Schwer zu schlucken, diese Diagnose, oder? Abgesehen von vielen wissenschaftlichen Studien, mit denen Sloman seine Thesen untermauern kann, lässt sie sich im Alltag leider jedoch sehr leicht nachvollziehen. Ein Beispiel ist unsere individuelle Haltung zum Thema Erderwärmung. Den einen macht sie schlaflose Nächte, die anderen halten sie für ein Gerücht – und beide Gruppen glauben zu wissen, dass sie recht haben.

Leider machen sich das nicht immer nur diejenigen zunutze, die wollen, dass Menschen sich konstruktiv mit einem Thema auseinandersetzen. Die Klimapolitik der US-Regierung unter Donald Trump – und die Tatsache, dass er von Millionen unter anderem dafür gewählt wurde – ist ein Beispiel dafür, wie oft »Wissen« heute tatsächlich »Glauben« bedeutet. Trumps eigene Kommunikation ist das beste Beispiel dafür: Als es in New York City im Winter einmal kalt wurde, twitterte er: »Es gefriert und schneit in New York – wir brauchen globale Erwärmung!«[21] Wenn er nur einflussreich genug ist, kann ein einzelner Mann die Menschen und damit auch die öffentliche Meinung zu einem Thema durcheinanderbringen. Selbst lupenreine Fakten sind plötzlich nicht mehr indiskutabel, wenn jemand sie infrage stellt, auf den genug Menschen hören. Im Sinn der Tatsachen ist eine so abwegige These natürlich irrelevant; im Sinn der öffentlichen Meinung leider nicht. Relevanz geht nicht ohne Fakten – Publicity schon.

Gerade deshalb ist es so wichtig, dass es genügend »untrumpige« Kommunikatoren gibt, die in der Debatte ein Gegengewicht bilden. Gibt es sie nicht, gewinnt die faktenuntreue Publicity auch mal die Oberhand. Anschaulich ist das mit der folgenden Szene umschrieben, die ich bei Comedian Dieter Nuhr aufgeschnappt habe: Zwei Menschen unterhalten sich. Der Erste sagt: »Eins und eins ist drei.« Darauf der Zweite: »Bist du bekloppt, eins und eins ist zwei!« Ein Dritter steht daneben und denkt sich: »Ach, schau mal – es scheint strittig zu sein.« Schon ist die Mehrheit der drei Menschen nicht mehr so ganz auf der Seite der Fakten …

Seit vielen Jahren herrscht unter Forschern, auch in den USA, der Konsens, dass die Erderwärmung erstens real und zweitens in hohem Maß auf menschliche Aktivitäten zurückzuführen ist. Der aktuellste Bericht des Weltklimarats vom Oktober 2018,[22] für den 91 Autoren aus 40 Ländern rund 6000 einzelne Studien auswerteten, machte das einmal mehr deutlich: Die Menschheit stößt jedes Jahr rund 41 Milliarden Tonnen Treibhausgase aus. Ein großer – und am ehesten vermeidbarer – Teil davon geht auf die Verbrennung von fossilen Treibstoffen zurück. Um eine Erderwärmung über die vor Jahren festgelegte Schwelle von 1,5 Grad Celsius hinaus zu verhindern, sind drastischere Maßnahmen nötig als bisher angenommen, denn die bisherigen Bemühungen reichen den Analysen zufolge nicht aus.[23] Das sind die Fakten, die Tausende Forscher in Tausenden Studien wieder und wieder zementiert haben.

Donald Trump machte – ebenfalls schon 2012, als sein Einfluss noch nicht einmal so groß war wie heute – in einem weiteren Tweet deutlich, dass er von diesen Fakten nicht viel hält. »Das Konzept der globalen Erwärmung wurde von den und für die Chinesen erfunden, um der US-Industrie ihre Wettbewerbsfähigkeit zu nehmen.«[24] Gibt es eine wissenschaftliche Quelle für diese Unterstellung? Natürlich nicht. Doch es gibt

Millionen von Menschen, die dieser Behauptung mehr Glauben schenken als den Ergebnissen Tausender Experten – oder schenken wollen, weil die Alternative nicht zur Realität ihrer Lebensumstände und ihrer Gemeinschaft passt.

Es folgten viele weitere teils widersprüchliche Aussagen und Tweets in Klimafragen, bis Trump die USA schließlich aus dem Pariser Übereinkommen zurückzog, in dem sich die 196 Mitgliedsstaaten 2015 zur Begrenzung der Erderwärmung auf deutlich unter 2 Grad Celsius verpflichtet hatten. Zuvor war er zum Präsidenten der Vereinigten Staaten gewählt worden – nicht zuletzt von Millionen von Minen- und Industriearbeitern, deren Jobs in der Kohleförderung, der Schwerindustrie und anderen Branchen mit hohem $CO_2$-Ausstoß von der Klimapolitik abhängig sind, real oder gefühlt. Sie zapften bei ihrer Wahlentscheidung Donald Trumps Nichtwissen über die Erderwärmung und die auf Nichtwissen basierende Gruppendynamik an, die sich am einfachsten mit dem alten Sprichwort beschreiben lässt: Das Hemd ist uns näher als die Hose.

Das ist menschlich nachvollziehbar – es löst nur das Problem nicht, dass die Erdatmosphäre keinen zusätzlichen $CO_2$-Ausstoß verträgt. Und nun? Welche Wahrheit ist relevanter: das unmittelbar sichtbare Jobrisiko in der Industrie oder der drohende Klimakollaps in einigen Jahrzehnten, den man im Hier und Jetzt viel schwerer beweisen kann? So zugespitzt ist die Frage gar nicht so leicht zu beantworten, oder? Schon gar nicht, wenn man zufällig in der Kohleindustrie arbeitet und nie wirklich Berührung mit einschlägigen Studien hatte. Warum denen glauben statt dem Präsidenten der Vereinigten Staaten, wenn der sich auf meine Seite schlägt?

Informationen, die unsere Meinung bestätigen, nehmen wir eher an als Informationen, die ihr widersprechen. Das macht die Wissensillusion so gefährlich: Sie macht uns manipulierbar. Wer die Wissensgemeinschaft, also die soziale Gruppe kontrolliert, bei der wir andocken, kann Relevanz gegen die Fakten konstruieren – und zwar auf erschreckend einfache Art und Weise: Er muss nur sagen, was wir hören wollen. Wer die Wissensgemeinschaft kontrolliert, kontrolliert die Relevanz.

## Vertrauen in die Instanzen

Die wichtigste Frage, die sich für mich aus dem Phänomen der Wissensillusion ergibt, ist folgende: Wem vertrauen Menschen, und wem *sollten* sie vertrauen?

Das Internet macht es sehr leicht, eine Gemeinschaft zu beeinflussen. Allein die Tatsache, dass bestimmte Thesen an bestimmten Orten im Internet präsent sind, reicht vielen Menschen, um zu glauben, diese entsprächen der Wahrheit – auch wenn sie dem breiten wissenschaftlichen Konsens zuwiderlaufen. So kann es passieren, dass manche Menschen glauben, alle Ärzte seien Opfer einer Verschwörungstheorie. Recht hat vermeintlich nur der eine, der wilde Thesen über den Zusammenhang zwischen Impfungen und Autismus aufstellt – alle anderen stehen ja unter der Fuchtel der Pharmaindustrie. Und dann macht man sich dessen Behauptungen zu eigen und verbreitet sie weiter, und plötzlich ist tatsächlich eine Verschwörungstheorie im Umlauf.

Was wir relevant finden, entscheidet sich im Alltag oft nicht daran, was wir wissen – sondern daran, wem wir glauben. Und weil unsere Überzeugungen mit der Zugehörigkeit an eine Gemeinschaft verknüpft sind, ist es gar nicht so leicht, sie uns auszureden: Wir müssten ja den Konsens mit unserer Gemeinschaft riskieren, um sie zu hinterfragen.

Doch liegt genau darin der Ansatz für Veränderung, den auch Steven Sloman vorschlägt. Er plädiert dafür, »die Gemeinschaft als Ganzes skeptischer« zu machen, indem man die Konsequenzen und Ergebnisse von Aussagen, Thesen, Behauptungen in den Fokus rückt.[25] Wären sich mehr Menschen der konkreten Folgen der Erderwärmung bewusst, statt das Nichtwissen anderer zu übernehmen, hätten diese unbequemen Informationen eine größere Lobby.

Wie der Harvard-Psychologieprofessor und Bestseller-Autor Steven Pinker in seinem Buch *Aufklärung jetzt* feststellt,[26] leidet unsere vermeintlich aufgeklärte Wissensgesellschaft in hohem Maß unter einem Vertrauensproblem: Das Vertrauen in die etablierten Institutionen, vor allem in die Wissenschaft, erodiert immer weiter. Dadurch öffnen sich Räume für neue Akteure, die nicht den gleichen Qualitätsmaßstäben unterliegen wie jene Institutionen mit ihrer über Jahrzehnte verfeinerten Qualitätskontrolle.

Wenn ich als Verbraucher nun einer Institution wie der EFSA, der Europäischen Behörde für Lebensmittelsicherheit, nicht vertraue – auf wen höre ich dann, wenn ich mir eine Frage stelle, die deren Expertise berührt? Wenn ich zum Beispiel wissen will, ab wie viel Fluorid eine Zahnpasta tatsächlich gefährlich für Kinder sein kann: Von wem lasse ich mich belehren? Wenn ich den Institutionen nicht vertraue, glaube ich jemand anderem – im Zweifel jemandem ohne Fachwissen, der mit steilen Thesen über angebliche Gesundheitsrisiken einen erfolgreichen YouTube-Kanal betreibt. Wenn unsere Relevanzkonstruktion wankt, macht uns das anfällig für Manipulation.

Eines sollten wir bei aller berechtigten Kritik an vergesslichen Politikern, zu Unrecht veröffentlichten wissenschaftlichen Studien, Skandalen bei Leitmedien und Meinungsführern, die sich mal im Ton vergreifen, nicht vergessen: All diese Akteure arbeiten immerhin an ihrer Relevanz, versuchen Vertrauen zurückzugewinnen und suchen nach Wegen für eine bessere Qualitätskontrolle – online wie offline. Andere Akteure, die nur im eigenen Interesse auftreten statt im öffentlichen Auftrag, sind dagegen oft nur sich selbst Rechenschaft schuldig.

Deshalb ist es so wichtig, dass wir bei unserem Meinungskonsum gleichermaßen an gesunder Skepsis und an gesundem Vertrauen zulegen. Wir sollten wieder besser reflektieren, wem wir vertrauen und warum. Denn diese wichtige Aufgabe nimmt uns heute niemand mehr ab – wir werden im Gegenteil ständig dazu ermutigt, in Chemtrails und toxische Meinungssümpfe abzudriften. Wir müssen unser eigener Filter werden.

Bleibt die Frage: Wie lässt sich das im Alltag umsetzen: Menschen skeptischer zu machen und das Vertrauen wieder an die richtigen Adressen zu navigieren? Den »Herdentrieb« werden wir uns nicht abtrainieren lassen. Tausende Seiten umfassende wissenschaftliche Studien zu allen wichtigen Gesellschaftsthemen zu konsumieren, ist auch niemandem zuzumuten. Wie kann dennoch die Relevanz der Fakten gegenüber der Relevanz der sozialen Gruppe erhöht werden?

## Kommunikationsimpulse gegen das Dilemma der Wissensillusion

Unser individueller Wissensschatz ist ein ziemlich engstirniges System: Wir glauben, was wir glauben wollen, und blenden den Rest aus.

Doch darin, dass Relevanz auf der Basis von Kommunikation gebildet wird, liegt auch eine große Chance. Es braucht die Bereitschaft, außerhalb der eigenen sozialen Blase zu kommunizieren. Diese Bereitschaft lässt sich zum einen von Kindesbeinen an fördern und ist zum anderen eine Entscheidung, die jeder von uns jeden Tag aufs Neue treffen kann. Sie und ich, wir können jetzt sofort entscheiden, mit dem Vertreter der Impfkommission, dem überzeugten Kommunisten aus dem Nachbarhaus oder dem nächsten Kommunalpolitiker ins Gespräch zu gehen, dem wir begegnen, und uns unserer Illusionen berauben zu lassen. Das mag erst einmal unbequem klingen – doch es kann auch enorm befreiend sein.

Ein Gespräch kann Menschen wirklich verändern. Es inspiriert beide Seiten und geht weit darüber hinaus, Informationen einfach nur abzusetzen. Genau genommen signalisieren wir jedes Mal, wenn wir in ein echtes Gespräch gehen, die Bereitschaft, als ein etwas anderer Mensch wieder herauszukommen. Es kann unsere Sicht auf die Welt verändern. Wir öffnen uns damit für die Veränderbarkeit unseres Wissens und unseres Denkens. Solange wir das nicht tun, führen wir Gespräche nur, um uns abzulenken oder zu unterhalten. Und das wäre schade – denn Gespräche können viel, viel mehr.

Das Gespräch ist die Antwort auf die Frage, wie wir ganz einfach und unmittelbar mehr Relevanz in unser Leben lassen können. Solange ein Dialog stattfindet, ist auch die Relevanzfrage prinzipiell immer offen. Drei Maßnahmen im öffentlichen Dialog können der Wissensillusion entgegenwirken.

**Relevanzlupe:**
**Drei Maßnahmen gegen die Wissensillusion**

1. *Mehr Gespräche führen – auch außerhalb der eigenen Wissensgemeinschaft!* Zum Beispiel können wir als Bürger den Dialog auch mit den Lokalpolitikern suchen, die in wahlentscheidenden Fragen eine andere Meinung vertreten. Anstatt uns mit Sekundärmeinungen zufriedenzugeben, können wir bei Fragen, zum Beispiel zu umweltpolitischen Themen, direkt mit öffentlichen Stellen in Verbindung treten und uns die Gegenmeinung erklären lassen, statt sie unwissend abzulehnen.
2. *Mehr Foren für den Austausch zwischen unterschiedlichen Wissensgemeinschaften bilden!* Anstatt sich über streikende Erzieher oder Lokführer immer nur aufzuregen, steht es jedem von uns frei, einfach mal auf einen Erzieher oder Lokführer zuzugehen und zu fragen: »Hey, warum streikt ihr eigentlich?« Vielleicht finden wir die Antwort, die wir dann bekommen, gar nicht so absurd, wie wir glauben. Genau deshalb bin ich ein Fan des offenen Dialogs. Manchmal führt er dazu, dass wir Anschauungen überwinden. Und die Momente, in denen das passiert, gehören nicht selten zu den größten Momenten im Leben.

3. *Experten nicht nur mit den Fakten, sondern auch mit ihren Schlussfolgerungen zitieren!* Wir haben uns daran gewöhnt, dass Meinungsmacher nur die Fakten heranziehen, die zu ihren Thesen passen – oder sie sogar passend machen. Populisten gehen sogar so weit, sich passende Fakten zu erfinden. Ein Prozess der Meinungsbildung, bei dem Experten neben den Fakten auch Schlussfolgerungen anbieten, könnte dem Trend zum Postfaktizismus entgegenwirken.

Wenn wir Wissen mehr an seiner Relevanz messen würden als an seiner sozialen Bedeutung, könnten gesellschaftliche Debatten wieder zur Annäherung beitragen, anstatt die gesellschaftliche Spaltung zu fördern. Das Ursache-Wirkung-Prinzip würde in die gesellschaftliche Relevanzkonstruktion zurückkehren. Wir bekämen wieder ein Gefühl dafür, dass Fakten und Schlussfolgerungen zusammengehören – und dass jeder, der uns das eine ohne das andere serviert, hinterfragt gehört. Denn je weniger Menschen wissen, desto extremer positionieren sie sich in gesellschaftlichen Debatten. Und je mehr man ihnen erklärt, desto mehr mildern sie ihre extremen Positionen ab.[27]

Das wichtigste Ziel des gesellschaftlichen Dialogs lautet: Wir müssen uns wieder darüber klar werden, dass Wissen nicht auf Meinungen beruht. Und schon gar nicht beruht es auf der eigenen Meinung, sondern auf Fakten und logischen Schlussfolgerungen aus diesen Fakten. Wissen heißt, den Zusammenhang zwischen Ursache und Wirkung kennen – nicht nur das eine oder das andere. Wissen ist relativ. Relevant ist Wissen deshalb erst in Kombination mit der relativierenden Erkenntnis, was man nicht weiß – aber wissen sollte, bevor man sich entscheidet.

Ziemlich frustrierend, wie die Forschung uns das bisschen Wissen madig macht, das wir im Lauf eines Lebens mühsam angehäuft haben, oder? Sehen Sie es einmal so: Niemand wird darüber weniger erfreut sein als die Forscher selbst, die immerhin von der Glaubwürdigkeit ihres eigenen Wissens leben. Und leider muss ich noch einen drauflegen. Sie wissen ja, wie das ist: Bevor es besser wird, muss es erst noch schlimmer werden.

Wenn wir durch das Internet schon nicht mehr wissen, eines hat es doch ganz sicher verändert: Es ist eine beispiellose Relevanzmaschine, oder? Die Wahrheit kommt immer ans Licht, wichtige Informationen verbreiten sich mit rasender Geschwindigkeit, und die Milliarden von Nutzern weltweit oder die Millionen daheim filtern mit Likes und Shares ganz automatisch das Wichtige aus dem Unwichtigen heraus. Gerade weil es so viele News gibt, dringen nur die wichtigen zu uns durch. Die Technik mag uns manchmal im Stich lassen, aber die menschliche Komponente der Vernetzung sorgt für Ordnung. Und wenn es Probleme mit der Internetkommunikation gibt, dann waren es russische Hacker, gezielte Kampagnen oder fiese Bots, aber nicht die aufgeklärte Öffentlichkeit. Das Internet hat seine Tücken, aber wir machen das Beste daraus. Fake News? Darauf fällt doch niemand rein, der klar denken kann.

Das Problem ist, dass die atemberaubende Effektivität emotionsoptimierter Inhalte für eine Schieflage in unserer Wahrnehmung von Nachrichten sorgt. Der Erfolg unseriöser Akteure und ihrer Fehlinformationskampagnen hat längst ein Ausmaß angenommen, das sogar Galionsfiguren der Digitalisierung in Angst und Schrecken versetzt. So verfasste der »Erfinder des Internets«, der CERN-Forscher Tim Berners-Lee zum 28. Geburtstag seines Babys 2017 einen Appell, der für Aufsehen sorgte. Er schrieb dort, er sei »in den vergangenen 12 Monaten […] zunehmend beunruhigt worden«, und rief dazu auf, endlich Mittel gegen die Verbreitung von Desinformation im Netz zu finden und mehr Transparenz von politischen Kampagnen online einzufordern.[28]

Da habe ich tatsächlich gute Neuigkeiten: Am Internet liegt es wirklich nicht. Das größte Relevanzproblem des Internets sitzt nämlich vor dem Rechner: wir. Forscher des Massachusetts Institute of Technology (MIT) haben über einen Zeitraum von elf Jahren von 2006 bis 2017 untersucht, wie sich Nachrichten bei Twitter verbreiten, da es weltweit das am meisten für diesen Zweck genutzte soziale Netzwerk ist. Sie verfolgten zu diesem Zweck 126000 Nachrichten – es ist die bisher weltweit größte Studie über die Verbreitung von Online-Nachrichten.[29]

Das Ergebnis: Menschen bevorzugen Falschnachrichten. Sie sorgen mit ihrem Verhalten dafür, dass die falschen Nachrichten schneller, weiter und tiefer durchs Netz verbreitet werden als wahrheitsgemäße. Und leider bezieht sich diese Analyse nicht nur auf politische Meldungen und Verschwörungstheorien, sondern auf echte und falsche Nachrichten aus allen möglichen Bereichen – auch Wirtschaft, Wissenschaft, Technik.[30] Die Wahrscheinlichkeit, dass eine Falschnachricht bei Twitter geteilt wird, ist erschreckende 70 Prozent höher als bei einer wahren Nachricht. Und wahre Nachrichten brauchen im Schnitt sechsmal so lange, um ihre maximale Verbreitung in Form von Retweets zu erreichen, wie Falschnachrichten. Zudem erreichten die effektivsten Falschnachrichten bis zu hundertmal mehr Menschen als die meistverbreiteten zutreffenden Nachrichten.[31]

Nun liegt die Vermutung nahe, dass vor allem Bots und andere technische »Waffen« für die massenhafte und verlässlich bessere Verbreitung der Fake News verantwortlich seien, doch dem widerspricht Sinan Aral, MIT-Professor und Autor der Studie: »Es ist entmutigend zu realisieren, wie sehr wir Menschen selbst dafür verantwortlich sind. Es liegt nicht wirklich an den Bots.«[32] Betrachten wir also nur den quantitativen Aspekt der Verbreitung, haben Fake News gegenüber wahren Nachrichten im Internet sogar ziemlich klar die Nase vorn.

Die Hoffnung, dass es sich beim Phänomen »Fake News« um die Folge einer unausgereiften Technik handelt, wild gewordene Algorithmen, denen wir einfach noch nicht gewachsen sind, können wir also an den Nagel hängen: Wir Menschen sind in hohem Maß selbst dafür verantwortlich, dass Falschnachrichten so erfolgreich sind. »Polarisierung«, bringt einer der Forscher es auf den Punkt, »hat sich als großartiges Geschäftsmodell erwiesen.«[33]

## Wissen heißt wissen, wo

Der Traum von der Relevanzmaschine Internet und der Relevanzgemeinschaft Internetgemeinde ist nicht aufgegangen. Die schwierigsten Fragen des Lebens hat das Internet noch schwieriger gemacht: Was ist relevant für uns, und wie finden wir es heraus?

Wenn wir auf unserer täglichen Suche nach Relevanz gegen Wände laufen und bei unserem Versuch, zu aufgeklärten Digitalbürgern zu werden, mal wieder nur in unserer eigenen Filterblase im Kreis purzeln, kann das ganz schön deprimierend sein. Die schnelle Lösung: Kätzchenbilder. Sie sind der ultimative Beweis, dass Menschen im Internet nicht immer auf der Suche nach mehr Informationen sind, sondern oft einfach nur auf der Suche nach Trost. Kein Wunder: In so einer Filterblase verliert man ganz schnell die Orientierung und die Relationen.

Allein die Konsequenzen, die ich für die Recherchen zu diesem Buch ertragen muss! Geben Sie mal ein paar Wochen lang regelmäßig Begriffe wie »Fake News«, »Hetzkampagnen«, »Wählerbeeinflussung« und »Donald Trump« in Ihre Google-Suchmaske ein, dann werden Sie schon sehen, was passiert. Zum Beispiel hatte es eine Zeit lang ein Reichsbürger auf mich abgesehen, weil ihm nicht gefiel, wie ich mich online zu bestimmten Themen äußerte. Er kommentierte meine Posts und attackierte mich bei Facebook. Was macht man dann? Man beschäftigt sich damit, mit wem man es da zu tun hat. Und plötzlich bekommt man wegen ein paar unbedarfter Eingaben in die Suchmaske den ganzen Mist in den Facebook-Feed geblasen, dem man sich freiwillig nie aussetzen würde. Bevor man es sich versieht, driftet man in Chemtrails ab. Die Algorithmen der sozialen Netzwerke eskalieren uns dahin, wo sie uns gut aufgehoben glauben.

Da ist es leicht, dem Irrtum anheimzufallen, dass es wahnsinnig viele Menschen wären, die mit den Reichsbürgern sympathisieren oder an Chemtrails glauben. In Wahrheit sind es aber gar nicht viele Menschen, sondern extrem wirksame Mechanismen. Es ist vielmehr so, dass vergleichsweise wenige Akteure und ihre Inhalte uns aufgrund unseres Verhaltens vor die Nase geschoben werden. So kann sich ein einzelner Suchvorgang in eine handfeste Überzeugung verwandeln, wenn man nicht resilient genug ist, also gleichzeitig skeptisch und vertrauensvoll gegenüber den richtigen Akteuren.

Doch es ist nicht so, dass wir den Algorithmen hilflos ausgeliefert wären. Es ist vielmehr so, dass wir mit kontrolliertem Verhalten gerade im Internet ein hohes Maß an Kontrolle über unser Wissen zurückerobern können – indem wir unseren Wissenskonsum besser steuern. Bewusst konsumieren und aktiv denken, statt passiv berieseln und denken lassen. Relevantes Wissen ist das Ergebnis von bewusstem Wissenserwerb.

Früher filterten die großen Wissensinstanzen – Verlage, Journalisten, Staat – die irrrelevanten Informationen für uns heraus. Aufgrund der Gatekeeper-Funktion der Medien drangen nur relevante Nachrichten zu uns durch – allerdings auch nur die, von denen die Medien befanden, dass wir sie lesen sollten. Wir konnten passiv konsumieren, ohne Gefahr zu laufen, von einer Filterblase des Schwachsinns eingelullt zu werden.

Diese Filterfunktion gibt es im Internet nicht. Aufgrund der Beschleunigung der Informationsverbreitung und des Beteiligungsdrucks vor allem im Online-Journalismus funktioniert sie auch in den klassischen Medien nur noch eingeschränkt.

Es gibt Akteure, die die Medien zu bespielen wissen wie eine Klaviatur. Naturgemäß haben sie es bei den »unkontrollierten Medien« noch leichter als bei den »kontrollierten Medien«, in denen es noch einen Kodex und eine kollegiale sowie teils auch gesetzlich verbindliche Qualitätsprüfung gibt.

In weiten Teilen des Internets und besonders in den sozialen Medien, die zunehmend zu einer zentralen Quelle des Wissenserwerbs vieler Menschen werden, herrscht dagegen alles außer Kontrolle. Deshalb können wir uns keinen passiven Konsum mehr leisten. Der Wissenserwerb ist zu einer demokratischen Verantwortung geworden, der wir uns aktiv widmen müssen.

**Relevanzlupe:**
**Informationen bewusst konsumieren**

- Aktiv informieren, statt passiv konsumieren.
- Bewusste Quellenauswahl statt Grundvertrauen.
- Fakten abwägen, statt Meinungen anschließen.

Kurz: Wie relevant unser Wissen ist, hängt in höchstem Maß davon ab, wo wir es erwerben. Eine spekulative Einschätzung wie die, dass der Untergang des Abendlands unmittelbar bevorsteht, oder eine falsche Überzeugung wie die, dass in den letzten Jahren mehr Menschen dem Terror zum Opfer gefallen sind als in den Jahren zuvor, mag uns ungeheuer relevant erscheinen, weil sie das »Gemeinwissen« unseres Umfelds dominiert. Aber deshalb muss sie in einem absoluten Sinn noch längst nicht relevant sein.

Und trotzdem werden genau solche Botschaften von vielen Menschen geglaubt. Warum nur?

## Confirmation-Bias
## Warum glauben Menschen Fake News?

Fake News gab es lange, bevor Donald Trump den Begriff so richtig populär machte. Doch warum glauben Menschen eigentlich Fake News? Medienforscher haben dafür unterschiedliche Erklärungsansätze.

Zum einen erkennt nicht jeder Mediennutzer, ob es sich um eine Falschmeldung handelt oder nicht. Diese Erklärung legt eine Studie der Universität Stanford nahe. Sie zeigt, dass Schüler und Studenten in den USA erhebliche Probleme haben, Falschmeldungen als solche zu erkennen.[34] Vielen Menschen ist also gar nicht bewusst, dass die Verschwörungstheorien und andere Falschmeldungen, die sie im Vorbeigehen konsumieren, von anderen auf den ersten Blick als Falschmeldungen identifiziert wurden.

Der zweite Erklärungsansatz schlägt in dieselbe Kerbe wie Steven Slomans Theorie von der Wissensillusion: Geglaubt wird, was ins Weltbild passt. Eine Studie der Stiftung Neue Verantwortung kommt zu dem Ergebnis: Wer ein sehr geringes Medienvertrauen, vor allem in klassische Medien, hat und sich daher »alternativen Medienangeboten« zuwendet oder sich ausschließlich über Social-Media-Kanäle informiert, wird sehr wahrscheinlich mit wesentlich mehr Fake News konfrontiert werden. Wer sich also aktiv entscheidet, solchen Nachrichtenangeboten zu folgen, ist mehr Desinformation und Propaganda ausgesetzt. Wissenschaftlich wird das mit den Begriffen »Pippi-Langstrumpf-Prinzip« oder im Englischen mit »confirmation bias« bezeichnet.[35]

Die Theorie des Confirmation-Bias, deutsch »Bestätigungsfehler«, ist ein Ansatz aus der Psychologie. Er geht davon aus, dass Menschen gerade bei politischen Streitthemen dazu neigen, Informationen so einzuordnen, dass ihr Weltbild nicht ins Wanken gerät. Confirmation-Bias heißt dabei, dass wir unbewusst Informationen als relevant erachten, die unsere Ansichten bestätigen. Es sind also nicht nur der technische Wandel oder das Internet, die Fake News begünstigen, sondern auch menschliche Denkmuster.[36]

Eines der bekanntesten Beispiele für den Confirmation-Bias bezieht sich auf weiße Schwäne: Wer der Meinung ist, dass alle Schwäne weiß sind, sollte dies überprüfen, indem er nach andersfarbigen Schwänen sucht. Die meisten Menschen suchen aber nach mehr weißen Schwänen.[37] Mit anderen Worten: Menschen glauben Fake News, weil sie daran glauben wollen.

## Gegen Fehlinformationen wehren

Eigentlich ist die Lösung ganz einfach: Gegen Fake News helfen Fakten. Im Alltag ist es nur leider oft nicht realistisch, alle Fakten zu prüfen, bis man auf den Grund der Wahrheit vorstößt. Wer hat schon Zeit, jede zitierte Studie, jede gewagte Behauptung zu recherchieren und zu überprüfen?

Zum Glück gibt es im Internet nicht nur Akteure mit Eigeninteressen, sondern auch Datenbanken und Werkzeuge, die uns dabei helfen, uns ein eigenes Bild zu machen. Es gibt mehrere solche Relevanzhelfer im Netz, die sich der Entlarvung und Aufklärung von Falschmeldungen und Verschwörungstheorien in den Medien verschrieben haben; eine davon ist die Webseite Hoax-Info.

**Relevante Quellen: Initiativen gegen Falschmeldungen und Verschwörungstheorien im Netz und in den Medien**

- Das gemeinnützige Recherchezentrum Correctiv (www.correctiv.org) gibt als Existenzzweck eine aufgeklärte Gesellschaft an. Die Reporter recherchieren nach eigener Aussage Themen »von hoher Relevanz« und decken komplexe Zusammenhänge und Missstände auf, die durch Desinformationskampagnen entstehen. Um unabhängig berichten zu können, finanziert sich Correctiv allein über Spenden und Stiftungsbeiträge. Inzwischen hat die Journalistengruppe auch die Reporterfabrik gegründet, eine »virtuelle Akademie für gemeinnützigen Journalismus«.

- Populäre Falschmeldungen lassen sich unter anderem auf der Webseite Hoax-Info (www.hoax-info.de) identifizieren. Bei diesem Online-Angebot der Technischen Universität Berlin werden Falschmeldungen und deren Aufklärung gesammelt und als Listen veröffentlicht, sortiert nach Themen.
- Die Gesellschaft zur wissenschaftlichen Untersuchung von Parawissenschaften (www.gwup.org), die deutsche Präsenz der internationalen Skeptikerbewegung, ist manchmal eine hilfreiche Quelle – hier werden moderne Legenden und Verschwörungstheorien auf ihren Wahrheitsgehalt überprüft.
- Der Verein zur Aufklärung über Internetmissbrauch (www.mimikama.at) will Internetmissbrauch, Internetbetrug, Falschmeldungen und Fakes entgegenwirken.

Auch aus eigener Kraft können wir uns durchaus gegen falsche Informationen – nicht nur im Netz – wehren. Als Mediennutzer konsumieren wir Nachrichten, die wir für uns als relevant einstufen. Ob sie wahr oder unwahr sind, ist dabei erst einmal zweitrangig: Wir neigen dazu zu glauben, was andere glauben, denen wir glauben. Die Frage, wie man sich vor Irrtümern schützen kann, hängt also eng mit den Relevanzstrukturen eines Menschen zusammen.

Ein erster Schritt könnte deshalb sein, diesen Auswahlprozess als »wahr oder unwahr« in Zukunft nicht einfach geschehen zu lassen, weil wir die Nachricht auf einer bestimmten Seite lesen oder eine Information zuerst von einer bestimmten Person hören. Stattdessen sollten wir den Prozess bewusst wahrnehmen und reflektieren: Was wir lesen oder hören, muss nicht zwingend wahr sein. Wir müssen uns also bewusst machen, dass die Auswahl der Information auf eigenen Erfahrungen, Wissen und Relevanzstrukturen basiert und jeder Mensch dabei sehr unterschiedlich auswählt. Mit diesem Ansatz wird der Blick auf den eigenen Auswahlprozess in der Medienrezeption gerichtet: Es ist der Schritt vom Konsumenten zum kritisch denkenden Bürger.

Am 1. April habe ich ein Facebook-Posting gesehen, in dem einer meiner Kontakte darauf hinwies: Der 1. April ist der einzige Tag, an dem wir hinterfragen, ob es wirklich stimmt, was wir bei Facebook lesen. Ich finde, das sagt viel über unsere Verfasstheit als digitale Bürger aus …

Notwendig ist es im nächsten Schritt jedoch auch, eine potenzielle Falschmeldung auf ihren Wahrheitsgehalt zu überprüfen.[38] Eine Handlungsanweisung zur Abwehr von Fake News lässt sich in drei zentralen Fragen formulieren.

**Relevanzlupe:**
**Dreischritt zur Abwehr von Fehlinformationen**

1. Über welche Kommunikationskanäle beziehe ich meine Informationen?
2. Welche Schwerpunkte lege ich selbst bei der Informationsauswahl?
3. Wer ist der Verfasser der Nachricht, und was wird behauptet?[39]

Stellen wir fest, dass wir die meisten Informationen aus sozialen Netzwerken ziehen, können wir davon ausgehen, dass wir häufiger mit Falschnachrichten konfrontiert werden, als wenn wir vorrangig klassische Medien rezipieren. Denn die meisten Fake News werden über soziale Netzwerke wie Facebook verbreitet.[40] Sich der Kommunikation im Internet zu verschließen, ist sicherlich nicht die zeitgemäße Konsequenz aus dieser Feststellung. Den eigenen Informationshorizont zu erweitern und das, was wir bei Facebook konsumieren, künftig kritischer zu sehen, ist dagegen ein realistischer Vorsatz, den wir jetzt sofort umsetzen können.

Ist uns eine Quelle suspekt, ist der nächste Schritt, sie zu überprüfen und die Informationen auf ihre Faktizität zu untersuchen.[41] Weitere Hinweise, dass es sich bei der Meldung um eine Falschmeldung handelt, können der Sprachstil, das Format oder die Herkunft einer Abbildung geben. Wenn der Sprachstil unsachlich und stark wertend ist, kann das auf eine gefälschte Nachricht hindeuten. Passt das Bild nicht zum Inhalt der Nachricht, ist das ebenfalls ein Verweis auf eine erfundene Geschichte. Wird die Nachricht über digitale Medien verbreitet und beispielsweise auf einer Seite mit viel Werbung veröffentlicht, können das ebenfalls Indizien sein.[42]

Schließlich ist das notwendige Instrumentarium, um sich gegen Unsinn zur Wehr zu setzen, eine kritische Auseinandersetzung mit dem eigenen Medienkonsum und den konkreten rezipierten Nachrichten. Warum das so wichtig ist, wird im folgenden Kapitel über Relevanz im Internet noch einmal Thema sein, denn: Bewusster Medienkonsum ist das Kryptonit der Populisten.

## Balsam auf die gefühlte Irrelevanz

Katzenvideos zum Trost sind auf Dauer keine Lösung. Es gibt auch im Internet leicht zugängliche Orte, die in null Komma nichts mit Pseudowissen aufräumen können. Eine der wertvollsten Wissensquellen, die mir seit dem Aufkommen des Internets begegnet ist, ist *Our World in Data.* Gründer Max Roser, Ökonomieprofessor an der Universität Oxford, sagt über sein Projekt: »Die Mehrheit von uns glaubt, dass alles schlechter wird. [...] Heimlich warten wir auf das nächste Desaster. Ein Grund, warum wir keine Fortschritte wahrnehmen, ist, dass uns nicht bewusst ist, wie schlimm die Vergangenheit war.«[43]

**Relevante Quellen: Our World in Data**

Die Internetseite www.ourworldindata.org ist ein Angebot der Universität Oxford – einer der renommiertesten Bildungseinrichtungen der Welt. Seit dem 12. Jahrhundert wird hier das Wissen der Menschheit zusammengetragen, analysiert, organisiert und interpretiert. Die interdisziplinäre Datenbank kann daher auf nach höchsten wissenschaftlichen Standards erstellte Statistiken über so ziemlich jedes Themengebiet zurückgreifen – von Gesundheit über Bevölkerungsveränderungen, Kriege, Umwelt und Energie. Das reiche Informationserbe von Generationen von Forschern erlaubt nicht nur den Zugriff auf höchst belastbare Informationen, sondern auch Einblicke in die Veränderung der Welt im Lauf der Zeit in allen erdenklichen Bereichen.

Wissen kann unser Relevanzempfinden in Bezug auf jede einzelne Information grundlegend verändern. Schon die Auswahl eines einzigen Beispiels aus der Datenbank lindert augenblicklich den Weltschmerz und straft so manches Weltuntergangsszenario Lügen, dessen Relevanz auf Fehlinformationen, Vorurteilen und Klischees beruht: Eine beliebte Theorie, warum die Welt mit Siebenmeilenstiefeln dem Untergang entgegengeht, ist die von der wachsenden Überbevölkerung aufgrund immer schnellerer Vermehrung der Menschen. Im Kontext der Klimadebatte wird dieses Thema zunehmend auch für uns in Europa extrem relevant: Wir in den hochentwickelten Industrieländern reden uns ja gern ein, dass wir gar nicht so viel gegen die Erderwärmung tun können. Ein bisschen weniger Fleisch essen vielleicht, ein E-Auto als Zweitwagen fürs Gewissen, und im Supermarkt auf Plastiktüten verzichten, weil es irgendwie plötzlich alle tun …

Aber solange die Weltbevölkerung exponentiell wächst, macht das alles doch sowieso keinen Sinn! Der Mensch, eine absolute $CO_2$-Katastrophe – kollektiver Suizid wäre eigentlich die beste Maßnahme, finden manche.

Nein, zu einfach: Das beliebte Totschlagargument von der alles überlagernden Universalkatastrophe Bevölkerungswachstum können wir ab sofort streichen: Ein Blick auf die weltweite sogenannte Fertilitätsrate im Verlauf von 1950 bis 2015 zeigt nämlich, dass das anhaltend explodierende Bevölkerungswachstum ein Gerücht ist: Die Zahl hat sich in diesem Zeitraum tatsächlich halbiert. Bekamen Frauen im weltweiten Durchschnitt vor 50 Jahren noch fünf Kinder, sind es heute im Durchschnitt weniger als 2,5. Auch das Bevölkerungswachstum selbst hat sich im selben Zeitraum halbiert und liegt nur noch bei knapp über einem Prozent pro Jahr. Max Roser liest aus der Statistik, »dass es mit dem schnellen Bevölkerungswachstum in diesem Jahrhundert vorbei ist«.[44] Bald werden die Wachstumsraten nicht nur stagnieren, sondern sogar schrumpfen.

Die martialische Metapher von der »Explosion« der Bevölkerung können wir dann vielleicht auch endlich mal vergessen …

Geht es Ihnen schon besser? Mancher pseudorelevante Mythos verpufft durch eine einzige relevante Information wie Wasser auf einem heißen Stein.

Relevanz kann Weltschmerzen heilen.

Kapitel 3

# Die digitalisierte Relevanz: Wie das Internet verändert, was uns wichtig ist

*»Zu niemandem ist man ehrlicher*
*als zum Suchfeld von Google.«*
*Constanze Kurz, Chaos Computer Club*

## Das Internet ist dem Denken sein Feind

Das Internet: unendliche Weiten. Ein Werkzeug, perfekt dazu geeignet, unseren Horizont zu erweitern.

Das Internet: unendlicher Stumpfsinn. Ein Werkzeug, das unseren Horizont verengt hat wie kein anderes Medium zuvor.

Der Homo digitalis weiß und kann Dinge, die seine Vorfahren für schwarze Magie gehalten hätten. Zu meinem Leidwesen werde ich zwar immer noch nicht von Termin zu Termin teleportiert, sondern muss reisen. Aber abgesehen davon, können wir inzwischen eigentlich so ziemlich alles, was vor 100 und teilweise noch vor 20 Jahren die größten Träume der Menschheitsgeschichte waren: mit einem hosentaschenkompatiblen Gerät auf (fast) alle Informationen der Welt zugreifen, nach Hause telefonieren, sogar mit Bild, und jeder blöden Sau am anderen Ende der Welt aus sicherer Entfernung anonym die Meinung geigen, ohne das Echo vertragen zu müssen.

Ein paar andere Kompetenzen beginnen wir dabei allerdings zu verlernen: den aufrechten Gang, eine aufrechte Haltung und aufrechte Kommunikation, zum Beispiel. An den schlechten Tagen stellen wir, stellen unsere hellsten Köpfe fest: Der Homo digitalis ist kein verbesserter Mensch 2.0, der sich die Maschinen untertan gemacht hat. Er ist ein »Smombie«, ein Smartphone-Zombie. Er kann keine zwei Meter weit mehr schauen, weil er permanent zwanghaft auf einen Bildschirm direkt vor seiner Nase fixiert ist. Er hat sich den Maschinen untertan gemacht.

Auf unseren Straßen stolpern die Menschen mit gesenkten Häuptern herum, als hätten sie von anderen Verkehrsteilnehmern nichts zu befürchten. Dabei ist von denen, zumal in Zukunft, weitaus weniger Gnade zu erwarten als bisher. Denn auch die Autos werden immer öfter von Smombies gesteuert, die an der Kreuzung nicht die Umgebung im Blick haben, sondern ihr Smartphone, und erst wieder losfahren, sobald laut genug gehupt wird. Und eigentlich ist es auch damit vorbei. »Ich bremse auch für Tiere«? So viel Liebe für die Schöpfung dürfen Sie von einem selbstfahrenden Auto nicht erwarten. Hinterher, falls Sie es überleben, lohnen sich kein Diskutieren und kein Verklagen: Wenn ein Algorithmus Sie umholzt, tut er das nämlich aus gutem Grund. Und wenn Sie dann auf dem Pflaster liegen, als Kollateralschaden der Digitalisierung, werden wieder alle fragen: Hätte dieser sinnlose Tod verhindert werden können? Das Paradoxe ist: Wir werden dann nicht etwa wieder die Köpfe heben. Wir werden eine App programmieren, die vor Hindernissen beim Laufen warnt – eine App, die es überhaupt nur gibt, weil wir wegen irgendeiner anderen App die Köpfe nicht mehr heben.

In Tel Aviv wurden bereits Bodenampeln getestet, damit auch Smombies sie wahrnehmen.[45] Irgendjemand in Reutlingen hat das Problem auch erkannt, und eines Nachts ein verdächtig offiziell aussehendes, dreieckiges, rot gerahmtes Verkehrsschild in der Kanzleistraße aufgehängt, direkt neben einem Gymnasium. Darauf sind zwei Smombies zu sehen, ein Mann und eine Frau. Vielleicht das Stadtmarketing, wurde gemunkelt, vielleicht besorgte Eltern. Jedenfalls ging das Schild binnen Stunden viral.[46]

Die Frage ist nun, was hier viral ging: der selbstreflektierte Homo digitalis, der sich über sich selbst lustig macht? Gehen wir davon aus, dass es in diesem Fall einfach eine pfiffige, zeitgeistige Idee war, auf ein Problem hinzuweisen, in der sich viele Menschen gespiegelt sahen. Oft sind es leider ganz andere Emotionen, die im Netz die höchsten Wellen schlagen. Spoiler-Alert: Im Zweifel ist es Wut. Wut ist so wirkungsvoll, dass sie sogar die Stimmabgaben bei Wahlen erhöht.[47]

## Fake News entscheiden Wahlen

Ein erschreckendes Beispiel für die Effektivität der emotionalen Manipulation im Internet liefert eine wahre Begebenheit aus Italien: 2016 wurde dort über eine Verfassungsreform abgestimmt, das Referendum scheiterte. Experten kamen zu dem Schluss, dass für diesen Ausgang in hohem Maß die unzähligen Falschmeldungen verantwortlich waren, die vor der Abstimmung kursierten. Von den zehn einflussreichsten und am meisten verbreiteten Texten während des Wahlkampfs wurde die Hälfte als problematisch eingestuft, vier davon waren glatte Falschmeldungen. Darunter war eine, die behauptete, es seien 500 000 Wahlscheine bereits vorab mit »Ja« markiert, also manipuliert worden. Die Meldung löste fast eine Viertelmillion Reaktionen im Netz aus – eine extrem hohe Zahl selbst für Fake-News-Verhältnisse.[48]

Fake News sind inzwischen keine beunruhigenden Vorzeichen einer fortschreitenden Verdummung des Internets mehr. Fake News sind Realität und ein echter Einflussfaktor – bei jeder Wahl und bei jeder größeren öffentlichen Debatte.

Das ist aber noch nicht das Schlimmste. Viel beunruhigender ist, dass es eine Minderheit der Nutzer ist, die für die Masse der aufgeputschten, bis zum Exzess emotionalisierten Hasskommentare verantwortlich ist – und zwar aus eiskalt berechnender Motivation heraus. Eine Untersuchung hat ergeben, dass auf Facebook die Hälfte der Likes, also der Zustimmung signalisierenden Interaktion bei Hasskommentaren auf Facebook auf nur 5 Prozent der Konten zurückgeht. Ein Viertel der Likes lässt sich der Analyse zufolge sogar auf nur 1 Prozent der Profile zurückführen.[49] Es gibt also einen erschreckend kleinen, aber extrem aktiven harten Kern von Menschen, die in den sozialen Netzwerken gezielt Hass verbreiten – und damit so erfolgreich sind, dass sie die öffentliche Stimmung messbar beeinflussen können. Ein Tropfen Hass vergiftet den ganzen Brunnen.

Angesichts solcher erschreckenden Erkenntnisse erscheint die Frage umso dringender: Wie ist das alles möglich, und was bedeutet das für unsere Kommunikation? Wie entscheidet sich, was im Internet relevant wird und was nicht? Was fesselt uns so an unsere Smartphones, dass wir uns lieber von einem Vierzigtonner überrollen lassen, als eine Instagram-Story zu verpassen? Wie hat das Internet verändert, was uns wichtig ist? Welchen Gesetzen folgt die Relevanz im Internet? Und wie können wir diese Mechanismen zu unserem Vorteil nutzen, damit wenigstens einer mal was Vernünftiges postet? Was können wir aus dem vorprogrammierten Schicksal der Smombies über die Kommunikation im Internetzeitalter lernen?

## Resonanz erzeugt Relevanz

Einer der größten Fehler, die wir bei der Kommunikation im Internetzeitalter machen, ist, digitale Worte für bare Münze zu nehmen. Und das ist in mehrerlei Hinsicht ein Problem.

Resonanz entsteht im Internet auf ganz anderen Wegen als offline. Wie so häufig liefert die Wortbedeutung uns einen guten Hinweis: Das Wort kommt vom lateinischen »resonare«, was so viel bedeutet wie »widerhallen«. In der Physik bezeichnet es das verstärkte Mitschwingen eines schwingfähigen Systems durch Energiezufuhr von außen – die resultierenden Schwingungen sind erzwungen. Womit die Funktionsweise insbesondere der sozialen Netzwerke eigentlich schon recht treffend beschrieben wäre: Wer genügend Reize ins Internet streut, kann verlässlich mit einer Reaktion rechnen. Und wer weiß, welche Reize in welchem Maß und an welcher Stelle platziert welche Reaktionen auslösen, kontrolliert das Reiz-Reaktions-Schema der Community.

Es ist Resonanz, die Relevanz erzeugt – nicht nur, aber auch im Internet. Deshalb ist ihr am Ende dieses Buchs auch ein ganzes Kapitel gewidmet. Um zu verstehen, wie sie erzeugt wird, ist ein Blick auf die besonders effektiven Mechanismen der Internetkommunikation interessant. Wie schaffen die Akteure des Internets eine so enorme Resonanz, dass sie Debatten steuern, den Volkswillen steuern und den Ausgang von Wahlen beeinflussen können?

Indem sie geschickt digital kommunizieren, könnte man meinen und würde ich gern schreiben, denn dann hätten wir alle es leichter. Kommunikation im engeren Sinn, nämlich im Sinn einer interpersonalen Verständigung, ist eine Kulturtechnik. Sie folgt deshalb gewissen Regeln und ist im Großen und Ganzen auf einen Ausgleich bedacht, da sie dem menschlichen Miteinander dient. Doch: Im Internet wird vorwiegend nicht miteinander, sondern übereinander geredet. Und das sind zwei wirklich grundverschiedene Dinge. Im Gegensatz zur zwischenmenschlichen Kommunikation gelten im Internet einige abweichende Prämissen: Das Internet spricht nicht mit einer Stimme wie ein Mensch, es ist kein vernünftiger Gesprächspartner, und es hat keinen Sinn für Gerechtigkeit.

Das Internet ist ein Resonanzboden – nicht mehr und nicht weniger. Und vieles von dem, was wir im Internet hören oder lesen, folgt nicht den Gesetzen herkömmlicher Kommunikation, sondern den Gesetzen des Geldes. Das Internet ist nämlich auch der größte Marktplatz der Welt – und zwar nicht nur im Sinn eines Webshops, sondern im Sinn eines gnadenlosen Wettbewerbs. Wer verstehen will, wie Relevanz im Internet funktioniert, muss den Geldströmen folgen, schreibt der Blogger und Internetexperte Schlecky Silberstein.[50]

Wer dieser heißen Spur folgt, dem läuft es schnell kalt den Rücken runter. Denn all die Wirkungsmacht des Internets beruht letztlich auf dem menschlichsten aller Einflussfaktoren der Kommunikation: auf Emotionen. Nichts macht Kommunikation effektiver – und nichts macht uns besser manipulierbar.

## Sehen und gesehen werden

Wenn im Zusammenhang mit dem Internet von Relevanz die Rede ist, wird in der Regel ein anderer Begriff verwendet: Sichtbarkeit. Da wir im globalen Heuhaufen des Internets alle Nadeln sind, ist Sichtbarkeit verdammt schwierig zu bekommen. Der einzige Weg, im Internet aufzufallen, ist Interaktion. Etwas posten heißt noch längst nicht, dass man damit und dafür wahrgenommen wird. Sobald aber andere auf das Posting reagieren, wird es sichtbar. Je mehr Menschen reagieren, desto sichtbarer – oder relevanter – ist es. Wer im Internet relevant sein will, muss für möglichst viele Interaktionen sorgen.

Wie das geht, ist inzwischen kein Geheimnis mehr. Viele Studien haben belegt: Emotionen fördern Interaktion. Leider haben sie ebenfalls gezeigt, dass negative Emotionen den Interaktionsgrad am effektivsten erhöhen. Und unter den negativen Emotionen ist Wut die wirkungsvollste von allen, wenn es darum geht, Menschen zum Aufrufen eines Beitrags, zum Klicken eines Buttons und zum Verfassen eines Kommentars zu bewegen.

Wenn also jemand dafür sorgen will, dass das belanglose Foto von seinem Mittagessen für Interaktion sorgt, ist er gut beraten, seine Leser wütend zu machen. Wie wäre es also statt einem Foto von der Currywurst beim nächsten Mal mit einem Foto von einem mit Blattgold verzierten Steak für um die 1200 Euro und der Bildunterschrift: »Es gibt keinen besseren Weg, ins neue Jahr zu starten«?[51] Den Sympathiepreis gewinnen Sie damit nicht, aber Interaktion bekommen Sie ziemlich sicher. Wenn Sie zufällig Profifußballer sind, dürfte es sogar für ein paar Hunderttausend Reaktionen reichen.

So funktionieren die sozialen Netzwerke – und die sind die Königsdisziplin unter den Herausforderungen, vor die das Internet uns stellt. Denn hier findet die Interaktion statt, mit der Geld verdient wird. Hier passieren die Trends und die Hypes – und deshalb gibt es hier ein besonders großes Interesse daran, unsere Aufmerksamkeit zu lenken.

## No Dopamin, no Cry

Warum aber lassen wir uns so berechenbar steuern? Weil die Erwartung von spannenden Neuigkeiten, das Vibrieren des Handys in der Tasche, für den Ausstoß des Neurotransmitters Dopamin sorgt, über den das Belohnungssystem im Vorderhirn gesteuert wird. Der Dopaminkick ist es, der dafür sorgt, dass wir morgens das Smartphone checken, bevor auch nur die Kaffeemaschine warm gelaufen ist, dass wir auf Toilette gehen, um auf Facebook zu schauen, und dass es sich wie Folter anfühlt, wenn wir den Benachrichtigungston hören, aber nicht auf den Bildschirm schauen können.

Ohne die Belohnungsdroge Dopamin hätten wir keine Freude an Zucker, am Gin und vielen anderen Dingen, die uns vor allem bei Überdosierung nicht guttun, darunter die sozialen Medien. Wir hätten allerdings auch keinen Spaß am Kindermachen, am Essen und einigen anderen evolutionär schwer verzichtbaren Aktivitäten. Facebook, die Rache der Evolution? Mit diesem Posting könnte ich bestimmt ein paar Kontakte zu wütenden Reaktionen bewegen.

Die erfolgreichen Akteure des Internets, von Bloggern über Nachrichtenredaktionen bis hin zu Wahlkämpfern, haben das Spiel mit den Emotionen zur Perfektion getrieben. Denn Sichtbarkeit bedeutet Klicks, und Klicks bedeuten Geld. »Wer viel verdienen will, und das ist durchaus menschlich, muss dafür sorgen, dass seine Artikel so verfasst sind, dass sie so oft wie möglich neu geladen werden und damit der entsprechende

Werbebanner so oft wie möglich unter dem Cursor eines Lesers landet«, schreibt Schlecky Silberstein.[52] Wer die neusten Kommentare lesen will, am besten als Antwort auf den eigenen Kommentar, tut genau das: ständig auf »neu laden« klicken. Deshalb ist die Interaktion die wertvollste Währung des Internets. Um sie zu bekommen, locken die Urheber mit Emotionen – bevorzugt negativen Emotionen.

## Wie das Internet unser Weltbild verändert

Das sorgt dafür, dass im Internet eine andere Sprache gesprochen wird als in der realen Welt – eine emotionalere, oft wütende und leider auch nicht selten hasserfüllte, die den Umgangston auch offline immer weiter verrohen lässt. Und das verändert auch unsere Wahrnehmung der Welt: Die vollkommen disproportionale Überbetonung negativer Deutungsmuster sorgt für die auffallende Dominanz negativer Kommunikationsmuster auch in der Politik, in den Medien und sogar in jedermanns Alltag. Überspitzt gesagt: Das Internet lässt uns die Welt schwärzer sehen, als sie ist. Es sei denn natürlich, wir wehren uns – und suchen auch im Internet das, was wir in jeder anderen Form der Kommunikation suchen würden: einen Ausgleich. Wo schlechte Nachrichten sind, sind nämlich auch gute.

Sich über die digitalen Wutbürger zu ärgern, die in Foren, in Kommentarspalten und vor allem unter Facebook-Postings ins Internet kotzen, ist das eine; zu überlegen, wodurch sie getriggert werden und warum sie plötzlich überall sind, ist das andere. Wenn Sie in letzter Zeit das Gefühl hatten, dass der Weltuntergang immer näher rückt, liegt das nicht zuletzt daran, dass das Internet der sozialen Medien oder vielmehr seine einflussreichen Akteure unsere Kommunikationskultur attackieren.

Da wir immer mehr Zeit online verbringen, haben die online in jedem beliebigen Moment gerade dominanten Deutungsmuster großen Einfluss auf unsere Weltsicht – in diesem beliebigen Moment jedenfalls. Was online Thema ist, wird ganz automatisch auch offline zum Thema. Weil online permanent negative Emotionen wie Wut gezielt angesprochen und gefördert werden, um Interaktion zu erzeugen, hat das auf Dauer auch eine Wirkung auf unser Verhalten im Allgemeinen. So entstehen Reizthemen. Deshalb sind Verschwörungstheorien auf dem Vormarsch, und Populisten gewinnen plötzlich Wahlen: Die Art von Kommunikation, die das Internet fördert, spielt ihnen in die Karten, und sie setzen diesen Joker freizügig ein. Mit ihrem Fokus auf negative Emotionen, mit denen sich online Klicks generieren, Geld verdienen und Stimmung machen lässt, beeinflussen das Internet und seine erfolgreichsten Akteure öffentliche Debatten und damit die Richtung, welche die Entwicklung einer Gemeinschaft nimmt. Der Resonanzboden Social Media verstärkt das Schlechte im Menschen mehr, als er das Gute in uns fördert.

Und das nicht nur im Großen und Ganzen, sondern bei Bedarf auch mit chirurgischer Präzision: Datenanalysten können heute die Einstellungen und Bedürfnisse von Nutzergruppen in derart präzise Nutzerprofile gießen, dass bestimmte Dörfer oder Häuserblocks, ja sogar Einzelpersonen maßgeschneidert angesprochen werden können. Die Beratungsfirma Cambridge Analytica sorgte dafür, dass Donald Trumps Wahlkampfteam am Tag der dritten TV-Präsidentschaftsdebatte 175 000 Variationen seiner Argumente praktisch adressgenau versenden konnte. Die Variationen der Botschaften, die sich nur mikroskopisch in Titelformulierungen, Fotos oder Farbschemata unterschieden, lieferten jedem potenziellen Wähler Trumps Botschaften genau in der Form, die ihm gefallen würde.[53] Wie hoch der Einfluss dieser Methode auf den Wahlausgang war, lässt sich (noch) nicht nachweisen. Nach allem, was wir heute über die Effektivität der sozialen Medien bei der Beeinflussung von sozialen Gruppen wissen, war er hoch.

Mit anderen Worten: Das Internet hat verändert, was uns

wichtig ist und wie wir die Welt sehen. Relevanz lässt sich im Internet gezielt steuern und konstruieren – bis zu dem Punkt, dass die Akteure die Stimmung großer Gruppen von Menschen manipulieren können. Tatsächlich war es eine Studie von Facebook höchstselbst, die zum ersten Mal nachwies, dass das soziale Netz die Stimmung seiner Nutzer direkt beeinflussen kann.[54] Es sollte das letzte Mal sein, dass Facebook die Ergebnisse einer Studie veröffentlichte.

Diese Entwicklung ist traurig – aber unumkehrbar ist sie glücklicherweise nicht. Denn eines ist sicher: Die Mechanismen, die uns beeinflussbar machen, können immer auch positiv eingesetzt werden, um dagegenzuhalten – nicht nur im Internet, sondern auch offline.

## Clickbait und das Informationsdefizit

Vielleicht gehören Sie ja auch zu den Menschen, die sich nicht so gern sagen lassen, dass sie Marionetten sind. Ich für meinen Teil gestehe jedenfalls nicht gern ein, dass ich nach Strich und Faden manipuliert werde und oft genau das tue, was ein anderer von mir will. Leider kann ich es im Falle des Internets nur nicht so ganz von mir weisen. Und wer könnte das schon?

Unglücklicherweise spielt das bereits erwähnte Dopamin mit seiner belohnenden Wirkung nämlich eine erhebliche Rolle dabei, was wir im Internet konsumieren und was nicht. Die Sprache hält sehr überzeugende, oft beinahe unwiderstehliche Mittel bereit, um unsere Aufmerksamkeit und unseren Mauszeiger zu lenken.

Wie diese Dopaminhexerei funktioniert, lässt sich gut am Stil der Überschriften zeigen, die besonders erfolgreiche Online-Medien verwenden. Die Kriterien für eine relevante Überschrift im Netz unterscheiden sich erheblich von den seriösen Qualitätskriterien, die professionelle – also fachlich seriös ausgebildete – Journalisten anlegen, wenn sie eine Headline formulieren. Bekannt ist die schwarze Headline-Magie unter dem Namen »Clickbait«: Überschriften werden so emotional oder verlockend formuliert, dass es große Überwindung braucht, nicht darauf zu klicken.

Ein Muster, das dabei oft zur Anwendung kommt, ist in seinen Grundzügen dem Storytelling entlehnt und kommt – ganz ohne Hexerei und böse Absicht – auch in der Rhetorik zum Einsatz. Das sogenannte »Informationsdefizit« dient dazu, den Spannungsbogen einer Rede, eines Films oder eines Buchs aufrechtzuerhalten. Eine Information wird dem Leser immer wieder angekündigt, damit er dauerhaft am Ball bleibt. Erst viel später, oft ganz am Ende einer Rede oder Geschichte wird sie schließlich preisgegeben – so wird der Spannungsbogen bis zum Ende gehalten. Wenn Sie zu Beginn einer Produktpräsentation etwa sagen: »Ich weiß, dass Ihr größtes logistisches Problem die letzte Meile ist. Und ich werde Ihnen heute die Lösung für dieses Problem präsentieren«, dann will der Kunde natürlich unter allen Umständen wissen, welche Lösung Sie für ihn haben. Aufgrund des Informationsdefizits klebt er so lange an Ihren Lippen, bis Sie ihm endlich die Lösung verraten. Auch von Ihren Lieblingsserien kennen Sie das Informationsdefizit – von jedem Cliffhanger, der Ihnen jemals den letzten Nerv geraubt hat.

Was in der Rhetorik und in Hollywood konstruktiv genutzt wird, um Aufmerksamkeit zu erzeugen, funktioniert auch im Internet. Dort werden Clickbait-Headlines mit Informationsdefizit genutzt, um Sie zum Klicken auf einen Beitrag zu bewegen – und schon landet Ihr Cursor wieder über einem Werbebanner und spült Geld in die Kassen des Seitenbetreibers. Besonders wirkungsvoll sind: Überschriften, die entweder extreme Neugier erzeugen, Headlines, die affirmativ wirken und also bestätigen, was der Leser gern glauben möchte, sowie Listen, die eine Vollständigkeit suggerieren.

Die folgenden Beispiele zeigen, wie sich wirkungsvolle Clickbait-Überschriften mit hoher Klickrate von Überschriften unterscheiden, die anhand klassischer journalistischer Relevanzkriterien formuliert wurden:

| Journalistische Überschrift | Clickbait-Headline |
|---|---|
| »Kokoswasser als neuer Schlankmacher entdeckt« | »Du wirst nicht glauben, was dieses Model schluckt, um schlank zu bleiben« |
| »Mann überlebt spektakulären Unfall unverletzt« | »Wenn du das Auto siehst, aus dem dieser Mann unverletzt ausgestiegen ist, wirst du an Gott glauben« |
| »Verteidigungsministerin fordert Erhöhung des Wehretats« | »Diese Einkaufsliste der Regierung wird dich stocksauer machen!« |
| »Immobilien und Aktienfonds nach wie vor effektivste Formen der Altersvorsorge« | »Die todsichere Methode für deine Rente mit 40« |
| »Forscher entdecken stimulierenden Effekt von Alkohol auf das Gehirn« | »Gin macht schlau« |

Das Gemeine an der Dopaminsprache ist, dass wir uns ihr nicht einfach entziehen können. Unser Gehirn spielt uns durch den Dopaminausstoß in Erwartung einer spannenden Auflösung oder einer Bestätigung der eigenen Überzeugung einen Streich: Wer will nicht mit 40 ausgesorgt haben oder abends guten Gewissens mit den Kumpels anstoßen?

Gibt es auch gute Nachrichten? Unbedingt: Von der Wirksamkeit der Methoden, mit denen online Inhalte kommuniziert werden, können wir natürlich auch für unsere eigenen Botschaften lernen. Die Strategien der Online-Profis können Inspiration dafür sein, wie man Aufmerksamkeit auf saubere Weise auf wichtige Themen lenken kann. Sagen wir: um auf Risiken der Internetkommunikation hinzuweisen und für bessere Online-Sitten einzustehen? Was auch immer Ihr Thema ist: Von extrem wirksamen Mechanismen wie Clickbaits können wir lernen – und die unseriösen Absender mit ihren eigenen Methoden kontern.

Die spannende Frage lautet also: Was bedeutet all das, was wir bis hierher über die oft fragwürdigen Methoden der Internetkommunikation zusammengetragen haben, in seriös? Was können wir vom Internet darüber lernen, wie man Relevanz herstellt?

## Die Macht des ersten Satzes

Die Macht der Überschrift ist vergleichbar mit der Macht des ersten Satzes in einem Redebeitrag, einem Text oder – warum nicht – auch einem Facebook-Posting. Ein gutes Beispiel dafür sind die ersten Sätze einiger berühmter Reden und Romane, die in wenigen Worten ganz ohne Clickbait eine derartig hohe Relevanz aufbauen, dass wir ganz von selbst weiterlesen oder zuhören:

### Berühmte erste Sätze

*»Heute erfindet Apple das Telefon neu.«* Steve Jobs bei der Präsentation des iPhones 2007: ein maximal emotionaler Satz, der die Neugier weckt und ein starkes Versprechen abgibt, aber wahrheitsgetreu bleibt.

*»Ich habe die Zukunft gesehen, und sie wird nicht funktionieren.«* Paul Krugman am Beginn eines Artikels über eine Chinareise 2009, der für seine visionären Erkenntnisse berühmt wurde. Der Satz arbeitet mit einem Informationsdefizit, ist aber gleichzeitig eine fundierte These.

*»Es war die beste und die schlimmste Zeit …«* Charles Dickens formuliert mit dem ersten Satz von ***Eine Geschichte aus zwei Städten*** einen Widerspruch, den der Leser natürlich aufgelöst haben möchte.

*»Scarlett O'Hara war nicht eigentlich schön zu nennen.«* Margaret Mitchell lädt die Leser mit dem ersten Satz von ***Vom Winde verweht*** ein, sich mit der Protagonistin zu identifizieren. »Nicht eigentlich schön« zu sein ist also völlig okay!

*»Am Rande der kleinen, kleinen Stadt lag ein alter, verwahrloster Garten.«* So beginnt eine der Geschichten um Pippi Langstrumpf von Astrid Lindgren. Dieser erste Satz ist in seiner Einfachheit deshalb so stark, weil er uns transportiert, und zwar an einen Sehnsuchtsort.

Diese Sätze mögen genial sein, aber sie haben noch etwas anderes gemeinsam: Sprachlich betrachtet sind sie sehr klar und einfach aufgebaut. Einen starken ersten Satz zu formulieren ist kein Hexenwerk, sondern Übungssache. Und es gibt einige Kriterien, die dabei helfen.

**Relevanzlupe:**
**Kriterien für einen relevanten ersten Satz**

- *Verständlich:* Ein guter erster Satz ist anschaulich und simpel und verwendet wo immer möglich Verben statt Substantivierungen.
- *Straff:* Das richtige Maß ist so kurz wie möglich, so lang wie nötig.
- *Konkret:* Die Begriffe sollten so konkret wie möglich gewählt werden, also lieber »Zimt« als »Gewürz« – denn das Wort Zimt aktiviert dasselbe Gehirnareal wie: Zimt.

- *Adjektivdiät:* Je weniger, desto besser
- *No Bullshit:* Binsenweisheiten und abgegriffene Floskeln sind tabu, denn sie erzeugen die Erwartungshaltung »Langeweile«.

Eine ähnliche Funktion wie die Überschrift und der erste Satz erfüllen besonders in digitalen Medien übrigens die Teasertexte am Anfang eines Beitrags.

### Bilder im Kopf

Zugänglichkeit ist für Informationen im Internet Trumpf. Je einfacher und unterhaltsamer konsumierbar Inhalte online sind, desto mehr Beachtung finden sie. Anschaulichkeit ist deshalb ein hohes Gebot in der Online-Welt. Noch besser als Überschriften mit Suchtpotenzial funktionieren deshalb Bilder – statische wie bewegte. Je zugänglicher, nämlich anschaulicher Inhalte aufbereitet sind, desto relevanter sind sie online.

Ich habe diese Lektion durch das Experimentieren mit verschiedenen Formen von Facebook-Posts gelernt. Wenn ich beispielsweise einen Videoausschnitt aus meinem Vortrag poste, der einen Nerv trifft, kann es passieren, dass dieser zwölftausendmal geteilt wird und dadurch eine überraschend hohe Reichweite bekommt. Würde ich dagegen denselben Auszug als transkribierten Text posten, würde das vermutlich gar nicht oder nur sehr wenig geteilt. Das Videoformat bekommt wesentlich mehr Aufmerksamkeit, weil es zugänglich ist.

Der Grund dafür ist einerseits wiederum die Funktionsweise der menschlichen Wahrnehmung: Bilder kann unser Gehirn schneller und direkter verarbeiten als Sprache, und sie prägen sich besser ein. Zudem stellt das Gehirn bei Bildinhalten leichter eine emotionale Verbindung her. Deshalb sind Bilder – und Bewegtbilder in noch höherem Maß – nachweislich effektiver als reine Text-Postings, um bei Facebook und Co. für Interaktion zu sorgen. Die Hierarchie der interaktionsfördernden Inhaltsformate in aufsteigender Reihenfolge ihrer durchschnittlichen Effektivität lautet:

- viel Text,
- wenig Text,
- statische Bildinhalte (Fotos),
- lange Bewegtbildinhalte (Videos),
- kurze Bewegtbildinhalte (Videos).

Die Faustregel für die Formgebung relevanter Online-Inhalte lautet also: Je bildlicher und knapper ein Inhalt ist, desto höher die Interaktionswahrscheinlichkeit. Das gilt für alle Formen der Online-Kommunikation vom Presseartikel über Postings bei Social Media bis hin zu Online-Journalismus und werbenden Inhalten. Eine Einschränkung muss dennoch getroffen werden: Nur, weil ein Inhalt formal schön bildhaft und knapp ist, muss er noch lange nicht einschlagen wie eine Bombe.

Aus diesen formalen Relevanzkriterien von Online-Inhalten lassen sich für die Offline-Kommunikation Rückschlüsse ziehen. Denn was online gilt, trifft häufig auch auf andere Kommunikationsformen zu: Redeinhalte, sei es im Gespräch, bei einer Präsentation oder auch in einer öffentlichen Debatte, profitieren von einer hohen Anschaulichkeit. Diese kann sprachlich hergestellt werden, etwa durch Metaphern und Analogien, oder durch die Verwendung von Anschauungsmaterial wie Bildern, Videos oder Gegenständen in einer Präsentation.

Diese Wirkungsregel lässt sich auch auf andere Formen der Kommunikation übertragen – zum Beispiel auf das Reden. Die meisten Menschen, die etwas präsentieren oder einen Vortrag halten, nutzen heute eine Präsentationssoftware wie PowerPoint oder Keynote. Sinnvoll ist das nicht nur deshalb, weil die Anschaulichkeit von Bildern oder Grafiken die Verständlichkeit erhöht – Bilder oder sogar eine ganze Bildsprache, die einen Vortrag untermalt, können auch die Relevanz der Inhalte steigern. Bildlich lassen sich sogar theoretische oder abstrakte Inhalte in eine Form gießen, die eine vertraute Ästhetik spiegelt.

Ein gutes Beispiel dafür, wie effektiv Bilder die Relevanz von Inhalten fördern, ist Al Gores Erfolgsfilm *Eine unbequeme Wahrheit.* Im Prinzip handelt es sich dabei in weiten Teilen um eine verfilmte PowerPoint-Präsentation. Die Thesen, die Al Gore auf der Tonspur spricht, sind dramatisch und von großer Dringlichkeit angesichts des fortschreitenden Klimawandels – heute noch mehr als bei Erscheinen des Films 2006. Doch die Dramatik der bildlichen Untermalung könnte kein Redner allein mit seinen Worten herstellen. Die visuelle Komponente hat bei diesem Beispiel eine extrem verstärkende Wirkung für die Inhalte. Ohne sie hätte die Rede, die der Verfilmung zugrunde lag, mit Sicherheit nie eine solche Aufmerksamkeit bekommen. Die geschickte Kombination starker Thesen mit starken Bildern hat der wichtigen Botschaft – und Al Gore als ihrem Absender – zu extremer Relevanz im Rahmen der Debatte um die Erderwärmung verholfen.

Die Möglichkeiten einer visuellen Unterstützung gehen inzwischen weit über die reine Bildlichkeit hinaus. So sind wir es heute gewohnt, dass visuelle Inhalte eine interaktive Dimension haben, sich also »wischen« oder »zoomen« lassen. Inzwischen ertappen wir unsere Kinder schon dabei, wie sie versuchen, durch physische Gesten das Fernsehbild größer zu zoomen. Es kann nur eine Frage der Zeit sein, bis es in einem Museum Ärger gibt, weil jemand im Bemühen, zum nächsten Bild in der Serie zu springen, versehentlich einen alten Meister von der Wand wischt …

Diese neuen ästhetischen Gewohnheiten können wir uns beim Präsentieren zunutze machen. So macht es verlässlich Eindruck, wenn man als Redner (scheinbar) mit der PowerPoint-Präsentation interagieren kann. Wenn ich zum Beispiel etwas auf der Leinwand berühre, das sich daraufhin blau einfärbt, erinnert uns das an unsere gewohnte Interaktion mit Smartphone, Tablet und Co. Und diese vertraute Optik unterstützt den Zugang zum jeweiligen Inhalt, weil das Abstrakte durch etwas Vertrautes ausbalanciert wird.

Gerade das Physische von Gesten macht die intellektuelle Dimension von Inhalten intuitiv erfahrbar. Wenn ich mich beispielsweise eingehend mit meiner Bildschirmpräsentation vertraut mache, kann ich deren Funktionen durch meine eigenen Bewegungen aufgreifen. So erzeugt es große Aufmerksamkeit, wenn ich eine körperliche Geste – sagen wir, eine Wischbewegung mit den Armen – so mit einer Bewegung in der Präsentation abstimme, dass es wirkt, als reagierte PowerPoint auf meine Bewegung. Zum Beispiel kann ich ein Bild auf der Leinwand gefühlt »wegwischen« oder auch etwas im Bild oder an den gezeigten Worten verändern. Durch diese intuitive Ästhetik lenke ich die Aufmerksamkeit gezielt auf den jeweiligen Inhalt – etwa ein Bild, das die Zuhörer im Kopf behalten sollen, oder ein wichtiges Wort.

An diesen Veränderungen in der Präsentationstechnik wird etwas deutlich, das für die nachhaltige Relevanz von Inhalten, aber auch von Rednern bedeutend ist: Der Stil, mit dem Inhalte präsentiert werden, ändert sich. Wenn man Menschen überzeugen will, ist es wichtig, diese Veränderungen aufmerksam zu beobachten und zu reflektieren. Deshalb ist es – bei aller Kritik an manchen Praktiken – wichtig, sich den Entwicklungen und Trends des Internets zu stellen und zu reflektieren, was man daraus machen kann. Gute Redner setzen sich mit diesen Fragen auseinander und prüfen, was ihre Inhalte unterstützen kann. Vieles wird man verwerfen, vieles lässt sich aber auch produktiv nutzen.

Relevante Absender gehen auch visuell und technologisch mit der Zeit. So sollten Dozenten und Redner, aber auch beruflich Präsentierende wissen, dass die Folien einer PowerPoint-Präsentation heute häufig als Gedächtnisstützen für später abfotografiert werden. Teils werden sie dann sogar geteilt – unter Interessierten, aber auch in den sozialen Netzwerken. Besonders oft wird erfahrungsgemäß die Schlussfolie fotografiert. Das ist ein Umstand, den ich nutzen kann, indem ich der Gestaltung dieser letzten Folie besondere Aufmerksamkeit widme. Zum Beispiel kann ich darauf achten, dass eine Metapher als zentrales Sinnbild der Inhalte hier noch einmal auftaucht.

Memes werden online gern geteilt. Diese Erkenntnis kann man sich zunutze machen und einen prägnanten Satz auf die letzte Folie setzen, der den Vortrag klug abrundet. Zusätzlich kann er vielleicht eine originelle Brücke zur eigenen Internetseite schlagen. Auf der letzten Folie meines Rhetorikvortrags steht zum Beispiel ein Zitat von Cicero: »Dichter werden geboren, Redner werden gemacht.« Und darunter: »Redner machen unter: www.rene-borbonus.de«. Bei meinem *Klarheit*-Vortrag ziehe ich auf der letzten Folie ein Zitat des Jokers aus *Batman* heran: »Es geht darum, eine Botschaft zu senden.« Darunter steht klein: »Botschaft senden lernen unter …«, alles optisch ansprechend aufbereitet, damit es sich zum Teilen eignet.

**Relevanzlupe:**
**Praxistipps für Bilder und Videos in Präsentationen**

- *Nur sehr klar themenzentrierte Bilder oder Videos verwenden!* Bei Bildinhalten ist die Versuchung groß, rein nach dem visuellen Reiz oder dem Unterhaltungswert zu gehen. Doch hier gilt dasselbe wie bei jedem anderen Inhalt: Nur, was wirklich auf die Botschaft einzahlt, gehört in die Rede respektive die Präsentation.
- *Je origineller, desto wirkungsvoller!* Trotz der Warnung im vorherigen Tipp gilt: Besonders überraschende Bildinhalte bekommen besonders viel Aufmerksamkeit. Wie bei jeder Metapher

und Analogie gilt: Kreativität wird belohnt. Es darf auch einmal assoziativ-abstrakt zugehen. Je größer der Spagat zwischen der These und ihrer Verbildlichung ist, desto besser prägt sie sich ein.

- *Schönheit wirkt!* Für Bildinhalte gilt dasselbe wie für »gute Worte«: Die ästhetische Wirkung spielt eine große Rolle. Schönheit hilft weitaus besser dabei, Interesse an Inhalten zu wecken, als unattraktives Bildmaterial. Ein professionelles, perfekt inszeniertes Bild oder Video wirkt in der Regel besser als schlecht aufbereitetes, technisch minderwertiges Bildmaterial. Doch wenn es zum Redner passt, kann auch ein verwackelter Schnappschuss mal interessant sein – Schönheit ist ein dehnbarer Begriff.
- *Auf die Details achten!* Bei visuellen Inhalten ist es ähnlich wie bei Zitaten: Wenn eine Aussage vom falschen Absender stammt oder eine ungünstige Silbe enthält, ruiniert das schnell die Botschaft. Achten Sie bei Bildern und Videos nicht nur auf die vordergründige Bildaussage, sondern auch auf mögliche Assoziationen, etwa Personen im Bild, Ort, Hintergrund, Symbole et cetera.
- *Immer die Bildrechte wahren!* Es ist ein Mythos, dass YouTube-Videos öffentlich seien und deshalb beliebig verwendet werden dürften. Genauso wie bei Kunstwerken oder Ausschnitten aus kommerziellen Filmen gelten auch bei vielen Online-Bildern und -Videos Verwertungsrechte, die es zu beachten gilt. Verstöße können teuer werden.

Zusammenfassend lässt sich über die relevanzsteigernde Wirkung von visuellen Inhalten beim Reden und Präsentieren sagen: Je zugänglicher komplexe Inhalte dargestellt werden, desto höher die Aufmerksamkeit und die Interaktionswahrscheinlichkeit bei den Zuhörern. Hier können wir als Redner, aber auch für die Kommunikation im Alltag sehr viel von den Wirkmechanismen des Internets lernen: Bilder sind (fast immer) Trumpf für die Relevanz.

Das bedeutet allerdings nicht, dass sie in irgendeiner Konkurrenz zu den Worten stehen oder diese ersetzen können. Ganz im Gegenteil: Visuelle Inhalte sind ideale Wirkverstärker für die Substanz, die durch Worte zum Ausdruck kommt und sich verbreitet. Denn was tun wir, wenn ein Bild oder ein Video uns fesselt und beeindruckt? Wir reden darüber.

## Relevanzfaktor Tempo

Ein weiterer Faktor der Internetkommunikation, der uns auf unserer Suche nach Relevanz im Netz, aber zunehmend auch bei der Lebensgestaltung zu schaffen macht, ist ihr atemberaubendes Tempo.

Die Geschwindigkeit der neuen Kommunikationsformen ist der Relevanz grundsätzlich erst einmal abträglich. Uns fehlt gefühlt die Zeit – und, wenn wir ehrlich sind, eher die Geduld –, uns hinreichend mit Themen auseinanderzusetzen. Das ist auch der Grund, warum es den seriösen Medien immer weniger gelingt, einen Gegenpol zu den Klicksammlern und Turbokapitalisten des Internets zu bieten: Sie schlagen sich, in aller Regel jedenfalls, tatsächlich noch mit so etwas wie professionellen Relevanzkriterien herum.

Wenn es etwas gibt, das die seriösen Wissensvermittler verlässlich zu Fall bringt, dann ist es nicht die unprofessionelle oder sogar unseriöse Konkurrenz durch YouTuber, selbst ernannte Experten und Influencer, sondern unsere Ungeduld. So ungern ich es einräume: Leider ist der Journalismus gegen die Dopaminscharlatane ziemlich chancenlos. Denn jenseits aller Qualitätsfragen kann er sich des Einflusses des zweitwichtigsten Relevanzfaktors nicht erwehren, der öffentliche Debatten heute prägt: Tempo.

Auch wenn es um das Timing von Informationen, Meinungen und Deutungsmustern geht, folgt die Logik des Internets nämlich der Logik des Geldes. Um mit emotionalen (zum Beispiel die Wut auf die Eliten schürenden) Inhalten Geld verdienen zu können, muss man nicht nur ethisch schmerzbefreit, sondern zudem noch schnell sein. Richtig Kasse machen mit der jeweils aktuellsten Sau, die durchs Dorf getrieben wird, nämlich nur die zwei, drei schnellsten Player, die die Masse der User und damit auch der Interaktionen auf sich ziehen können. Das ist eine Eigenschaft von akuten Emotionen wie Wut: Sie kühlen relativ schnell ab und brauchen dann erst einen neuen Trigger, um wieder aktiviert zu werden – die nächste Sau also.

Das Problem ist, dass die klassischen Medien sich der explosiven Mischung von Emotionalität und Tempo nicht vollständig entziehen können, wenn sie nicht in der Bedeutungslosigkeit verschwinden wollen. Sie können am Online-Markt auf Dauer nur mitspielen, wenn sie profitabel sind.

Der einzige Weg, wie wir dem entgegenwirken könnten, wäre, indem wir uns mehr Zeit für einen gründlichen Wissenserwerb nehmen. Zeit – oder auch: Geduld – ist ein Relevanzfaktor. Gute Redner berücksichtigen das zum Beispiel, indem sie vor oder nach wichtigen Aussagen eine Wirkpause setzen. Sie ist gleichermaßen ein Hinweis an die Zuhörer – Achtung, jetzt kommt etwas Wichtiges! – und eine Hilfestellung, damit sie das Gesagte wirken lassen können.

Im Internet ist der Relevanzfaktor Tempo eine Begleiterscheinung des Mediums, an die wir alle uns erst einmal gewöhnen müssen. Das Tempo der Online-Kommunikation hilft den schnellsten Absendern zwar dabei, die meiste Aufmerksamkeit abzugreifen, schadet jedoch oft der Qualität. Allerdings ist die Klage, dass alles immer schneller geht, nicht neu: Bis zu einem gewissen Punkt konnte Geschwindigkeit einem Absender schon immer einen Vorteil verschaffen. Nicht umsonst setzte sich das Telegramm gegen den Brief durch, dann das Telefon gegen das Telegramm, dann die E-Mail gegen das Telefon und inzwischen zunehmend der Online-Chat gegen die E-Mail. Nur haben wir mit der elektronischen Kommunikation über das Internet inzwischen eine Geschwindigkeit erreicht, die schlicht unsere Fähigkeiten übersteigt. Das Tempo ist ein kniffliger Faktor von Kommunikation: Damit Inhalte relevant werden, kommt es auf eine gesunde Balance von Geschwindigkeit und Gründlichkeit an, also Tempo und Qualität – sowohl beim Absender als auch beim Empfänger.

Eine gezielte und gut dosierte Variation von Tempo, als Akzent an der richtigen Stelle eingesetzt, kann ein effektiver Wirkverstärker sein. So variieren geübte Redner zum Beispiel gezielt ihr Sprechtempo, um Redeteile zu akzentuieren und die Vortragsweise lebendig zu halten.

Für das Präsentieren mit PowerPoint oder Keynote gibt es eine Methode, die sich den Relevanzfaktor Tempo direkt zunutze macht – und ihn gleichzeitig mit allen Vorteilen des bildlichen Präsentierens kombiniert: die »Lessig-Methode«. Sie wurde nach ihrem Erfinder Lawrence Lessig benannt, einem Professor an der amerikanischen Eliteuniversität Stanford. Diese Methode zeichnet sich durch ein klares, reduziertes Design und eben das hohe Tempo aus, mit dem die einzelnen Folien aufeinanderfolgen. So entsteht ein lebendiger, mitreißender Vortragsstil. Das Prinzip besteht darin, visuell sehr klare, aber auch sehr auffällige Folien an entscheidenden Punkten des Vortrags sehr kleinteilig einzusetzen – zum Beispiel eine Folie pro Satz oder sogar pro Wort. So lassen sich zentrale Botschaften oder wichtige Redeteile wie Einleitung oder Schluss betonen – der auffällige Präsentationsstil zieht enorm viel Aufmerksamkeit. Doch eine Lessig-Präsentation vorzubereiten ist sehr aufwendig – gerade deshalb empfiehlt die Methode sich eher für wichtige Teile eines Vortrags.

**Relevanzlupe:**
**Mitreißend präsentieren mit der Lessig-Methode**

- *Skript und Folien synchronisieren!* Das Grundprinzip ist simpel: Auf jeder Folie einer Lessig-Präsentation findet sich nicht mehr als ein einzelnes Wort, eine sehr kurze Wortfolge oder ein einzelnes Bild. Sie fungieren als visuelle Akzente, die das Gesagte sozusagen in Echtzeit begleiten. Das Vortragsskript selbst wird für die Lessig-Passagen ebenfalls auf die wichtigsten Aussagen gekürzt, um den prägnanten Charakter des Vortrags zu unterstreichen.
- *Die richtigen Schlagworte auswählen!* Für maximale Wirkung ist es wichtig, dass die richtigen Schlagworte es auf die Folien schaffen. Der erste Impuls ist, nur Substantive auszuwählen; starke Verben und Adjektive wirken oft jedoch besser, weil sie dynamischer sind. Auch Worte wie »trotzdem« und »aber« können wirkungsvoll sein.
- *Keine Angst vor Reduktion!* Findet sich in einem Satz des betreffenden Vortragsteils kein geeignetes Schlagwort, ist das ein guter Hinweis darauf, dass dieser Satz noch einmal geprüft und gegebenenfalls gestrichen gehört. Die Lessig-Methode ist ganz nebenbei also ein perfekter Anreiz, das ganze Vortragsskript zu straffen – und generell eine gute Übung in der Beschränkung aufs Wesentliche.
- *Folien klar und ansprechend gestalten!* Bei den Folien selbst sollte auf eine einheitliche Schriftart sowie Farbgestaltung geachtet werden. Am wirkungsvollsten sind Folienfolgen, bei denen sich Text- und Bildinhalte abwechseln. Auch hier gilt: je schöner, desto besser. Wichtig ist bei der Lessig-Methode, die Folien auf keinen Fall zu überladen – je klarer und einfacher, desto besser. Schließlich ist jede Folie nur einen kurzen Moment lang zu sehen.
- *Üben, üben, üben!* Das Tempo ist das wichtigste Wirk-

geheimnis der Lessig-Methode. Durch den inhaltlich und visuell gleichermaßen stark komprimierten Inhalt pro Folie wirkt die Geschwindigkeit, mit der die Folien aufeinanderfolgen, regelrecht mitreißend: Man darf als Zuschauer keine Sekunde wegsehen, wenn man nichts verpassen will. Dadurch entsteht der (zutreffende) Eindruck, dass der Reder mit extrem hoher Taktung relevante Inhalte absetzt. So bekommt der Vortrag einen lebhaften Rhythmus, der das Publikum in Atem hält und die Rede zu einem echten Erlebnis macht. Das funktioniert allerdings nur, wenn der gesprochene Text und die Bildschirmpräsentation perfekt harmonieren – und das will gelernt sein!

### Kotz nicht ins Internet!

Zum aufgeklärten Internetkonsumenten zu werden, ist eigentlich gar nicht so schwierig, wenn man erst einmal die Erfahrung gemacht hat, dass die meisten Clickbait-Headlines programmierte Enttäuschungen sind und auch die aufgeregtesten Wutdebatten in der Kommentarspalte in der Regel verlässlich ins Nichts führen. Fast nie kommen nach dem Klick der gewünschte Kick oder das versprochene Wundermittel – stattdessen fast immer banale Informationen, Aufgüsse von Altbekanntem und halbseidene Heilsversprechen. Wir verpassen wirklich nichts, wenn wir nicht daraufklicken. Und jeder Klick auf einen seriösen Nachrichtenartikel anstelle einer reißerischen Überschrift hilft, die Macht der Manipulatoren zu brechen – einen Klick um den anderen.

Einen Beitrag können wir definitiv leisten: nämlich einfach mal keinen Beitrag leisten, wenn wir nichts Relevantes beizutragen haben. Es ist nicht zu viel verlangt, uns die Frage nach der Relevanz dessen zu stellen, was wir posten oder teilen. Eines kann ich Ihnen versichern: Schon manches Mal habe ich mir selbst nach einem Posting gewünscht, ich hätte mir die folgenden Fragen vorab gestellt:

- Veröffentliche ich das wirklich, weil es für andere von Interesse ist, oder nur, weil ich mir Luft machen will?
- Stimmen die Fakten objektiv, oder habe ich sie mir unbewusst aus der Emotion heraus zurechtgebogen?
- Kann ich das auch in zwei Stunden noch posten, wenn ich mich beruhigt habe?
- Habe ich meine Worte so gewählt, dass andere sich nicht angegriffen, sondern zum Nachdenken angeregt fühlen?
- Möchte ich so gesehen werden, wie ich mich in diesem Posting zeige, oder wird es mich später verfolgen wie ein peinliches Jahrbuchfoto?

In einem Medium, das uns kaum Grenzen setzt, ist es manchmal nicht leicht, das richtige Maß zu finden. Wir beginnen erst zu verstehen, dass das Internet vielleicht nicht der Ort für alles ist. Wir ringen noch um die Erkenntnis, dass Kommunikation auch digital nicht ohne ein Mindestmaß an Regeln auskommt, wenn sie zur Verständigung beitragen soll. Und mit diesen Regeln meine ich keinen erhobenen Zeitfinger, sondern die Gebote der Menschlichkeit. Der absolut kleinste gemeinsame Nenner jeder Kommunikation ist die Wahrung der Menschenwürde.

Deshalb schlage ich vor: Achten wir im Internet endlich genauso auf unsere Kommunikation wie offline. Auch wenn die Bahn Verspätung hat, wenn wir minutenlang in einer Service-Hotline gefangen sind, wenn wir schlechte Erfahrungen in einem Restaurant oder einem Krankenhaus gemacht haben, wenn wir einem Politiker widersprechen und einen anderen aus dem Amt gejagt sehen möchten, wenn Menschen anderer Meinung sind und wenn Menschen einfach nur anders sind – egal, worum es geht: Kotzen wir nicht ins Internet.

Kritik ist wichtig und immer ein guter Anlass zum Kommunizieren. Nichts hilft uns mehr beim Wachsen. Doch mit der Kritik ist es genauso wie mit jedem anderen Gesprächsanlass: Wirksam wird sie erst, wenn Inhalt und Form zusammenpassen. Kritik und Holzhammer sind zwei verschiedene Methoden – man kann auch mit Stil und Geschick kritisieren. Wenn die Kritik auch etwas bewirken soll, ist das sogar ratsam. Relevante Kritik ist würdevoll – in der Sache klar und gern auch mal laut, aber mit einem Mindestmaß an Respekt und Anstand vorgetragen.

Nichts gegen die Wut und all die anderen Emotionen, die im Internet prall werden wie ein Gummibärchen in Wasser und immer schwerer zu schlucken sind – irgendwo müssen sie hin. Doch helfen wir nicht mit, dass sie sich online verbreiten wie eine Epidemie und das System noch unterstützen, auf das wir so fluchen. Das Ergebnis ist eine Kultur, die niemand von uns haben möchte – und über die wir uns noch mehr aufregen. Ob sie sich weiterverbreitet oder ob wir von stümperhaften Anfängern nach und nach zu aufgeklärten digitalen Konsumenten werden – darauf haben wir einen Einfluss.

Kotzen wir nicht ins Internet – denn das Internet kotzt zurück! Und im Gegensatz zu der des Internets ist unsere Kapazität begrenzt.

Kapitel 4

# Wir können doch über alles reden: Wie Relevanz in öffentlichen Debatten entsteht

*»Es gibt richtig und falsch im Universum, und der Unterschied ist nicht schwierig zu erkennen.«*
*Superman*

## Die Relevanzunwucht

Für Tausende Menschen wird das Mittelmeer jährlich zur Todesfalle. Hinter ihnen liegen oftmals Krieg und Zerstörung. Sie ertrinken auf dem Weg in die Freiheit, und niemand kommt, um sie zu retten. Meistens kommt noch nicht einmal jemand, um über sie zu berichten.

Die meisten dieser Menschen haben schwarze Haare.

Als im Sommer 2018 eine blonde Britin betrunken von einem Kreuzfahrtschiff in dasselbe Meer kippte, wurde sie nicht nur zehn Stunden lang von Seenotrettern gesucht und schließlich gerettet – es wurde auch auf der ganzen Welt darüber berichtet. Von *CNN* über die *Hindustan Times* und die *Australien Financial Review* bis hin zur *Passauer Neuen Presse*: Die Journalisten rissen sich um die Story und interviewten einen Experten für Seenotrettung nach dem anderen.

Eine Blonde ist relevant, mehrere Tausend Schwarzhaarige nicht. Der Grund ist, wie Sascha Lobo in seiner *Spiegel*-Kolumne feststellte, eine »Unwucht in unserer Wahrnehmung«.[55] Was Lobo damit meint, ist die oft erstaunlich unlogische Logik hinter öffentlichen Debatten: Aus der Vogelperspektive betrachtet, kann man sich oft nur wundern, welche Themen im allgemeinen Diskurs manchmal groß werden und welche klein bleiben. Erst recht kann man sich darüber wundern, wie diese Debatten das gesellschaftliche Klima nachhaltig beeinflussen können.

Diese Unwucht, sie ist eine Frage der Relevanz. Das Bedeutungsgefälle, das sich an der enthusiastischen Berichterstattung über die Rettung der blonden Touristin genauso manifestiert wie an der mangelnden Berichterstattung über Tausende schwarzhaariger Flüchtlinge, zeigt, worüber wir uns miteinander freuen und worüber wir uns miteinander ereifern können. Lobo bringt auf den Punkt, wie absurd die Relevanz in manchen Debatten verteilt ist: »Der Kapitän des Rettungsschiffes sagte, es sei ein unvergleichliches Gefühl, ein Menschenleben gerettet zu haben. Man stelle sich vor, sie hätten statt der Britin aus Versehen eine dahintreibende Frau aus dem Tschad entdeckt, dem gleichen Kapitän würde eine Anklage drohen.«[56]

Ich erwähne die Geschichte nicht aufgrund ihrer politischen Dimension. Vielmehr habe ich das Beispiel gewählt, um zu zeigen, wie Relevanz in gesellschaftlichen Debatten entsteht – und wie sogar Themen, die weitaus debattenwürdiger wären als manch andere, in der öffentlichen Wahrnehmung einfach hinten runterfallen, obwohl sie uns alle auf die eine oder andere Weise betreffen. Aus dem Fall des unfreiwilligen Kreuzfahrt-Brexits lassen sich exemplarisch gleich mehrere Schlüsse über Relevanz in öffentlichen Debatten festmachen – und die sind ziemlich verblüffend.

## Relevanzkriterien öffentlicher Debatten

### *Ähnlichkeiten sind relevanter als Unterschiede.*

Was Menschen passiert, die uns ähnlich sind, interessiert uns eher, als was Menschen passiert, mit denen wir nichts gemeinsam haben. Nachhaltig diskutiert werden Themen, die Menschen betreffen, die theoretisch auch wir sein könnten. Und inspirieren lassen wir uns ebenfalls eher von den Erfahrungen anderer, denen wir uns ähnlich fühlen. Die Auslegung des Begriffs »Ähnlichkeit« ist sehr dehnbar und kann sich auf alle möglichen demografischen Faktoren, aber auch auf bestimmte Überzeugungen und Sichtweisen beziehen.

Beispielsweise wurde Kindern in einer Studie ein angenehmer Film gezeigt, der ihre Bereitschaft für einen Zahnarztbesuch erhöhen sollte. Wie die Forscher feststellten, funktionierte das auch – allerdings nur dann, wenn die Darsteller im Film ungefähr gleich alt waren wie die Zuschauer.

Dieses Ähnlichkeitsprinzip lässt sich in vielfacher Weise in der alltäglichen Kommunikation nutzen. Wir können damit arbeiten, um Dinge relevant zu machen, die uns wichtig sind. Psychologen nennen die Strategie, die dahintersteckt, das »Prinzip der sozialen Bewährtheit«:[57] Menschen lassen sich eher überzeugen, wenn Menschen, die ihnen ähnlich sind, bereits überzeugt sind.

Ein Beispiel dafür sind die erfolgreichen und weniger erfolgreichen Strategien, die Hotels nutzen, um ihre Gäste zu einem ökologischeren – und kostensparenden – Verhalten anzuregen. Jeder kennt die Schilder, die in Hotelzimmern entweder auf dem Bett oder im Badezimmer gut sichtbar angebracht sind: »Helfen Sie uns, die Umwelt zu schonen. Lassen Sie Ihre Handtücher nur tauschen, wenn Sie neue brauchen. Handtuch auf dem Boden heißt: ›Bitte wechseln.‹ Handtuch auf dem Haken heißt: ›Ich verwende es noch einmal.‹« In dieser Botschaft sind alle wichtigen Informationen enthalten. Das Problem ist nur: Die Erfolgsquote ist durchwachsen. Viele Gäste verwenden ihre Handtücher tatsächlich mindestens einmal wieder – aber das Ziel ist ja, dass jeder Gast das tut. Wie könnte man mehr Menschen motivieren, ihre Handtücher öfter wiederzuverwenden?

Ein Hotel setzte auf das Prinzip der sozialen Bewährtheit beziehungsweise Ähnlichkeitsprinzip: Es wies auf dem Schild darauf hin, wie andere Gäste sich verhielten. Es spielte auf den Herdentrieb an nach dem Muster: »Machen Sie es wie zahllose andere Hotelgäste, und helfen Sie unserer Umwelt!« Und es funktionierte: Gut ein Viertel mehr Gäste als zuvor verwendeten ihre Handtücher wieder.[58] Von diesem Ergebnis ermutigt, steigerte das Hotel den Identifikationseffekt, indem es das Prinzip Ähnlichkeit auf dem Schild noch weiter konkretisierte: »Die Mehrheit der Gäste in diesem Zimmer haben ihre Handtücher während ihres Aufenthalts mindestens einmal wieder verwendet.« Mit diesem Hinweis stieg die Wiederverwendungsquote tatsächlich noch einmal und noch stärker, nämlich um ein ganzes Drittel.[59] Menschen orientieren sich eher am Verhalten anderer, wenn sie sich als ihnen ähnlich empfinden.

Das Ähnlichkeitsprinzip lässt sich vielfältig anwenden. Es kann Ihnen zum Beispiel helfen, effektiver mit Ihren Referenzen zu arbeiten. Wir sind meist versucht, Referenzen anzuführen, auf die wir besonders stolz sind: ein besonders bekanntes Großunternehmen etwa oder eine besonders erfolgreiche Persönlichkeit. Doch dabei vergessen wir leicht, uns in den potenziellen Kunden hineinzuversetzen: Vielleicht kommt angesichts solcher Großkunden bei ihm die Befürchtung auf, dass man zu teuer ist? Vielleicht kann er den prominenten Kunden als Mensch nicht ausstehen?

Überzeugender sind Referenzen, die zur Zielgruppe passen. Der soziale Vergleich, den die Referenz suggeriert, sollte sich vorteilhaft für den Angesprochenen anfühlen: Passt dieser Mensch zu mir? Will ich so sein? Da ist ein bodenständiger Mittelständler vielleicht manchmal die bessere Referenz als ein internationaler Großkonzern, und ein Kunde mit demselben Beruf aus derselben Region vielleicht ein besserer Vergleich als der Prominente. Setzen Sie auf Ähnlichkeiten, um Ihre Inhalte für Menschen relevanter zu machen.

*Gesichter sind relevanter als Zahlen.*

Die Nachrichtenflut, der wir alle täglich und vor allem durch unsere Smartphones ausgesetzt sind, lässt uns abstumpfen. Früher kamen wir ein- bis zweimal täglich mit aktuellen Nachrichten in Kontakt, heute trudeln die Benachrichtigungen im Minutentakt ein. So zynisch es sich anhört: Wir können nicht mit jedem Toten Mitleid empfinden, über den wir lesen, denn sonst hätten wir nichts anderes mehr zu tun und könnten unsere Gefühle nicht mehr koordinieren.

Was hier zum Tragen kommt, ist ein bekanntes Phänomen, das inzwischen auch neurologisch nachgewiesen ist. Im Kern war es jedoch schon Kurt Tucholsky bekannt. In einem Zeitungsartikel zitierte er 1925 einen französischen Diplomaten mit der Aussage: »Der Tod eines Menschen: das ist eine Katastrophe. Hunderttausend Tote: das ist eine Statistik!«[60] Der Grund für die scheinbare Empathielosigkeit liegt darin, dass unser Gehirn abstrakte Zahlen nicht verarbeiten kann. 1500 Tote im Mittelmeer – das ist eine Information, die wir nicht konkret fassen können und die wir deshalb relativ schnell wieder ausblenden. Die permanente Überreizung mit Informationen im Allgemeinen und Katastrophenmeldungen im Besonderen verstärkt diesen Effekt noch.

Die einzelne blonde Touristin dagegen, die in ihrem Urlaub ganz unerwartet in eine gefährliche Situation gerät und gerettet wird – das ist eine konkrete Geschichte, mit der wir uns persönlich identifizieren können. Die Seenotrettung bekommt durch sie ein Gesicht. Je höher die Identifikation, desto relevanter das Thema.

Deshalb ist es beim Reden – in Vorträgen genauso wie in Gesprächen – so wichtig, nicht nur Zahlen, Daten und Fakten zu nennen. Viel relevanter werden die Inhalte, wenn zu den nüchternen Informationen persönliche Erfahrungen hinzukommen. Das können passende Geschichten anderer sein, die der These ein Gesicht verleihen, oder natürlich Ihre eigenen Erfahrungen und Erlebnisse. Auf diese Weise geben Sie der Botschaft Ihr Gesicht. Die Menschen können sich mit Ihnen identifizieren und verbinden die Geschichte zukünftig mit Ihrer Person. Von dieser Plattform ist es weitaus leichter, sie auch von einer Idee oder einem gewünschten Verhalten zu überzeugen, denn jetzt besteht eine persönliche Verbindung.

Ich kann Ihnen zum Beispiel einen pädagogisch untermauerten Tipp geben, wie Sie Ihr Kind dazu bringen, mehr Gemüse zu essen. Ob Sie mir glauben oder nicht, hängt aber davon ab, wie Sie zu mir als Instanz zu diesem Thema stehen. Sie werden meinen Tipp viel relevanter finden, wenn ich Ihnen erzähle, wie ich ihn bei meinem Sohn erfolgreich angewendet habe. Dadurch bekommt die Information ein Gesicht, denn Sie wissen jetzt: Aha, der Borbonus ist Vater wie ich, und bei dem hat es funktioniert. (Mehr darüber, wie Sie Ihre Relevanz steigern, indem Sie eine persönliche Verbindung aufbauen, lesen Sie in Kapitel 9.)

### *Bestätigung ist relevanter als Konfrontation.*

Haben Sie sich schon einmal gefragt, woher die Faszination mit Superhelden kommt, die eine Comic-Verfilmung nach der anderen zum Kassenschlager macht? Die zynisch zugespitzte Antwort darauf ist: Die Superhelden erledigen den Kampf Gut gegen Böse für uns, für den wir uns selbst nicht mehr zuständig glauben. Sie geben uns das Gefühl, dass irgendjemand da draußen diesen Krieg noch kämpft – und stellvertretend für uns gewinnt. In der Geschichte um die blonde Frau im Mittelmeer übernimmt die Heldenfigur des Kapitäns diese Rolle.

Die Heldenepen zu sehen und den Kapitän von seinem Heldentum berichten zu hören, erleichtert unser Gewissen angesichts all der Ungerechtigkeit in der Welt, der wir täglich tatenlos zusehen. In der allgemeinen Überforderung sind wir ja oft nicht einmal mehr in der Lage, auf uns selbst adäquat aufzupassen, geschweige denn auf andere. Gut, wenn es jemand anders macht. Gut, wenn wie im Superhelden-Film ein Mann in Uniform die blonde Frau und mit ihr die Welt rettet.

Die Geschichten über Tausende ertrunkener Flüchtlinge dagegen konfrontieren uns mit unserem kollektiven Versagen. Sie führen uns vor Augen, dass wir eben nicht aufeinander aufpassen und die Welt kein gerechter Ort ist. Deshalb reden wir lieber über die Heldentat als über die humanitäre Katastrophe. Am wichtigsten sind uns die Debatten – und in diesen Debatten die Thesen –, in denen wir Bestätigung finden.

## Macht der Metaphern

Mit dem Beispiel der Seenotrettung und den Relevanzkriterien öffentlicher Debatten ist eine Dimension benannt, die wir bei öffentlich zugänglicher Kommunikation niemals unterschätzen dürfen: die moralische Dimension. Moral ist für uns ein wichtiger Kompass, und daher ist sie sehr effektiv bei der Steuerung von Debatten. Das schlechte Gewissen, von dem eben schon die Rede war, haben wir bei irgendeinem Thema nämlich ganz verlässlich alle, vor allem bei den wichtigsten aller Themen. Wir alle wissen, dass wir als Menschen und Humanisten im Großen und Ganzen einen besseren Job machen könnten. Okay – fast alle.

Wer Menschen bei ihrer Moral packt, kann effektiv Einfluss auf ihr Verhalten nehmen. Das hat übrigens nicht nur Auswirkungen auf das metaphorische Reden, sondern auch auf andere Formen des überzeugenden Argumentierens: Überzeugende Menschen können verschiedene Arten von Argumenten bedienen und auf der Klaviatur der Möglichkeiten spielen – je nachdem, wen sie gerade zu überzeugen versuchen. Sie versuchen also nicht nur mit sachlichen oder nur mit emotionalen Argumenten zu überzeugen, sondern zum Beispiel auch mit normativen Argumenten, die auf eine bestimmte Wertorientierung abzielen. So können sie ein und dasselbe Argument in ganz verschiedene Kontexte und Zielgruppen hineintragen, um Menschen gezielt zu überzeugen – indem sie die Form den Gegebenheiten anpassen.

Mit Metaphern funktioniert es im Prinzip genauso: Die Bilderwelt wird gezielt auf die Zielgruppe oder den konkreten Gesprächspartner abgestimmt und deren Interessen und Werten angepasst. So hilft sie, die These oder auch das ganze Thema in seine Welt hineinzutragen. Darauf lässt übrigens schon die Herkunft des Worts »Metapher« schließen. Es kommt vom griechischen Verb »metaphérein« und bedeutet so viel wie »anderswohin tragen«.

Was ich gerade mit der Metapher des Beamens zu veranschaulichen versucht habe, nämlich den Transport von Gedanken dahin, wo der Absender sie gerade gebrauchen kann, drücken Sprachforscher linguistisch korrekt so aus: »Metaphorisches Denken bedeutet, dass wir Merkmale einer direkt erfahrbaren Idee auf eine andere, oftmals abstrakte Idee übertragen.« In der kognitiven Linguistik, die sich mit der Wahrnehmung von Sprachmustern beschäftigt, heißt der Ursprung eines Merkmals »Quelldomäne« und die neu zugewiesene Idee »Zieldomäne«.[61]

Auf diese Weise lassen sich viele Themen leichter erfassen, mit deren Komplexität wir ohne die Hilfe einer Metapher zu kämpfen haben. Dass Organisationen sich mit Metaphern besser begreifen lassen, hat unter anderem der Managementtheoretiker Gareth Morgan etabliert. So lassen sich Unternehmen zum Beispiel als Maschinen, Organismen oder Gehirne beschreiben, um die Vorgänge in einem so komplexen Zusammenhang besser verständlich zu machen. Auch Redner bedienen sich gern solcher Metaphern. Tiere sind besonders beliebt: Ich habe Unternehmen schon als Zoo, Bienenstock und Affenstall beschrieben gehört, um nur einige Beispiele zu nennen. Natürlich gibt es Metaphern, die – je nach Unternehmen und Zielgruppe – mehr oder weniger gut funktionieren. Doch tatsächlich ist es so, dass »viele unserer herkömmlichen Vorstellungen von Organisation und Management auf ganz wenigen

Bildern – besonders auf mechanischen und biologischen – beruhen«.[62]

## Bilderwelten

Wie viel eine bildhafte Sprache im Allgemeinen und die Metapher als Relevanzwerkzeug im Besonderen bewirken kann, verdeutlichen Beispiele von Unternehmen, die ihre gesamte Produktivität auf Bilderwelten aufbauen. Eines dieser Unternehmen ist das Tagungshotel Schindlerhof in Nürnberg, in dem ich seit vielen Jahren einen großen Teil meiner Veranstaltungen durchführe. Es ist für seinen innovativen Stil in Führung und Service weithin bekannt. Deshalb ist es interessant sich anzuschauen, wie der Schindlerhof mit einer Metaphernwelt arbeitet, um die Motivation der Mitarbeiter zu stärken und als Organisation bestmöglich zu funktionieren.

Die Metaphernwelt, die der Schindlerhof für seine Arbeit gewählt hat, ist das Theater. Für alle zentralen Begriffe, die mit den Abläufen der Organisation zu tun haben, gibt es in diesem Hotel also Begriffe aus der Theatersprache:

- Teamkonzept und Mitarbeiter-Richtlinien: »Spielregeln«.
- Team: »Ensemble«.
- Arbeitszeit: »Spielzeit«.
- Jahreszielplan: »Regiezettel«.
- Verfahrensbeschreibungen und Organisationshandbuch: »Drehbuch«.
- Arbeitsvertrag: »Spielvertrag«.
- Unternehmensführung: »Regisseure«.
- Gastbereich: »Bühne«.
- Küche, Büro et cetera: »Hinter den Kulissen«.
- Gehalt: »Gage«.
- Unternehmenskultur: »Spielkultur«.
- Gäste: »Fans«.

Wer einmal im Schindlerhof zu Gast war und die Mitarbeiter bei der Arbeit beobachtet hat, weiß: Es funktioniert. Tatsächlich fühlt man sich hier als Gast immer wie auf einer Bühne, die von Profis bespielt wird: Alles geht mit einer spielerischen Leichtigkeit einher, überall herrscht »Spielfreude« – und gleichzeitig ist alles professionell inszeniert. Der Applaus wird keineswegs dem Zufall überlassen: Wie echte Schauspieler arbeiten die Regisseure und das Ensemble hinter den Kulissen hart, damit es auf der Bühne spielerisch wirkt.

Was hier zum Tragen kommt, ist die Kraft der Sprache, in diesem Fall der bildlichen Sprache. Sie wirkt sich direkt auf unser Denken und Verhalten aus. Es macht einen großen Unterschied für die Motivation eines Mitarbeiters, ob er morgens zu acht Stunden »Arbeitszeit« antritt oder zu acht Stunden »Spielzeit«. Das Wort suggeriert: Wir »bearbeiten« unsere Gäste nicht, wir »spielen« mit ihnen. Bei ihrem Aufenthalt hier soll es ihnen gut gehen, er soll ihnen Spaß machen – und uns als Mitarbeitern genauso. Wir alle sollen miteinander Freude haben. Und mit unserem »Auftritt« auf der »Bühne« sorgen wir bei den Gästen für Begeisterung.

Die alternative Begrifflichkeit ohne Bilderwelt verdeutlicht den Unterschied: Mit der »Anwesenheit« im »Gastbereich« während der »Arbeitszeit« wird man nicht nur die Gäste wenig begeistern. Man wird auch selbst Schwierigkeiten haben, Spaß am eigenen Tun oder ein positives Wir-Gefühl zu entwickeln. Allein Begriffe wie »Drehbuch«, »Bühne« und »Spielkultur« zu hören, selbst auszusprechen und zum Teil des Denkens über die eigene Arbeit zu machen, verändert die Haltung, mit der wir morgens zur Arbeit kommen. Metaphern können verändern, wie wir über ein Thema denken und wie wir uns verhalten.

## Erzwungene Analogie

Die Wirkungsmacht der bildlichen Sprache ist keineswegs auf den Kontext von Organisationen beschränkt – sie ist ein universeller Wirkverstärker mit fast unbegrenzten Einsatzmöglichkeiten. Bei fast jedem Thema ist es möglich, eine passende Analogie zu erzwingen und Zusammenhänge anhand der gewählten Analogie verständlich darzustellen. Mit Metaphern können wir zu Uber-Fahrern werden: Wir können die Leute da abholen, wo sie stehen.

Ich könnte Ihnen zum Beispiel problemlos einen 60-Minuten-Vortrag darüber halten, was eine gute Rede ausmacht – anhand einer einzigen erzwungenen Analogie, mit der das Publikum etwas anfangen kann. Wie wäre es zum Beispiel mit einer Mozartkugel? Dieses Bild funktioniert vor Zuhörern aus Salzburg natürlich besonders gut, aber nicht nur bei ihnen.

Eine Mozartkugel hat einiges mit dem Reden gemeinsam. Sie muss zum Beispiel eine runde Sache sein. Auch eine Rede muss eine runde Sache sein. Ihr Einstieg, Ihre Wortwahl, Ihre Beispiele und Ihre Storys müssen alle zu Ihrer zentralen Botschaft passen. Ihr Fazit muss auf den Anfang der Rede verweisen und einen befriedigenden Abschluss herbeiführen – die Rede abrunden, sagen wir dazu gern. Nur wenn alles stimmig ist, ist Ihre Rede eine runde Sache, wie diese Mozartkugel. Denn nur dann können Ihre Zuhörer mit Ihren Inhalten auch etwas anfangen.

Wenn Sie eine Mozartkugel aufschneiden, stellen Sie fest, dass sie aus drei Schichten besteht. Wenn Sie eine der drei Schichten weglassen, schmeckt sie nicht mehr wirklich nach Mozartkugel. Auch eine Rede ist in drei Teilen aufgebaut, nämlich Opener, Hauptteil und Schluss.

Versuchen Sie mal, bei Ihrer Rede den Einstieg wegzulassen oder den Hauptteil oder den Schluss. Dass das nicht funktionieren wird, liegt auf der Hand. Entweder kapiert das Publikum nicht, wovon Sie überhaupt reden. Oder es versteht nicht, wie

Sie zu Ihrem Fazit kommen. Oder es hat das Gefühl, als hätte der Film mitten in der Handlung aufgehört. Die drei Teile einer Rede gibt es aus gutem Grund – genau wie diese drei Schichten hier in der Mozartkugel.

Eine Mozartkugel ist außerdem wahnsinnig hübsch verpackt. Warum? Damit die Leute sie haben wollen. Die Verpackung weckt Begehrlichkeiten. Sie baut ein Interesse an der Mozartkugel auf.

Genau danach streben Sie auch in Ihrer Rede, indem Sie Ihre Inhalte schön verpacken. Sie halten zum Beispiel keinen trockenen Fachvortrag, der nur aus Zahlen, Daten, Fakten besteht und Ihr Publikum auf direktem Weg ins Wachkoma befördert. Stattdessen bauen Sie ein paar lebensnahe Beispiele ein. Sie erzählen Geschichten, die das Publikum in Ihr Thema hineinziehen. Sie arbeiten mit Bildern, oder Sie präsentieren gegenständlich. Sogar bei der Wortwahl achten Sie darauf, Ihre Inhalte mundgerecht zu präsentieren. Zum Beispiel, indem Sie Ihre Zuhörer nicht mit zu viel Fachchinesisch nerven und den Nominalstil meiden.

Das alles tun Sie, um Interesse zu wecken. Sie wollen den Zuschauern Ihre Inhalte verkaufen. Deshalb präsentieren Sie sie hübsch verpackt, genau wie diese Mozartkugel.

**Relevanzlupe:**
**Die erzwungene Analogie**

In derselben Weise wie am Beispiel der Mozartkugel können Sie zu fast jedem Thema und jedem Publikum eine passende Analogie erzwingen, mit der Sie in die Welt Ihrer Zuhörer »hineinfunken«, was auch immer Sie zu sagen haben:

- *Merkmale definieren.* Überlegen Sie *nicht*, was eine passende Metapher zu Ihrem Thema sein könnte. Definieren Sie stattdessen Merkmale Ihres Themas.

- *Interessen der Zielgruppe auflisten.* Denken Sie dann darüber nach, welche Interessen oder Vorlieben Ihre Zielgruppe hat. Meist gibt es offensichtliche Metaphern, die sich geradezu anbieten – wie eben die Mozartkugel in Salzburg.
- *Erzwungene Analogie herstellen.* Stellen Sie dann eine erzwungene Analogie hier, indem Sie die zuvor festgelegten Merkmale von Ihrem Thema auf das gewählte Bild übertragen. Es klappt vielleicht nicht mit jeder beliebigen Metapher, aber viel öfter, als Sie vielleicht denken!

Wenngleich sich fast immer eine passende Analogie erzwingen lässt, gibt es natürlich gute und schlechte Verständnisbrücken. Um zu prüfen, ob eine Analogie funktioniert, empfiehlt sich deshalb folgender Prozess bei der Suche:

- *Schreiben Sie zunächst die Eigenschaften Ihrer Metapher auf.* Eine Mozartkugel ist rund, süß, gut verpackt, hat drei Schichten, kommt aus Salzburg … Schreiben Sie alles auf, was Ihnen einfällt. Ein Leitsatz der Rhetorik besagt: Qualität wächst aus Quantität.
- *Bauen Sie dann die Brücke zu ihrem Thema.* Welche Eigenschaften lassen sich mit Ihrem Thema verbinden? Picken Sie aus all den Merkmalen diejenigen heraus, die sich gut dafür eignen, Ihre Inhalte für Ihre Zuhörer anschaulich darzustellen.

## Warum bildhafte Sprache so wirksam ist

Wie stark Metaphern wirken können, erlebe ich immer wieder in Vorträgen – sowohl als Zuschauer als auch als Redner, wenn ich neue Metaphern ausprobiere. Ich arbeite zum Beispiel gern mit dem Bild der Schneekugel. Sie versinnbildlicht hervorragend, warum es wichtig ist, auch mal einfach nichts zu tun und zu entschleunigen, damit der Geist zur Ruhe kommt – so wie die Schneekugel, wenn man sie schüttelt und dann stehen lässt. Auf dieses Bild bekomme ich viel Resonanz. Manche Kunden kaufen sogar Schneekugeln und verteilen sie an die Zuhörer – als Metapher to go, sozusagen. Mich freut das natürlich schon deshalb, weil es die Relevanz des Themas fördert – und die meines Vortrags.

Was genau macht die bildhafte Sprache eigentlich so wirksam, dass sie nicht nur Arbeitsmoral fördern, sondern auch komplexe Themen verständlich machen oder unsere Meinung zu bestimmten Themen in öffentlichen Debatten beeinflussen können? Es ist ja nicht so, als könnte jemand unseren Kopf aufklappen, ein Bild in unsere Gehirnwindungen malen und uns auf diese Weise programmieren wie einen Roboter.

Ganz so einfach ist es in der Tat nicht, nein – aber so ganz abwegig ist die Analogie auch nicht. Denn wenn die Akteure einer Debatte Metaphern einsetzen, bringen sie unser Gehirn tatsächlich dazu, eine neue Verbindung zwischen Merkmal und Zieldomäne zu schreiben. Je öfter die Metapher verwendet wird, je länger also eine bestimmte Metapher in einer Debatte kursiert, desto mehr wird diese Verbindung vertieft: »Das Gehirn verändert sich physisch, indem es die Verbindungen wieder und wieder feuert.«[63] An der Effektivität lassen die Sprachforscher keinen Zweifel: »Wir können durch metaphorischen Sprachgebrauch regelrecht in das Gehirn unseres Gegenübers gelangen und bestimmen, wie er eine Sache oder Situation begreift.«[64]

Mit anderen Worten: Wenn eine bestimmte Metapher in einer öffentlichen Debatte immer wieder gespielt wird, verändert das früher oder später nicht nur die Wahrnehmung des Themas in einzelnen Köpfen, sondern prägt die öffentliche Meinung zu diesem Thema. Was nun auf diese Weise in unser Gehirn »eingebrannt« ist, wird zu unserem Grundverständnis eines Themas – unbewusst und ohne, dass wir uns gezielt dafür entschieden hätten. Damit sind Metaphern oft sogar wirksamer als sachliche Argumente oder Faktenbeweise – weil sie der Funktionsweise unseres Gehirns besser Rechnung tragen, uns deshalb leichter erreichen und sich oft auch besser einprägen als reine Fakten.

## Worte kritisch abwägen

Die verblüffende Wirksamkeit bildhafter Sprache hat natürlich nicht nur Vorteile, wie sie am Beispiel des Schindlerhofs oder zahlreicher wirkungsvoller Reden deutlich werden, die auf einer wirksamen Metaphorik aufbauen. Die Wirksamkeit von Metaphern ist auch in öffentlichen Debatten omnipräsent – und war es übrigens lange vor dem Siegeszug des Internets oder gar des Fernsehens. Der Philosoph Friedrich Nietzsche stellte schon Ende des 19. Jahrhunderts fest: »Was ist also Wahrheit? Ein bewegliches Heer von Metaphern.«

Das bedeutet in der Konsequenz natürlich, dass Metaphern – wie jedes wirksame rhetorische Werkzeug – nicht nur positiv eingesetzt, sondern auch missbraucht werden können. Deshalb ist es wichtig, dass wir unser Sprachbewusstsein nutzen. Dazu gehört nicht allein, dass wir uns der Wirkung bildlicher Sprache bewusst sind und sie verantwortungsvoll einsetzen. Es bedeutet zudem, dass wir die Bilder, die wir vorgesetzt bekommen, kritisch sehen und hinterfragen – ganz besonders in öffentlichen Debatten.

Sich der Metaphorik besonders bei politischen Themen zu entziehen, ist praktisch unmöglich – sie ist omnipräsent. Unsere Welt ist ohne Metaphern und andere sprachliche Wirkverstärker gar nicht vorstellbar. Viele sprachliche Bilder sind tief in unserem Sprachgebrauch verankert – auch ohne dass dabei immer eine konkrete Absicht im Spiel wäre. Wir verwenden Alltagsmetaphern, etwa wenn wir über die »Informationsflut« klagen, uns mehr »Schlagfertigkeit« wünschen oder uns über »Rabeneltern« in der Bahn aufregen. Doch dass uns aufgrund der Sprachroutine gar nicht mehr so recht bewusst ist, was wir da sagen, ist letztlich ein Defizit in unserer Wahrnehmung: Wenn wir uns unserer eigenen Metaphorik nicht bewusst sind – welche Bilder lassen wir uns dann erst von anderen in den Kopf setzen?

Wenn wir ein größeres Bewusstsein für Sprache entwickeln, erkennen wir besser, was relevant ist – und können in der Folge auch relevanter kommunizieren. Ein erster Schritt zu mehr Sprachbewusstsein ist: Worte und Bilder wörtlich nehmen.

Damit können wir nicht nur produktive Veränderungen zu Hause oder im Unternehmen anschieben und unterstützen, wir können auch einen regulierenden Einfluss auf Debatten nehmen. Wenn jede offene Thematisierung bestimmter Begriffe und Sprachmuster in einer Debatte die Negativspirale verstärkt und zum Beispiel den Populisten in die Hände spielt – wie kann man dem entgegenwirken? Es liegt nahe, dass es manchmal besser ist, Begriffe nicht in den Mund zu nehmen und Themen nicht unnötig viel Aufmerksamkeit zu schenken. Deshalb nenne ich hier ausnahmsweise bewusst keine Beispiele.

Manche Experten wie der Publizist und Gründer des Zukunftsinstituts Matthias Horx raten sogar dazu, von bestimmten Debatten gänzlich Abstand zu nehmen. Er tut das übrigens in einer sehr bildlichen Sprache: »Wir leben in einer Zeit der Hypermedialität, in der das Mediensystem wie eine gigantische Echokammer wirkt. In dieser Kammer werden alle Hässlichkeiten und Provokationen immer weiter verstärkt. Das wirkt wie eine Entzündung in der Gesellschaft, eine Hysterisierung der öffentlichen Meinung. [...] Angesichts der Echtzeit-Logik des Medialen: Wir brauchen mehr aufgeklärte Ignoranz. Die Reizüberflutung erzeugt einen Gegentrend zur Achtsamkeit.«[65]

Das viel strapazierte Wort Achtsamkeit bedeutet in diesem Zusammenhang: bewusst entscheiden, welchen Debatten, Akteuren und Meinungen wir uns aussetzen und was das mit uns macht. In der gleichen Weise können wir auch unsere Worte achtsam wählen. Wir müssen nicht jede schiefe, bewusst destruktive Metapher kolportieren.

Wir können Akteuren und Thesen Relevanz entziehen, indem

wir sie mit aufgeklärter Ignoranz strafen. Statt der Hysterie der Meinungsmache zu folgen, können wir Informationen achtsam konsumieren. Und noch etwas können wir: Die Klappe halten, bis wir uns eine qualifizierte Meinung gebildet haben. Und dann, erst dann, können wir den destruktiven Metaphern positive, hilfreiche Bilder entgegensetzen und die Macht der Sprache zum Besseren einsetzen.

Fassen wir zusammen: Durch die gezielte Ansprache des metaphorischen Denkens können wir sowohl in Debatten als auch in jedem anderen alltäglichen Kontext Einfluss auf das Denken und Handeln von Menschen nehmen. Wir sollten uns stets der Tatsache bewusst sein, dass genau das ständig auch mit uns geschieht, oft ohne dass wir das merken würden. Falls Sie also zu kontroversen Themen wie der »grünen Gentechnik« gefühlt eine klare Meinung haben, ohne sich jemals ernsthaft mit dem Thema auseinandergesetzt zu haben: Jetzt wissen Sie, warum. Aber auch Ideen wie Chancengleichheit, Umweltschutz und das Recht auf Bildung etwa, die vor noch gar nicht allzu langer Zeit keineswegs so selbstverständlich waren, wie sie es heute sind, sind auf diesem Wege Teil des »Common Sense« geworden – über sprachliche Relevanzstrategien in öffentlichen Debatten.

Das bedeutet natürlich, dass wir durch Sprache in hohem Maß beeinflussbar sind. Es heißt aber auch, dass mit dem Mittel der Sprache schon viel Gutes durchgesetzt wurde, das es zunächst gegen sehr mächtige Interessengruppen durchzusetzen galt. Relevanz bewertet nicht; Relevanz gewichtet.

Uns allen steht es frei, unseren Inhalten mit den Mitteln der Sprache Geltung zu verschaffen. Genauso steht es uns frei, uns über die Sprache anderer Gedanken zu machen und den Relevanzmustern auf den Grund zu gehen, die darüber bestimmen, was wichtig wird und was nicht.

Wenn Sie wissen, wie Relevanz in öffentlichen Debatten entsteht, können Sie Ihre Entscheidung reflektierter treffen – denn Sie sitzen nicht dem Irrtum auf, dass Sie unbeeinflusst wären. Und das ist leider sehr leicht: Selbst hochgebildete, reflektierte und überdurchschnittlich intelligente Menschen werden von Sprachmustern beeinflusst, ohne es zu merken. Denn niemand kann in allen Themen Experte sein, und niemandes Gehirn kann sich der Macht des metaphorischen Denkens entziehen.

Sobald wir uns der Tatsache bewusst sind, dass Sprache auf jeden von uns wirkt, wird der Blick frei für die persönlichen Relevanzkriterien, mit denen wir ein Thema betrachten. Das mögen genau dieselben sein wie in der öffentlichen Debatte – oder ganz andere. Der große Unterschied ist: Mit dem Wissen um die Macht der Sprache und den Hang unseres Gehirns zum metaphorischen Denken können wir das bewusst betrachten und uns bewusst positionieren.

Wer im Bild sein will, muss sich mit Worten auseinandersetzen.

Kapitel 5

# Relevanz statt Urteile: Wie Sie Wichtiges von Unwichtigem unterscheiden

*»Ich sage euch aber, dass die Menschen Rechenschaft geben müssen am Tage des Gerichts von jedem nichtsnutzigen Wort, das sie reden.«*
*Matthäus 12:36*
*(Anmerkung des Verfassers: Luther, nicht Lothar)*

## Du kannst mich mal … online bewerten!

Fühlen Sie sich auch davon überfordert, wie scharf das Internet auf Ihre Meinung ist? Mich bringt das ja manchmal an Grenzen. Wenn ich ein Buch bestelle, habe ich die Aufforderung, es zu bewerten, oft schon im Posteingang, bevor es mich überhaupt erreicht hat. Nun bin ich nicht sicher, wie schnell andere Menschen Bücher lesen. Aber wenn ein Buch laut Produktbeschreibung am selben Tag erschienen ist und trotzdem schon mehr als zwanzig 5-Sterne-Bewertungen hat, dann schüchtert mich das ein. Wie machen die Leute das? Wozu habe ich mich denn vor Jahren mit Speedreading beschäftigt, wenn andere schon am Morgen des Liefertags mit einem 350-Seiten-Schinken durch sind und sich eine profunde Meinung gebildet haben? Irgendwas mache ich offenbar falsch, und die anderen richtig.

Dieser Gruppendruck, anderen mit meinem Urteil zu helfen! Manchmal fühle ich mich regelrecht genötigt vom sozialen Element des Online-Handels, dem Empfehlungsmanagement: »René, wie würden Sie *Relevanz* bewerten?« Ganz ehrlich: Ich weiß es nicht. Ich habe es noch nicht fertiggeschrieben.

Wenn ich nur Bücher bewerten sollte, würde ich ja nichts

sagen. Da kann ich wenigstens eine gewisse Grundkompetenz vorweisen, denn Lesen habe ich tatsächlich mal gelernt. Ganz offiziell, mit Noten im Schulzeugnis, ich kann das belegen. Aber ich soll ja alles Mögliche online bewerten! Nach einem Arzttermin mit Blutabnahme drücke ich gerade noch den Finger aufs Pflaster, da werde ich von der Terminmanagement-Software der Praxis schon per Kurznachricht zur Bewertung der Behandlungsqualität aufgerufen. Mal ganz davon abgesehen, dass ich noch gar keine Diagnose bekommen habe – hallo, mein Arm blutet noch! – und keine Behandlung beurteilen kann, die noch gar nicht erfolgt ist: Ausgerechnet ich? Ich soll einen Mediziner bewerten? Jemand, der erst einen Arzt aufsucht, wenn er ihn schon kaum noch aus eigener Kraft erreichen kann? Ernsthaft: Wer meinem Urteil über die Fachkompetenz eines Arzts Glauben schenkt, verdient seine Krankheit.

Oder nehmen wir die Restaurantbewertungen: Die sind ja inzwischen wichtiger als die Sterne, die der *Guide Michelin* vergibt. Das ist doch völlig absurd. Menschen, die nicht mal erfolgreich ein Ei braten können – so wie ich –, urteilen da über die Kochkünste von ausgebildeten Fachkräften. Stellen Sie sich mal vor, unter welchem Druck diese Profis stehen: Die haben mehr Angst vor Kundenbewertungen als vor Rach, dem Restauranttester!

Haben Sie sich schon mal gewundert, wie viele Hobbygourmets vorgeblich beurteilen können, ob chinesische oder vietnamesische Küche »total authentisch« ist? Ich finde das faszinierend. Andere Leute kommen offenbar weitaus mehr rum als ich, wenn sie die mehreren Hundert chinesischen Landesküchen alle vor Ort ausprobiert haben, und zwar mit einer Durchdringungstiefe, die ihnen qualifizierte Urteile über jedes einzelne Gericht in jeder einzelnen Region eines Staats mit drei Milliarden Einwohnern erlaubt.

Inzwischen setze ich die Lektüre gewisser Plattformen schon zur Selbsttherapie ein: Immer, wenn ich das Gefühl habe, ich gehöre mal wieder geerdet, ziehe ich mir ein paar Online-Rezensionen rein – nur um mich daran zu erinnern, dass ich keine Ahnung habe. Probieren Sie es mal aus! Das holt Sie effektiv runter, garantiert. Was die Leute alles wissen!

In Wahrheit ist natürlich beileibe nicht jedes Urteil, das wir im Internet lesen, relevant – und auch nicht jeder Urteilende, der sich dort zum Experten aufschwingt. Die »Bewertungskultur« auf den einschlägigen Plattformen gibt einzelnen Meinungsäußerungen oft nur den Anschein eines Expertenurteils. Relevant für unsere Kommunikation ist das deshalb, weil diese Kultur, alles und jeden zu bewerten, langsam, aber sicher in unsere Alltagskultur überschwappt. Wir kommunizieren immer öfter in Urteilen – und das in einer Welt, die sich mehr als je zuvor einem einfachen Urteil entzieht. Der Grund ist unsere Sehnsucht nach Relevanz: Im Leben wie im Online-Shop versuchen wir, mit unseren Urteilen die Komplexität zu durchdringen. In beiden Fällen ist das Ergebnis leider nicht immer zuverlässig.

Inzwischen gibt es – bisher glücklicherweise nur auf dem amerikanischen Markt – sogar Apps, mit denen Menschen sich gegenseitig bewerten. Nicht etwa in Bezug auf irgendeine konkrete Leistung oder Fähigkeit, nein, einfach so generell. »Du, ich find dich scheiße!« – das kann man auf diese Weise endlich gleich der Weltöffentlichkeit verkünden, statt den langatmigen Umweg über ein ineffizientes persönliches Gespräch zu gehen, bei dem sowieso nur der Beurteilte das Urteil hört.

Na, setzt bei Ihnen auch schon die Paranoia ein? Was glauben Sie: Wie würden andere Sie in einer solchen App wohl bewerten? Als ich mir das vorgestellt habe, konnte ich mein Leben an mir vorbeiziehen sehen – oder vielmehr nur die letzten 24 Stunden, das hat vollkommen gereicht. Schön war das nicht.

Wenn der erste Mensch, der mich morgens sieht, auch der Erste ist, der mich beurteilen kann – das ist doch nicht fair! Das ist entweder meine Frau oder die Zugbegleiterin im ICE, die noch früher aufstehen musste als ich. Und so geht das den ganzen Tag weiter. Vormittags bewertet mich der Kollege, der an derselben Ausschreibung teilnimmt, nachmittags mein Sohn, der gerade Hausarrest hat, und abends der Kellner, dem das Trinkgeld zu dürftig war. Wohin soll das denn führen? Im schlimmsten Fall zu einer Bewertungskultur, wie wir sie in den Kommentarspalten der Nachrichtenportale heute schon erleben. Selbst unter klugen, fundierten Leitartikeln und Analysen, die mir als Leser Stoff für tagelanges Nachdenken liefern, entdecke ich Hunderte Kommentare von Nutzern wie Zauberkätzchen82 und TheBlackPope. Und die wissen nicht nur alles besser als der erfahrene Experte oder Chefredakteur; die legen in ihren Urteilen auch eine Schärfe an den Tag, dass mir bange wird. Der Scherz von den 81 Millionen Bundestrainern – in den Kommentarspalten bewahrheitet er sich weit über den Fußball hinaus.

Auch in Kommentaren unter YouTube-Videos geht es manchmal mit den Leuten durch, dass es einem ganz anders werden kann. Wenn jemandem ein Video nicht gefällt, gibt es da einen Button, der genau für diese Meinungsäußerung erfunden wurde. Auch konstruktive Kritik lässt sich mit der Kommentarfunktion durchaus ausdrücken. Unter Zeugen, etwa bei einem Vortrag oder im Gespräch, würde sich ja auch niemand dazu hinreißen lassen, sieben Straftatbestände in drei Zeilen zu packen, nur weil er anderer Meinung ist. Bei YouTube ist das völlig normal: Immer drauf, der kann's vertragen! Fragt sich nur: Kann er?

Ich finde, unsere Lust am Bewerten und Urteilen könnten wir mal überdenken. Einiges spricht dafür, dass wir uns damit keinen Gefallen tun. Das Bewerten ist nämlich zu einem Volkssport geworden, der unserem Umgang miteinander im Alltag nicht guttut. Im Internet ist jeden Tag Jüngstes Gericht. Und für die meisten Urteile, die wir im Lauf eines Tags so treffen – sei es mit Sternen, die wir online vergeben, oder mit dem, was wir im Gespräch über andere Menschen sagen –, sind wir einfach nicht qualifiziert. Wir täten gut daran, uns das öfter einzugestehen. Denn wenn wir aufhören, alles und jeden zu bewerten, dann fühlen wir uns auch selbst nicht mehr ständig von den Urteilen anderer verfolgt.

Damit wir uns richtig verstehen: nichts gegen Expertenurteile. Die brauchen wir heute mehr denn je, denn ohne sie wären wir in unserer komplexen Welt aufgeschmissen. Aber müssen wir uns wirklich einreden, dass wir alle Experten für alles und jeden sind? Ich finde, nachdem wir uns im Netz nun ein paar Jahre lang alle fröhlich gegenseitig bewerten durften, könnten wir langsam zu einer Erkenntnis zurückkehren, die schon grundlegend für Aristoteles' antike Rhetoriklehre war: »Wer keine Ahnung hat, darf gern die Klappe halten.« War doch Aristoteles?

Gestehen wir es uns einfach ein: Gefühlte Kompetenz ist irrelevant – und die meisten Alltagsurteile deshalb auch – eine ungeheuer befreiende Einsicht. Nachdem ich mich erst einmal damit abgefunden hatte, dass sie auch mich selbst betrifft, habe ich nämlich festgestellt, was das umgekehrt bedeutet: Viele Urteile, die täglich so über mich gefällt werden, können mich mal ganz gepflegt peripher tangieren. Relevanz kann so guttun.

## Wie relevant sind Urteile?

Unser Leben wird um einiges leichter, und unsere Beziehungen werden viel entspannter, wenn wir unsere Urteile hinterfragen und öfter mal aus der Kommunikation heraushalten. Wie vieles in der Kommunikation ist das eigentlich ganz einfach: Es gilt, die schlechte Angewohnheit des Urteilens zu hinterfragen und durch eine bessere zu ersetzen.

Dafür müssen wir allerdings erst einmal ein paar Hintergründe verstehen: Woher kommt dieser Hang zum Richten? Und woher nehmen wir eigentlich all die Urteile, mit denen wir im Alltag um uns werfen? Wer hat uns den Balken vor den Kopf genagelt?

So paradox es klingen mag: Unsere Lust am Urteil ist nicht

zuletzt ein sozialer Entlastungsmechanismus. Das Urteilen ist eine Art Ventil, das uns hilft, den Alltag zu bewältigen. Ist eine Beziehung gerade schwierig, fällen wir ein Urteil über den anderen, und dann geht es erst mal wieder – denn am Urteil können wir uns festhalten. Es hilft uns, Sinn in Dingen zu erkennen, die uns sonst in den Wahnsinn treiben würden.

Menschen durch pseudowissenschaftliche Bewertungen in eine Schublade zu stecken, ist allerdings keine Erfindung des Internetzeitalters. Das Phänomen der Küchenpsychologie gab es schon immer. Das Problem ist nur: Vom Be-Urteilen zum Ver-Urteilen ist es nicht weit.

Das Internet mag dazu beigetragen haben, dass unsere Urteilsmechanismen plötzlich Massenphänomene sind, die zu virtuellen Zusammenrottungen führen. Menschen, die Problem X haben, schließen sich zu einer Gruppe zusammen und gehen gesammelt auf andere los, während sie früher frustriert in ihren Bart gegrummelt hätten und von der Welt ignoriert worden wären. Heute braucht es nicht mal besonders viele von ihnen, um einen Shitstorm loszutreten.

Der Hang, über alles und jeden zu urteilen, ist uns ganz einfach eingebaut. Wir urteilen, weil wir das Bedürfnis haben, die Welt und vor allem andere Menschen zu verstehen. Und da wir oft nicht die Zeit haben, jede unserer Annahmen zu überprüfen, ziehen wir immer das Etikett aus dem Holster, das uns gerade Linderung verschafft: Ein Chef, der von seinen Entscheidungen überzeugt ist, kann nur ein Narzisst sein. Der Kollege, der sich einen SUV geleistet hat, steckt auf jeden Fall in der Midlife-Crisis. Und dass der Göttergatte heute keine Lust hat auszugehen, ist nach dem gestrigen Streit ganz offensichtlich eins von seinen Ego-Dingern.

Leider glauben wir nicht nur, was wir da denken. Wir haben auch keine Scheu, unsere Urteile laut auszusprechen und in der Welt zu verbreiten, sei es beim Büroklatsch in der Kaffeeküche oder bei Facebook. Uns selbst geht es dann vielleicht für den Moment besser, aber auch nur vielleicht. Anderen nicht unbedingt. Irgendwann stellen wir dann mehr oder weniger verblüfft fest, wie sich unsere Urteile im Lauf der Zeit immer weiter bestätigen wie eine selbsterfüllende Prophezeiung – und wie die Kommunikation gleichzeitig immer schwieriger wird.

Leider bleibt der Zyklus der Kommunikation selten am Punkt des Urteils stehen. In der Regel folgt auf ein Urteil ein Gegenurteil – verbale Berufung sozusagen. Und in diesen »Verhandlungsrunden«, die eher Duelle sind, wird oft mit harten Bandagen gekämpft: Ein Urteil steht gegen das andere. Spätestens an diesem Punkt geht es bei Auseinandersetzungen nicht mehr um eine Lösung, sondern nur noch um die Deutungshoheit. Und wenn es erst einmal um die Deutungshoheit geht, wird in der Regel nicht mehr über die Sache verhandelt, sondern über Schuld: Wir widerlegen uns nicht mehr, wir bezichtigen uns.

Wenn meine Frau mich beispielsweise fragt, was mich bei dieser Kombination von Hemd und Jackett geritten hat, dann stellt sie mir ja keine ernst gemeinte Frage. Sie will auch keine Erklärung von mir, und schon gar nicht will sie den Modegeschmack von Männern im Großen und Ganzen verstehen. Sie fällt ein Urteil, und sie wirft es mir an den Kopf. Wenn wir nicht schon so lange verheiratet wären und ich nicht wüsste, dass sie in Modefragen sowieso recht hat, würde ich möglicherweise eines zurückwerfen, und wir hätten in null Komma nichts Streit – wegen nichts. Viele Eskalationen, von denen am Ende niemand mehr sagen kann, wie sie entstanden sind, beginnen so: mit einem Urteil, das irgendjemand leider nicht nur gefällt, sondern auch ausgesprochen hat.

Selbst wenn wir schlau genug sind, gewisse Urteile für uns zu behalten, ist der innere Richter selten ein guter Ratgeber für die persönliche Entwicklung. Zum Beispiel würde ich heute noch daran scheitern, jungen Menschen einige meiner rhetorischen Konzepte nahezubringen, wenn ich bei einem ganz bestimmten Urteil stehen geblieben wäre: »Jugendsprache ist albern.« Erst nachdem ich mehrfach beobachtet hatte, dass ich manche Millennials in meinen Seminaren nicht so recht erreichte, kam ich ins Grübeln. Ich beschloss, die Probe aufs Exempel zu machen und meine Wortwahl und Metaphorik bei bestimmten Schlüsselbegriffen zu verändern, wenn ich mit Vertretern dieser Generation sprach. Und siehe da: Plötzlich nahmen sie die Konzepte viel besser an. Hätte ich mein Urteil über die »alberne Jugendsprache« nicht hinterfragt, hätte es auch in Zukunft zwischen mir und Teilnehmern aus dieser Altersgruppe gestanden. Es hätte mich weiterhin von einer großen Gruppe Menschen getrennt und damit nicht nur anderen, sondern vor allem mir selbst geschadet. Unsere Urteile können Pfade verschütten und Brücken einreißen.

Wie können wir den Automatismus des Urteilens unterbrechen? Uns das Urteilen grundsätzlich zu verbieten wäre sinnlos, denn so funktioniert unser Verstand nun einmal: Wir brauchen es, um uns die Welt zu erklären. Wir wollen das Verhalten anderer verstehen, wir wollen und müssen andere ein Stück weit einordnen können, wir brauchen irgendeinen Kompass für unsere Beziehungen. Wir können nicht anders, als psychologisch zu denken – ganz ohne Urteile wären wir nicht handlungsfähig. An der Tatsache, dass wir urteilen, lässt sich nichts ändern, doch: An der Qualität unserer Urteile können wir arbeiten. Wir können hinterfragen, wie relevant die Urteile wirklich sind, mit denen wir unser Verhalten begründen, und uns um relevantere Sichtweisen bemühen.

Die Übersicht zeigt, woher typische Urteile kommen, die wir im Alltag unreflektiert verwenden, und was wir dagegen tun können. Diese Reflexionsempfehlungen können dabei helfen, auf einer relevanteren Basis zu kommunizieren. Ganz nebenbei helfen sie, die Welt etwas positiver zu sehen und anderen Menschen vorurteilsfrei zu begegnen. Denn manchmal blockiert das Urteilsbrett vorm Kopf nicht nur die relevante Kommunikation, sondern verhindert auch wertvolle Erkenntnisse und Begegnungen.

| Urteil | Quelle des Urteils | Gegenmaßnahme |
|---|---|---|
| »Politiker sind von Natur aus weltfremd.« | *Hang zur Vereinfachung:* Weil die Welt kompliziert ist, sind einfache Antworten verlockend. | *Differenzieren:* Ist das wirklich die einzige mögliche Sichtweise oder nur die geläufigste? |
| »Gentechnik ist gesundheitsschädlich.« | *Selektive Wahrnehmung:* Wir nehmen vor allem Informationen wahr, die unser Weltbild bestätigen. | *Filterblase durchbrechen:* Gezielt nach Gegenargumenten und Experten suchen, die die Gegenthese vertreten. |
| »Das sagst du doch nur, um es mir heimzuzahlen.« | *Falsche Kausalität:* Nur weil etwas gleichzeitig passiert, schließen wir auf einen Zusammenhang. | *Zusammenhänge prüfen:* Ist das eine wirklich der Grund für das andere, oder gibt es einen weiteren Faktor? |
| »Asiatische Mütter sind Tigermütter.« | *Klischees:* Wir überbewerten Einzelfälle oder Phänomene und blenden Abweichungen aus. | *Realitätsabgleich:* Kann ich spontan noch weitere Beispiele nennen, und fallen mir vielleicht auch Gegenbeispiele ein? |
| »Das Verhalten der Geschäftsführung ist doch schizophren.« | *Verwechslungen:* Wir verwenden Begriffe aus der Psychologie oft falsch und prägen damit unzutreffende Urteile. | *Freiwillige Selbstkontrolle:* Entweder erst die Bedeutung prüfen oder den Begriff nicht verwenden. |

Besonders der an die selektive Wahrnehmung geknüpfte Confirmation-Bias – die Bestätigungstendenz, die wir in Kapitel 2 kennengelernt haben – setzt unserem Urteilsvermögen im Alltag zu. Das bedeutet: Wenn wir mit bestimmten Überzeugungen durchs Leben gehen, picken wir uns selektiv immer die Informationen heraus, welche die Überzeugungen stützen, die wir schon haben. Informationen, die unserer Haltung widersprechen, nehmen wir gar nicht erst zur Kenntnis oder zerreden sie. Auf diese Weise konstruieren wir uns »subjektive Wahrheiten« und können sie über lange Zeit aufrechterhalten, obwohl sie nicht der Realität entsprechen.[66]

Verschärft wird diese Relevanzfalle durch einen weiteren psychologischen Mechanismus, der unsere Wahrnehmung verzerrt: der sogenannte »Hindsight-Bias« beziehungsweise »Rückschaufehler«. Um an unseren bequemen, feststehenden Urteilen nicht rütteln zu müssen, halten wir uns gern für psychologisch kompetenter, als wir sind. Wenn wir mit einer Erkenntnis konfrontiert werden, reden wir uns dann ein, dass wir das schon immer gewusst hätten – sonst müssten wir ja alles hinterfragen, was wir bis dahin getan haben. Und wenn wir eines sehr ungern tun, dann unser eigenes Urteilsvermögen infrage stellen – denn damit könnte unser gesamtes inneres Navigationssystem ins Schwanken geraten, und das wäre sehr unbequem.

»Wir haben einfach diese Tendenz zur Stimmigkeit«, zitiert die Zeitschrift *Psychologie heute* dazu Hans-Peter Nolting, Dozent für pädagogische Psychologie in Göttingen und Autor eines Buchs über Küchenpsychologie:[67] »Alles, was unsere Überzeugungen infrage stellt, löst im Kopf so ein Kribbeln aus, es schafft Unruhe und vermindert unsere Orientierung.«[68] Deshalb versuchen wir, jede sogenannte »kognitive Dissonanz« zu vermeiden oder weg zu argumentieren, wenn wir damit konfrontiert sind.

Gerade bei emotional aufgeladenen Themen oder solchen,

die uns auf besondere Weise (be-)treffen, ist es sehr schwierig, die Offenheit zu wahren. Gerade deshalb ist es so wichtig, wann immer möglich das persönliche Gespräch zu suchen und sich damit für andere Sichtweisen zu öffnen. Verschließen wir uns und kapseln unsere Sicht auf ein Thema unantastbar ein, bauen wir im schlimmsten Fall eine Mauer zwischen der Welt da draußen und der Welt in unserem Kopf.

Unsere Urteile verzerren unsere Vorstellung davon, was relevant ist und was nicht. Wenn wir unsere Wahrnehmung besser kontrollieren, kommunizieren wir deshalb automatisch auch relevanter. Wir können andere besser von der Relevanz unserer Thesen und Entscheidungen überzeugen und führen insgesamt produktivere Gespräche.

### Urteilsfrei kommunizieren

Mit der Wahrnehmung ist es natürlich nicht getan. Damit dem relevanten Denken auch relevante Interaktion folgt, gilt es, dem verzerrenden Einfluss automatisierter, beeinflusster Urteile auch in unseren Gesprächen mit anderen entgegenzuwirken. Zwei Maßnahmen, die Sie sofort in Ihre alltägliche Kommunikation integrieren können, reduzieren die Urteilsbelastung unserer Dialoge sofort. Sie sorgen nicht nur dafür, dass Sie besser verstanden werden, sondern helfen Ihnen auch dabei, andere zu überzeugen.

**Relevanzlupe:**
**Die zwei Schritte der urteilsfreien Kommunikation**

1. Präsent sein.
2. Beobachtungen statt Urteile kommunizieren.

Was bedeutet das konkret, und wie können Sie die drei Schritte in Ihre Alltagsgespräche integrieren? Betrachten wir die einzelnen Maßnahmen der Reihe nach.

### *Präsent sein*

Präsent sein, sich dem anderen und der Kommunikation wirklich widmen, heißt mehr, als einfach nur anwesend sein. Mit fokussierter Präsenz demonstrieren Sie Ihrem Gegenüber, dass Sie nicht nur physisch im Raum sind und gemerkt haben, aus welcher Richtung seine Stimme kommt. Sie widmen sich ganz dem anderen und seinem Anliegen und hören erst einmal möglichst unbefangen, also urteilsfrei zu, bevor Sie selbst das Wort ergreifen und Ihre Sicht der Dinge schildern.

Das ist nicht so banal, wie es im ersten Moment vielleicht klingt. Denn sehr oft hören wir nicht zu, um zu verstehen, sondern um zu antworten. Während der andere noch spricht, legen wir uns im Kopf bereits unsere Antwort zurecht, anstatt erst einmal bis zum Schluss zuzuhören. Besonders, wenn uns irgendetwas in der Äußerung triggert, schalten wir oft einfach ab und suchen nach Gegenargumenten. So verpassen wir nicht nur gute Argumente, sondern vielleicht auch Aussagen, die einen gemeinsamen Nenner etablieren könnten.

Wenn wir dann defensiv reagieren, vermitteln wir den Eindruck, wir wären gar nicht wirklich bei der Sache gewesen – und das wird als respektlos empfunden. Außerdem fokussiert sich das Gespräch in der Folge möglicherweise auf einzelne, weniger relevante Aspekte, und entscheidende Schnittmengen gehen im Lärm unter.

Wichtig für die Präsenz ist letztlich die Haltung, mit der Sie in ein Gespräch gehen. Es gibt zwar alle möglichen, vermeintlich universell gültigen Tipps dafür, wie man Präsenz zeigen soll: Nicken Sie hier, lächeln Sie da, wiederholen Sie jenes. Solche Techniken können aber auch schnell aufgesetzt und unnatürlich wirken. Der beste Weg, sich auf den anderen wirklich einzulassen – und einer, den Kinder besonders gut beherrschen –, ist, ihn ernsthaft verstehen zu wollen. Denn dieser Vorsatz wirkt sich automatisch auf unser Verhalten aus.

Nichts aber zeigt dem anderen deutlicher, dass wir ganz Ohr sind, als das Kommunizieren von Beobachtungen im Laufe des Gesprächs.

### *Beobachtungen statt Urteile kommunizieren*

Manchmal verlassen Gespräche die relevante Bahn oder geraten gar aus dem Ruder, weil wir uns gegenseitig auf Urteile fixieren, die in den Aussagen des anderen enthalten sind. Wir neigen auch dazu, solche Bewertungen mit ebenfalls wertenden Aussagen zu kontern:

> *»Du bist ein lausiger Zuhörer!«*

> *»Was, ich? Wer ist denn hier derjenige, der andere nie ausreden lässt?«*

Kommt Ihnen bekannt vor? Solche Gespräche kennen wir alle. Die Tendenz, dass ein Dialog sich in gegenseitigen Vorwürfen verliert, ist immer dann stark, wenn es um emotional aufgeladene Themen wie Partnerschaft, Erziehung, Politik oder Geld geht. Sofortige Abhilfe können wir schaffen, indem wir versuchen, so absolut wie möglich auf Urteile, also Bewertungen in den eigenen Aussagen zu verzichten – und stattdessen konkrete Beobachtungen zu kommunizieren:

> *»Ich war noch nicht fertig mit Sprechen, da hast du gefragt, ob …«*

Auf diese Weise holen Sie das Gespräch zurück auf die Sachebene, und nur da ist eine Einigung möglich. Aus der konkreten

Beobachtung ergeben sich – im Gegensatz zum Urteil – nämlich sachliche Anknüpfungspunkte:

*»Hör mir bitte bis zum Schluss zu.«*

Mit der Beobachtung haben wir keine Probleme – mit der Bewertung immer.

Beobachtungen zu kommunizieren ist übrigens auch der Schlüssel zu relevanter Kritik und relevantem Lob. Wenn Sie jemanden als »unfähig« bezeichnen, kann er mit diesem Feedback nicht viel anfangen. Wenn Sie dagegen erklären, auf welcher Beobachtung diese Einschätzung beruht, kann der andere daran arbeiten und wird es Ihnen danken.

Ebenso verhält es sich mit dem Lob: Wenn ich meinen kleinen Sohn für seine bloße Existenz bejubele, macht ihm das vielleicht gute Laune, aber lernen wird er daraus nichts. Wenn das Lob dagegen auf einer konkreten Beobachtung fußt, hat er einen echten Grund, stolz zu sein: »Du hast dich in diesem Fach um eine ganze Note gesteigert, weil du fleißig warst, obwohl es nicht dein Lieblingsfach ist. Darüber freue ich mich sehr.«

Wenn mich ein Zuschauer lobt: »Herr Borbonus, das war ein Bombenvortrag!«, kann ich mich darüber einfach freuen – die Freude bleibt aber ein Strohfeuer. Kritik und Wertschätzung werden nur dann relevant, wenn sie auch wirklich angenommen werden. Dagegen kann ich dem Lob zusätzliche Relevanz abgewinnen, indem ich es hinterfrage: »Das ist nett, danke schön! Worauf beziehen Sie sich?« Dann bekomme ich eine Antwort wie: »Sie haben das so ganz ohne PowerPoint gemacht, das fand ich großartig.« Damit habe ich eine Information bekommen, die für mich relevant ist und die ich beim nächsten Mal vielleicht nutzen kann, wenn ich in einem ähnlichen Zusammenhang spreche. Lob und Kritik werden für den Empfänger relevanter, wenn er die Beobachtung hinterfragt. Und ein echter Relevanz-Booster hierfür ist die Frage: »Worauf beziehen Sie sich?«

## Was zählt im Leben wirklich?

Wenn unsere Kommunikation nicht mehr an offenen oder verborgenen Urteilen scheitert, haben wir schon viel für die Lebensqualität getan – sowohl die eigene als auch die unserer Mitmenschen. Die wohl wichtigste Relevanzfrage überhaupt ist damit aber noch nicht beantwortet: Wie erkennen wir, was im Leben wirklich wichtig ist?

Diese Frage ist in hohem Maß von Glaubenssätzen und Urteilen beeinflusst. Wenn ich weiß, was in meinem Leben wirklich zählt, kann ich nicht nur relevanter kommunizieren – ich kann jeden Tag in meinem Leben relevanter gestalten. Denn diese eine Frage ist wichtiger als alle Urteile, die wir im Lauf unseres Lebens anhäufen, zusammengenommen: **Wer Klarheit über den Sinn seines Lebens hat, braucht keine Urteile.**

Eine Geschichte, die den Hintergrund verdeutlicht, handelt von einer Begegnung zwischen Bill Gates, dem Gründer von Microsoft, und US-Präsident Donald Trump. Bill Gates ist einer, der den Sinn seines Lebens glasklar vor Augen hat. Nachdem Windows, das erfolgreichste Betriebssystem aller Zeiten, ihn für lange Zeit zum reichsten Menschen der Welt gemacht hat, widmet er sich seit einiger Zeit vorwiegend seiner wohltätigen Arbeit mit der Bill & Melinda Gates Foundation. Zum Beispiel nutzt er sein Geld und seinen Einfluss für den Kampf gegen tödliche Krankheiten wie Malaria. Damit ist er ganz gut beschäftigt – zu beschäftigt jedenfalls, um sich irrelevante Nebentätigkeiten anzulachen.

Im März 2018, etwa anderthalb Jahre nach Donald Trumps Amtsantritt, kam es zu einem Treffen zwischen den beiden im Oval Office. Bei diesem Termin machte Bill Gates nach eigener Aussage deutlich, dass es vielleicht keine schlechte Idee wäre, wenn die US-Regierung einen wissenschaftlichen Berater hätte. Diese Stelle war nämlich unbesetzt; der bisherige Amtsinhaber war bei Trumps Amtsantritt zurückgetreten.[69] Zu Gates' Verblüffung reagierte Trump darauf mit der Frage, ob Gates die Stelle nicht selbst übernehmen wolle, worauf der Tech-Milliardär nach eigenen Angaben entgegnete: »Das ist keine gute Verwendung meiner Zeit.« Mit anderen Worten: Zeitverschwendung.[70]

Damit steht Bill Gates Pate für eine Definition von Relevanz, die über die Kommunikation hinausgeht. Gerade deshalb wirkt sie sich aber massiv darauf aus, wie wir kommunizieren: Relevant ist, was eine sinnvolle Nutzung unserer Lebenszeit darstellt. Die Frage ist natürlich: Wie ergründe ich mit Gates'scher Klarheit, was in meinem Leben wirklich zählt?

## Sinn statt Urteile

Besonders erfolgreiche Menschen, die uns mit ihren klaren Visionen und Lebensentwürfen beeindrucken, fallen oft durch die Konsistenz zwischen ihren Worten und ihren Taten auf. Sie wirken klar, weil sie sich ihrer Prioritäten und Ziele bewusst sind. Erfolgreiche Menschen haben ihre Relevanz geklärt.

Sich Gedanken darüber zu machen, warum wir auf der Welt sind und was wir bewirken können, ist eine spannende Expedition in die eigene Seelenlandschaft. Sie verschafft uns eine neue Perspektive auf unsere Worte und unsere Taten. Es gibt viele Möglichkeiten herauszufinden, welchen Zweck wir im Leben verfolgen.

Die folgende Übung ist dem Buch *Kompass für die Seele* von Jack Canfield und Janet Switzer entlehnt – und zeigt, dass die Frage nach dem Warum keine neue Erfindung ist. Sie ist eine einfache und dabei sehr effektive Methode, den Lebenszweck aus der eigenen Persönlichkeit heraus zu ergründen.[71] Ich setze diese Übung seit vielen Jahren in meinen Trainings ein, um Menschen dabei zu helfen, Klarheit zu finden. Die Ergebnisse verblüffen mich immer wieder, denn von ihnen gehen sehr starke Impulse aus – nicht nur für die Kommunikation.

Mithilfe dieser Übung können Sie mit einfachen Mitteln

ein eigenes Leitbild entwickeln. Die Ergebnisse können Ihnen als Grundlage für wichtige Entscheidungen dienen und bei der Lebensgestaltung und in Ihrer persönlichen Kommunikation von großem Wert sein. So finden Sie Orientierung für die Frage, was relevant für Ihr Leben ist, was zu tun Sie als sinnvoll erachten, wie Sie Ihre Beziehungen gestalten und wie Sie sich gegenüber anderen verhalten. Was vor der Schablone Ihres Lebenszwecks keinen Sinn ergibt, fliegt raus – und was sinnstiftend wirkt, können Sie künftig betonen, kultivieren und pflegen.

**Relevanzlupe:**
**Den Lebenszweck ergründen**

1. Notieren Sie zwei besondere Eigenschaften, die Sie als Mensch auszeichnen.
2. Notieren Sie einen oder zwei Wege, wie diese Eigenschaften im Umgang mit anderen zum Tragen kommen.
3. Stellen Sie sich eine perfekte Welt vor. Wie lässt sich diese Welt beschreiben? Wie gehen die Menschen miteinander um? Wie fühlt es sich an, dort zu leben? Beschreiben Sie den Zustand dieser Welt im Präsens, möglichst plastisch und genussorientiert.
4. Fügen Sie Ihre Antworten auf die Fragen 1 bis 3 zu einer Aussage zusammen.

Ein Beispiel zur Veranschaulichung:

1. *Zwei besondere Eigenschaften:* »Verlässlichkeit und Geduld.«
2. *Zwei Wege, wie diese Eigenschaften zum Tragen kommen:* »Zuhören und unterstützen.«
3. *Eine perfekte Welt:* »Die Menschen nehmen sich Zeit, um miteinander zu reden. Man urteilt nicht übereinander, sondern hört

dem anderen zu, bevor man sich eine Meinung bildet. Alle streben ein harmonisches und respektvolles Miteinander an.«

4. *Aussage:* »Mein Lebenszweck besteht darin, meine Verlässlichkeit und Geduld dafür zu nutzen, Menschen zuzuhören und sie darin zu unterstützen, ein harmonisches und respektvolles Miteinander zu leben.«

Diese Übung lässt sich übrigens auch fürs Unternehmen adaptieren und kann wichtige Impulse für dessen Entwicklung setzen. Aus dem »Lebenszweck« wird dann der »Unternehmenszweck« – darüber hinaus bleibt die Vorgehensweise dieselbe.

### Konfrontation mit der eigenen Endlichkeit

Es mag paradox klingen, doch auch der Gedanke an den eigenen Tod ist ein großer Relevanzhelfer. Denn der Tod verschafft uns Klarheit über den Sinn unserer Existenz. Früher waren »carpe diem« und »memento mori« ein Begriffspaar: »Nutze den Tag – gedenke des Todes.« Der zweite Teil dieser Forderung wurde irgendwann weggelassen, weil er unbequem ist. Zusammengenommen ergeben die beiden Aussagen eine Forderung von unerhörter Klarheit: Gib deinen Tagen Relevanz, denn dir bleiben nicht unbegrenzt viele davon.

Natürlich ist mir klar, dass der Gedanke an den eigenen Tod uns erst einmal nicht automatisch mit Heiterkeit erfüllt. Andererseits kann man sich dem Thema durchaus behutsamer nähern als Sheldon Solomon, Psychologieprofessor aus New York. Er bezeichnet uns als »atmende, ausscheidende, unsichere Fleischklumpen, die jeden Moment sterben können«.[72] Ein Romantiker mag der Professor nicht unbedingt sein, aber seine »Terror Management Theory«, die Angstbewältigungstheorie, ist dennoch aufschlussreich. Sie liefert nämlich unter anderem eine mögliche Erklärung dafür, warum wir den Gedanken an die eigene Sterblichkeit so gern verdrängen: Solomon geht davon aus, dass wir uns kulturellen Sinnkonstruktionen anschließen, weil die existenzielle Angst vor dem Tod uns andernfalls permanent bis zur Lebensunfähigkeit lähmen würde.[73] Etwas menschenfreundlicher ausgedrückt: Es geht uns besser, wenn wir unser Leben einem sinnvollen Tun widmen.

Tatsächlich spricht manches für die Angstbewältigungstheorie. Wissenschaftliche Experimente haben gezeigt, dass schon das Aufblitzen des Worts »Tod« auf einem Bildschirm für den kaum wahrnehmbaren Bruchteil einer Sekunde dafür sorgt, dass wir uns anders verhalten. Dasselbe gilt übrigens für Gespräche, die wir in Sichtweite eines Bestattungsinstituts führen.[74] Doch diese Fakten lassen genauso eine sehr produktive Erkenntnis zu: Der Gedanke an den Tod kann uns beflügeln.

Es gibt Erkenntnisse, die dafür sprechen, dass es sich positiv auf die Lebenseinstellung auswirkt, wenn wir uns eingehend und gezielt mit dem Thema auseinandersetzen. Ein Indiz ist die Tatsache, dass die hypothetische, aber konkrete Auseinandersetzung mit dem Zeitpunkt und den Umständen des eigenen Ablebens sowie den Folgen für die Angehörigen nachweislich positive Folgen auf das Verhalten hat: Es machte die Versuchspersonen altruistischer. So waren sie zum Beispiel eher bereit, Blut zu spenden oder sich bewusst sowohl mit positiven als auch negativen prägenden Ereignissen in ihrem bisherigen Leben auseinanderzusetzen.

Mich konkret mit dem Tod auseinanderzusetzen, hilft mir persönlich sehr dabei, Prioritäten zu setzen und meinen Alltag zu gestalten. Ich habe mein genaues Sterbedatum jederzeit vor Augen – rein hypothetisch, nämlich statistisch berechnet. Eine spezielle Uhr, der sogenannte Tikker, erinnert mich permanent daran. Geschmackssache, zugegeben – aber mich motiviert der Gedanke, dass irgendwann einfach mal Schluss ist. Armselige Bewältigungsstrategie einer bedauernswerten Spezies oder transzendentale Motivationsmaßnahme – Fakt ist: Der Gedanke an den Tod wirkt sinnstiftend, und der Lebenssinn ist die ultimative Relevanz. Wir könnten sicher Schlechteres mit unserer Lebenszeit anfangen, als uns einer sinnstiftenden Aufgabe zu verschreiben, oder? Warum nicht etwas Nützliches tun, solange wir hier sind? Ich für meinen Teil bleibe lieber als »unsicherer Fleischklumpen« in Erinnerung, der etwas bewirkt hat.

Sich mit dem Gedanken an den Tod zu konfrontieren und das Bewusstsein über die eigene Vergänglichkeit produktiv in die Lebensgestaltung zu integrieren, ist vielleicht ein gewöhnungsbedürftiger Gedanke, doch er hat große Kraft. Die eigene Sterblichkeit anzunehmen hilft uns zu erkennen, wie wir unsere Lebenszeit sinnvoll nutzen können. An dieser Stelle hat das Leben einiges mit der Redezeit gemeinsam: Ohne die Begrenzung ergäbe die Ausgestaltung keinen Sinn. Was wäre noch wirklich relevant, wenn wir immer weiterreden, immer weiterleben könnten?

Ist Ihnen schon mal aufgefallen, dass bei Beerdigungen kein Small Talk geführt wird? Da sind plötzlich die ganz großen Themen auf dem Tisch. Auf einmal können Menschen über Dinge reden, denen sie sonst nach allen Regeln der Kunst ausweichen: über Schicksalsschläge, über tiefe Verletzungen, über versäumte Gelegenheiten, über Ängste und Hoffnungen. Sogar Selbstkritik wird vielen angesichts des Todes plötzlich möglich: »Hätte ich damals nur … Man müsste viel mehr … Man sollte viel weniger …« Wenn der Tod im Raum steht, ist der Bullshit aus dem Spiel.

Auch die Art, wie wir Gespräche bei Beerdigungen führen, ist eine andere: Wir sind automatisch empathischer, wir tasten uns behutsamer durch den Dialog: Selbst robuste Zeitgenossen fühlen erst einmal vor, was sie dem anderen gerade zumuten können und was nicht. Wir wählen unsere Worte mit mehr Bedacht. Wir nehmen uns die Zeit, einen Schritt weiterzudenken, als unsere Aussagen reichen: Werde ich lange genug hier sein, um diesen Vorsatz umzusetzen? Und wir überdenken die Relevanz unserer Beziehungen und unserer Ziele: Wie wichtig sind mir diese Menschen hier, die mit mir trauern? Wem widme ich zu wenig Aufmerksamkeit? Setze ich die richtigen Prioritäten? Tue ich genug von dem, was mir wirklich wichtig ist, oder zu viel von dem, was mir eigentlich nichts bedeutet?

Der Tod verleiht Themen neue Tiefe. Und diese Tiefe ist nichts anderes als Relevanz: Die Konfrontation mit der eigenen Sterblichkeit erinnert uns daran, was im Leben wirklich zählt – und wie unwichtig manches ist, womit wir unsere Zeit vergeuden.

Gerade weil diese Erkenntnis sich bis in die Kommunikation auswirkt, können wir sie in den Alltag mitnehmen – indem wir dem Tod gedenken, auch wenn gerade niemand gestorben ist. Nicht ständig natürlich, aber immer wieder mal. Wie oft führen wir Diskussionen, bei denen wir uns fragen: Führt das irgendwo hin? Haben wir dafür eigentlich Zeit? Der Klärungshelfer Tod hat auf diese Fragen oft eine sehr klare Antwort: »memento mori …« Häufig reicht der bloße Gedanke daran aus, um zum Punkt zu kommen, sich kurzzufassen oder auch eine Grenze zu ziehen.

Die tief empfundenen Wünsche und Ziele, aber auch die roten Linien, die manchmal erst der Gedanke an den Tod zutage fördert, sind etwas ganz anderes als die vorgefertigten Urteile aus der Konserve, an denen entlang wir uns sonst oft provisorisch durch den Alltag hangeln. Sie sind tief in unserem Innersten gewachsen und entspringen unserem persönlichen Relevanzkern. Den Tod verstehen heißt Relevanz verstehen.

Kapitel 6

# Relevanz durch Wortwahl: Die Kraft der Begriffe

*»Der Unterschied zwischen dem richtigen Wort und dem beinahe richtigen ist derselbe Unterschied wie zwischen dem Blitz und einem Glühwürmchen.«*
*Mark Twain*

## Keine Ausreden

Macht es eigentlich einen Unterschied, ob ich »Klimawandel« oder »Erderwärmung« sage? Ändert es etwas daran, wie Menschen mich sehen, wenn ich beim Bäcker nach »Semmeln« oder »Schrippen« frage statt nach »Brötchen«? Und spielt es eigentlich eine Rolle, ob man von einem »Mindset« spricht oder von einer »Einstellung«?

Ja, ja und ja.

Haarspalterei? Vielleicht – aber die um Haaresbreite abweichenden Assoziationen können einen himmelweiten Unterschied machen. Die Wortwahl spielt eine entscheidende Rolle bei der Frage, was wann für wen warum relevant wird. Wie wir unsere Aussagen formen, transportiert neben der unmittelbaren Wortbedeutung noch viele weitere Informationen. Wir geben damit zum Beispiel Aufschluss darüber, woher wir kommen, mit wem wir uns umgeben und welche Meinung wir in bestimmten Themen vertreten. Manchmal erwecken wir aber auch nur den Anschein. Das tun wir entweder absichtlich, also kontrolliert, oder unabsichtlich, also chaotisch. Damit können wir – bewusst oder unbewusst – großen Einfluss darauf nehmen, wie wir auf andere Menschen wirken.

Dieses Wir ist manchmal ein ganz großes Wir. Denn auch

das machen wir uns nicht oft genug bewusst: Wie »wir« sprechen, nimmt immer auch Einfluss darauf, wie andere in unserer Umgebung sprechen. Und mit unseren Schadwortemissionen sind wir einander manchmal nicht gerade Vorbilder.

Die Berichterstattung hierzulande über aktuelle Themen gleicht ja manchmal einer Selbstzerfleischung. Woher nehmen wir eigentlich immer diese sagenhafte Negativität? Manche unserer Probleme – oder das, was wir so nennen – reden wir regelrecht herbei. Und damit nehmen wir uns selbst Optionen – nicht nur beim Reden, sondern auch im Leben. Wie wir über bestimmte Themen sprechen, nimmt nämlich Einfluss darauf, wie wir uns später verhalten: als Wähler, als Eltern oder als Vorgesetzte.

Ein bisschen Sprachtherapie täte uns allen gut – und da nehme ich mich selbst nicht aus. Kommunikation ist nämlich unser wichtigstes Gestaltungsmittel. Sie bestimmt in hohem Maß über die Qualität unserer Beziehungen – und die haben nachweislich großen Einfluss auf unser Wohlbefinden und unsere Gesundheit. Auch viele andere Aspekte unseres Lebens gestalten wir durch Kommunikation. Sogar unser eigenes Denken beeinflussen wir mit der Art, wie wir kommunizieren: Mit unserer Sprache deuten wir uns unsere eigene Realität.

Es ist also leicht nachzuvollziehen, warum es uns besser geht, wenn wir durch einen farbenfrohen, fröhlichen oder wenigstens positiven Rahmen auf unser Leben blicken – als Einzelne wie auch als Deutsche. Ich persönlich bin ja froh über jede offene Debatte. Noch mehr freue ich mich allerdings darüber, wenn wir sie differenziert führen. Und das bedeutet: auch mal anderen Deutungen eine Chance geben.

Eine Titelstory der britischen Zeitschrift *The Economist* unter dem Titel »Cool Germany«[75] hat mir vor Augen geführt, dass wir die Dinge oft ganz schön einseitig betrachten – Selbstwahrnehmung versus Fremdwahrnehmung. Es scheint auch ein »anderes Deutschland« zu geben als das, auf das sich die »öffentliche Meinung by Filterblase« eingeschossen hat. »Vielfältig, offen, informell und hipp«[76] seien wir und stünden am Beginn einer neuen Ära – meinen jedenfalls die britischen Journalisten des *Economist* – und die neigen normalerweise nicht dazu, uns zu applaudieren. Deutschland, so die Autoren des Beitrags, habe sich aus seiner stabilitätsversessenen Starre vergangener Jahrzehnte gelöst und sich der Veränderung geöffnet.[77]

Dass es dabei erst einmal auch vermehrt zu Identitätsdebatten kommt, zu Konflikten zwischen Bewahrern und Erneuerern, zwischen Alt und Jung, zwischen demokratischen und anti-demokratischen Kräften sogar – wen wundert's? Uns selbst offenbar weitaus mehr als Beobachter von außen. Der Grund sind unterschiedliche Deutungsmuster in der öffentlichen Debatte: In derselben Woche, in der die Briten uns in ihrer Titelstory als »Cool Germany« bezeichneten, titelte der *Spiegel*: »Ist das noch mein Land?«[78] Eine bemerkenswerte Differenz – und eine bemerkenswert andere Art, dieselbe Frage zu stellen: Wie geht es uns eigentlich?

Die Gedanken, die unsere Selbstwahrnehmung beeinflussen, wirken sich natürlich auch darauf aus, wie wir generell so über- und miteinander sprechen. Und damit, wie wir sprechen, steuern wir, wie relevant unsere Worte für andere werden. Deshalb habe ich den Unterschied zwischen Selbstbild und Fremdbild hier zum Thema gemacht. In der Gegenüberstellung der beiden Schlagzeilen steckt für mich ein wichtiger Impuls für unsere tägliche Kommunikation: Machen wir uns die Kraft der Worte stärker bewusst – und lernen wir sie konstruktiv nutzen!

Auf diesem Weg bin ich, wie Sie gleich lesen werden, genauso Lernender wie Sie. Lebenslang. Eines aber kann ich Ihnen versprechen: Ein bewusster Umgang mit Sprache, die richtige Formulierung zur richtigen Zeit, kann unser Leben schöner und unsere Welt besser machen.

Und nein, diese Aussage möchte ich nicht relativieren.

Wir senden ständig Signale. Die Kraft der Worte wirkt immer, und sprachliche Deutungsmuster sind omnipräsent: wenn Sie mit Ihren Kindern sprechen, mit Ihren Mitarbeitern, mit Ihrem Chef, mit Ihrem Partner oder mit fremden Menschen auf der Straße und in der Bahn. Besonders wirken Ihre Worte natürlich, wenn Sie häufig vor anderen Menschen sprechen, im kleinen Kreis oder einer breiten Öffentlichkeit, auf einer Bühne oder vor einem Mikrofon, oder wenn Sie Teil einer Debatte sind. Und Ihre Worte wirken ganz ungeheuer in den sozialen Medien, wo sich schon ein einzelnes Wort schnell vertausendfacht – ein gutes Wort genauso wie ein schlechtes. Sprache formt Relevanz. Wenn wir unsere Worte bewusst wählen, können wir damit eine Menge verändern.

Es wäre leicht, Relevanz als Begleiterscheinung von Bekanntheit abzuhaken: etwas, das Stars, Amts- und Würdenträger für sich gebucht haben, eine Art Nebenwirkung der gesellschaftlichen Position. Vieles spricht jedoch dagegen, dass Relevanz so »einfach« ist.

Ein Beispiel: Zweifellos wird dem aktuellen Papst allein durch sein Amt bereits ein hohes Maß an Bekanntheit und auch Bedeutsamkeit in gesellschaftlichen Debatten zuteil. Diese Art von Bedeutsamkeit ist jedoch relativ. Der Papst, seine Beschlüsse und seine Worte haben in vorwiegend katholischen Umfeldern (Bayern, Italien, Brasilien) eine größere Wichtigkeit als in religiös mehrheitlich anders geprägten Kulturen (Berlin, Asien, USA, Australien …).

Die herausgehobene Bedeutung durch Amt oder Prominenz ist zudem vergänglich. Wie viele Bundesminister der letzten oder vorletzten Regierung mitsamt ihrem konkreten Posten können Sie aus dem Stand aufzählen? Wie viele der diesjährigen Nobelpreisträger sind Ihnen namentlich bekannt?

Menschen, die mit ihren Worten Spuren hinterlassen haben, bleiben mit weitaus höherer Wahrscheinlichkeit im kulturellen

Gedächtnis haften. Kaum jemand kann einen Satz von Woodrow Wilson oder Georg VI. aus dem Stegreif wiedergeben, obwohl beide einmal Staatsoberhäupter waren: Woodrow Wilson war US-Präsident während des Ersten Weltkriegs, Georg VI. war der direkte Amtsvorgänger von Elizabeth II. Dennoch sind beide in Deutschland relativ unbekannt. Dagegen kennen Millionen John F. Kennedys Satz »Ich bin ein Berliner«. Der Satz war prägnant formuliert, persönlich, an der richtigen Stelle, im richtigen Moment, mit Gespür für das Publikum, ins Herz des Zeitgeists. Jeder in Deutschland kennt ihn, selbst mehr als ein halbes Jahrhundert später noch.

Relevanz, zumal wenn sie nachhaltig ist, braucht mehr als ein Amt oder einen Titel. Sie ist nicht messbar und auch nicht skalierbar. Sie lässt sich auch nicht an messbare Faktoren knüpfen oder zu einzelnen Faktoren isoliert in Relation setzen. Relevanz ist relativ. Sie ist die Folge eines gesellschaftlichen Aushandlungsprozesses und lässt sich nicht starr definieren.

Sie lässt sich jedoch gestalten: durch Sprache. Mit unseren Worten können wir Einfluss auf den fortlaufenden gesellschaftlichen Prozess nehmen – etwa, indem wir prägnante Sätze formen, die bleiben. Dank der Sprache bleiben wichtige Persönlichkeiten weit verlässlicher im Gedächtnis haften als durch ein zeitlich begrenztes Amt oder flüchtige Prominenz. Bekanntheit mag Relevanz erleichtern – formen kann sie sie nicht. Das Mittel, das uns dafür zur Verfügung steht, und zwar jedem von uns, ist das Wort.

Die Wirkungsmacht der Worte ist also nicht den Rampenlicht-Profis und ihren Heldentaten auf virtuellen und analogen Bühnen vorbehalten – nicht den Politikern, nicht den Konzernvorständen, nicht den Journalisten, nicht den Promis und nicht den Influencern. Sie ist auch keine Kunst der vielen Wörter: Für viele Botschaften, die etwas verändern können, muss man nicht gleich eine Rede halten. Rhetorik ist nicht nur etwas für Menschen, die in der Öffentlichkeit stehen – Rhetorik ist eine

Alltagskompetenz. Denn wir alle sind heute nicht nur Empfänger, sondern auch Absender von Botschaften.

Mit Facebook- oder Twitter-Postings zum Beispiel kann man ungeheuer viel bewirken. Unter anderem auch schnell mal genau das Gegenteil von dem, was man eigentlich beabsichtigt hatte. Ich kann gar nicht mehr zählen, wie oft ich mich schon im Nachhinein geärgert habe, weil ich bei Facebook mal wieder ein einzelnes Wort in einem Posting nicht bewusst genug gewählt habe. Es rächt sich in den Kommentaren – prompt und verlässlich. Dann ist eine Aussage, die mir vielleicht sehr am Herzen lag und mit der ich etwas Bestimmtes bewirken wollte, plötzlich Teil einer ganz anderen Debatte, die ich gar nicht befeuern möchte. Dann ärgere ich mich, es ärgern sich andere, und die eigentliche Botschaft geht verloren – weil ich meiner eigenen Relevanz im Weg gestanden habe.

### Relevantes wieder relevant machen

Sprache kann sogar vergessene Themen wieder relevant machen, die sonst unserer Wahrnehmung durchrutschen. Ich kann mich dafür begeistern, wenn Menschen dieses Kunststück gelingt. Denn es gibt Themen, Quellen und Geschichten, die wir nicht (mehr) ernst nehmen, weil sie aus einer anderen Zeit oder einer anderen Kultur stammen – dabei könnten wir heute mehr von ihnen lernen denn je.

Bei einer Preisverleihung der German Speakers Association (GSA) vor einiger Zeit wurde ich inmitten einer Schar von Kollegen sozusagen Zeuge einer rhetorischen Auferstehung. Gekreuzigt worden war vorher zwar niemand, aber die Unterschiede zwischen Kreuzigungen und Preisverleihungen sind ja bisweilen verschwommen. Die Dankesrede der Theologin, Pfarrerin und ehemaligen Ratsvorsitzenden der Evangelischen Kirche in Deutschland (EKD) Margot Käßmann wurde für viele im Saal ein richtiger Augenöffner.

Margot Käßmann hat ein großes Talent dafür, das 2000 Jahre alte Werk namens *Bibel* für Menschen unserer Zeit relevant zu machen. Der Grund ist ihr souveräner Umgang mit Sprache: Sie kann die aus heutiger Sicht oft sperrige Sprach- und Ideenwelt der *Bibel* in die Beispielwelt ihrer Zuhörer übertragen. Und genau das tat sie an jenem Tag vor einem Saal voller Redner, indem sie – eigentlich naheliegend – über das Reden sprach. Zu diesem Zweck hatte sie die *Bibel* auf Verse und Geschichten abgeklopft, die für eine gute Rede taugen. Diese Auswahl gab sie nun zum Besten, und mit jedem ihrer Beispiele wurde uns klarer: Die *Bibel* ist eine äußerst relevante Referenz für Redner, wenn man sie denn mal wieder zur Hand nimmt.

Da stand die Theologin, zitierte in einer Tour aus der *Bibel*, erhob dabei nicht einmal den moralischen Zeigefinger, und es wurde keine Sekunde langweilig. Ganz im Gegenteil: Wir hingen ihr an den Lippen, obwohl sie einen Bibelvers nach dem anderen rezitierte. Warum? Weil Margot Käßmann in einem Kontext und in einer Sprache über die *Bibel* redete, die für uns, ihre Zuhörer, maximal relevant war: Hier zitierte sie eine Passage, aus der man etwas über Nervosität lernen konnte; da eine, die zum Thema Redevorbereitung passte, dann eine über die Verantwortung gegenüber der Gemeinschaft, an die man sich wendet. Diese Kompetenz, Brücken zu bauen, ist der Grund, warum Margot Käßmann so viele Menschen erreicht. Und genau deshalb erzähle ich Ihnen von diesem Erlebnis.

Denn die Mittel der Sprache stehen uns allen zur Verfügung. Wir alle können sie nutzen, um relevant zu machen, was uns wichtig ist. Wenn man Brücken zu den Menschen baut, indem man zum Beispiel passende Analogien erzwingt, werden Inhalte relevant. Mich selbst tangierte früher zum Beispiel Cicero, mit all seinen staatsmännischen und juristischen Errungenschaften, kein Stück. Als ich aber die Texte aus seiner Feder entdeckte, die mir sehr konkrete Tipps für meine Arbeit als Redner geben, wurde er schlagartig schwer relevant für mich.

In derselben Weise machte Margot Käßmann an jenem Tag die Bibel für mich bedeutsamer: Sie stellte einen Bezug her, der ihr Thema für mich relevant werden ließ. Und was für die Auslegung der Bibel gilt, gilt gleichermaßen für andere Themen und andere Werke, wenn sie den Menschen auf relevante Weise nahegebracht werden.

Dieselben Quellen, dieselben Themen, dieselben Konzepte, die über Jahrzehnte im Keller der Kultur verstaubt und in unserer Erinnerung verblasst sind: Sie können plötzlich wieder relevant werden, wenn wir ihnen mit den Mitteln der Sprache zur Relevanz verhelfen. Sogar dieselben Begriffe – vergessene Werte wie Respekt, Demut, Wahrhaftigkeit – können zu neuer Blüte finden, wenn wir ihnen unsere Worte widmen.

Ein Beispiel dafür ist der Begriff der »Wahrhaftigkeit«, der in der krisengebeutelten Branche Journalismus eine Renaissance erlebt. Angesichts der Komplexität aktueller Themen vertreten manche Vordenker die Überzeugung, dass es nicht mehr zeitgemäß ist, eine »neutrale« Berichterstattung zu fordern. Die internationale Chefkorrespondentin des Fernsehsenders CNN Christiane Amanpour prägte deshalb bei einer Rede über die Pressefreiheit 2016 eine neue Beschreibung für einen zeitgemäßen journalistischen Stil: »truthful, not neutral« – wahrhaftig, nicht neutral.[79]

Gemeint ist, dass Neutralität eine falsche Äquivalenz vortäuschen kann. Das ist zum Beispiel der Fall, wenn im Bemühen um Neutralität bei der Berichterstattung über den Klimawandel die 0,1 Prozent der Forscher, die ihn leugnen, dasselbe Gewicht bekommen wie die 99,9 Prozent der Wissenschaftler, die sich über seine Existenz einig sind.

Seit dieser sprachlichen »Intervention« Amanpours ist der alte und ursprünglich stark religiös geprägte Begriff der »Wahrhaftigkeit« wieder in aller Munde. Er spielt eine wachsende Rolle in aktuellen Debatten über die Funktion der Medien, die Bedeutung der Pressefreiheit und aktuelle Debatten im Allgemeinen. Er trifft einen Nerv bei den Menschen, deren Vertrauen in die Medien erschüttert ist – und bei den Journalisten, die mit diesem Misstrauen umgehen müssen.

Die Journalistin hat mit ihrer Rede ein Wort geprägt, das gut ist für die Menschen, an die sie sich gewendet hat, gut für ihren Berufsstand, gut für die Debatte, gut für das Allgemeinwohl sogar. Deshalb wird sie seit der Rede 2016 immer wieder damit zitiert und wiederholt die Aussage auch selbst immer wieder in Interviews und bei öffentlichen Auftritten. Und das ist der Grund, warum ich Ihnen von diesem Beispiel erzähle: Nicht nur CNN-Chefkorrespondenten können das, sondern wir alle.

Wir können Worte prägen. Das klingt dramatisch und ist es auch: Sie können das Denken anderer Menschen in Ihrem Umfeld allein schon dadurch beeinflussen, dass Sie einen Wert zum Thema machen. Sie können Worte, die Ihnen wichtig sind, gezielt verwenden – und immer wieder verwenden. Wiederholung macht Worte relevanter. Jeder von uns kann das tun, und seine bedeutungsvollen Worte und Werte in einem größeren Kontext relevant machen. Je öfter wir etwas sagen, desto überzeugender wird es – nicht wahrer, aber überzeugender.

**Relevanzlupe:**
**Gute Worte prägen**

*Konsequenz und Nachhaltigkeit.* Nutzen Sie Worte, die Sie prägen und in den allgemeinen Sprachgebrauch in Ihrem Umfeld überführen wollen, konsequent und nachhaltig in Ihrer Kommunikation – auf allen Kanälen.

*Wiederholen Sie relevante Worte oft und an wichtiger Stelle.* Das können Worte sein, die Ihnen persönlich wichtig sind oder auch auf Ihre Positionierung als Persönlichkeit einzahlen. Ein gutes Wort, das ich in meinem Einflussbereich prägen möchte, ist beispielsweise »Respekt«, denn der Respekt ist ein Thema, das mir sehr wichtig ist und mit dem ich auch als Redner unterwegs bin.

Deshalb bringe ich den Respekt ins Spiel und verwende das Wort immer wieder, wenn ich gefragt werde, wie man Kommunikation verbessern kann.

*Falsche oder irreführende Worte meiden.* Neben wichtigen Konzepten können gute Worte aber auch Formulierungen sein, die falsche oder irreführende Begriffe ersetzen sollen, die in Ihrem Umfeld gebräuchlich sind. Wenn andere zum Beispiel über »Schreiberlinge« schimpfen, können Sie schon für mehr Sachlichkeit sorgen, indem Sie ganz bewusst von »Journalisten« sprechen. Je mehr Menschen über »Veganismus« diskutieren statt übers »Körnerfressen«, desto mehr rücken die sachlichen Aussagen in den Vordergrund und die Emotionen in den Hintergrund. Und wer eine Flugbegleiterin fragt, wie es sich als »Saftschubse« so arbeitet, vermittelt nicht den Eindruck, dass er wirklich an der Antwort interessiert ist.

*Sprachhygiene geht uns alle an.* Gute Worte sorgen dafür, dass das Gesagte auch wirken kann.

Das heißt natürlich auch: Wenn wir wollen, dass das Wahre und Gute in unserem Leben die Oberhand hat, können wir das am besten befördern, indem wir wahre und gute Worte bewusst nutzen und sie so oft wie möglich wiederholen. Mit jedem guten Wort wird die Welt ein kleines Stück besser.

## Worte, die guttun, können Gutes tun

Ein Beispiel dafür, was ein einzelner Mensch mit »guten Worten« auslösen kann, ist der Schlussmonolog aus Charlie Chaplins Meisterwerk *Der große Diktator* von 1940. Er ist eine der wirkmächtigsten Reden aller Zeiten. Wir alle kennen Charlie Chaplin, den berühmten Komiker. Was heute oft in Vergessenheit gerät, ist die Bedeutung, die er für seine Epoche hatte: Dieser kleine Mann, aufgewachsen in den Armenhäusern Londons, war einmal ohne Übertreibung der berühmteste Mensch der Welt. Nicht ich behaupte das – ein anderer großer Mann, Kurt Tucholsky, hat ihn so genannt.

Mit seiner enormen Popularität füllte Chaplin in seiner vom Krieg geprägten Generation eine wichtige Rolle aus. Er nahm diese Rolle als Ergebnis seiner tragischen Kindheit, den Skandalen um seine Person und dem Grauen seiner Epoche ganz bewusst und gezielt an. Der Entertainer, der viel Leid gesehen hatte, sah seine Verantwortung darin, der Welt ein versöhnliches Erbe zu hinterlassen. In diesem Sinn war er ein großer Humanist – und sein Mittel das humanistischste von allen: gute Worte. Noch heute können sie uns aufrütteln, begeistern und heilen.

*Der große Diktator* ist eine Satire auf Hitler und den Nationalsozialismus. Chaplin spielt darin einen jüdischen Friseur, der mit einem Diktator verwechselt wird und so die Gelegenheit erhält, diese flammende Rede für Frieden und Menschlichkeit vor dem versammelten Fernsehpublikum zu halten. Forschern zufolge hatte die Rede auch jenseits der Fiktion tatsächlich großen Einfluss auf die Menschen ihrer Zeit. Sie hat den kriegsgeschüttelten Bürgern von Frankreich, England, Russland und überall auf der Welt mitten im furchtbarsten Krieg aller Zeiten Mut zugesprochen und Kraft gegeben, standhaft beim Antifaschismus zu bleiben und gegen das Terrorregime Hitlers anzukämpfen. Dieser Monolog ist einer der beeindruckendsten Belege dafür, was Rhetorik bewirken kann. Reden und Redner können das: mit guten Worten Gutes tun.

Nun können wir nicht alle Chaplin sein, doch wir alle können uns guter Worte bedienen. Deshalb lenken wir unsere Aufmerksamkeit einmal darauf, wie Chaplin in dieser Rede konkret gute Worte eingesetzt hat. Denn *Der große Diktator* arbeitet darstellerisch wie sprachlich mit Kontrasten, die dramatischer nicht sein könnten: Wo die Person Hitler für Hass und Verachtung steht, steht Chaplins Figura für Liebe und Güte. Dieser extreme Kontrast der äußerlich ähnlichen Figuren trägt einen großen Teil zur Wirkung des Films bei.

Die Worte sind konsistent mit der Botschaft. Auch in seinen Formulierungen kontrastiert Chaplin das Schlechte seiner Zeit gezielt mit guten Worten, um die Menschen zum Widerstand zu animieren. Immer wieder stellt er im Zuge der Rede extreme Kontraste gegenüber: Liebe und Hass, Menschen und Maschinen, Freiheit und Unterdrückung. Oft nutzt er zur Hervorhebung dieser Kontraste ein zusätzliches Stilmittel, nämlich die Anapher:

> *»Ihr seid keine Maschinen! Ihr seid Menschen!«*

> *»Kämpft nicht für die Sklaverei! Kämpft für die Freiheit!«*

> *»Die Macht, Kanonen zu fabrizieren, aber auch die Macht Glück zu spenden.«*

Eine ganze Reihe von Kontrastierungen semantischer Natur bildet eine der stärksten Passagen der Rede:

> *»Wir haben die Geschwindigkeit entwickelt, aber innerlich sind wir stehen geblieben. Wir lassen Maschinen für uns arbeiten, und sie denken auch für uns. […] Wir sprechen zu viel und fühlen zu wenig. Aber zuerst kommt die Menschlichkeit und dann erst die Maschinen. Vor Klugheit und Wissen kommt Toleranz und Güte.«*

Was diese Kontrastierungen so eindrucksvoll macht, ist ihre empathische Qualität: Die schlechten Worte beschreiben die grausame Realität, welche die Menschen in dieser Zeit tatsächlich täglich erlebten, und die guten Worte den Wunschzustand, nach dem sie sich kollektiv sehnten. Deshalb wirkte die Rede gleichermaßen tröstend und motivierend und fand rund um die Welt großen Anklang.

**Relevanzlupe:**
**Gute Worte prägen durch Kontrastierung**

Kontrastierungen stellen Gegensätze wie »gut« und »schlecht« direkt nebeneinander und lassen den Unterschied dadurch besonders deutlich hervortreten. Damit eignen Kontrastierungen sich als Stilmittel in unterschiedlichen Situationen. Mit Ihrer Hilfe können Sie:

- *den Wandel von einem Zustand in einen anderen demonstrieren*, um zum Beispiel Menschen zur Mitwirkung an einem Veränderungsprozess zu motivieren,
- *bei einer Entscheidung die Folgen der jeweiligen Alternativen darstellen*, um zum Beispiel Menschen von einer Entscheidung zu überzeugen,
- *Missstände aufdecken und den Ausweg aufzeigen*, der in eine wünschenswerte Zukunft führt, um zum Beispiel Menschen zu animieren, sich einer Initiative anzuschließen.

## Relevanz durch Klarheit

Von 2006 bis 2008 habe ich gemeinsam mit einem Kollegen häufig eine Tagung durchgeführt, die den Titel »Umgang mit schwierigen Zeitgenossen« trug. Wir setzten dabei auch ein professionelles Feedback-Tool ein, denn wir wollten erfahren, wie die Inhalte angenommen wurden und ob es Verbesserungsmöglichkeiten gab. Nach den ersten vier, fünf Veranstaltungen fiel uns auf, dass wir einen recht hohen Anteil an negativen Feedbacks bekamen, die alle auf denselben Kritikpunkt hinausliefen: Der Titel und die Ankündigung der Veranstaltung seien irreführend: »Ihr bietet doch hier einen Konfliktmanagementkurs an, und nicht ›Umgang mit schwierigen Zeitgenossen‹!«

Als wir uns zusammensetzten und unsere Inhalte noch einmal durchgingen, wurde uns schnell klar, wo das Problem lag: im Wording. Tatsächlich verwendeten wir in unseren Redebeiträgen, in den Überschriften und auf den Folien sehr häufig das Wort Konfliktmanagement und damit assoziierte Begriffe. Wir lenkten also mit unserem Wording die Wahrnehmung in der Tat darauf statt auf das, was im Titel der Veranstaltung stand.

Also setzten wir uns eine Nacht lang hin und überarbeiteten alle Inhalte, von den Folien über die Handouts mit den Tagungspunkten bis hin zu den Übungsaufgaben und Redeskripten. Formulierungen wie »Wenn Sie Konflikte haben, versuchen Sie …« änderten wir konsequent in »Wenn Sie Probleme im Umgang mit schwierigen Zeitgenossen haben, versuchen Sie …«. Wenn es im Bühnentext hieß »Wenn Sie Konflikte lösen wollen …«, änderten wir das in »Wenn Sie schwierige Zeitgenossen in den Griff bekommen wollen …« und so weiter. Überall, wo Begriffe aus dem Konfliktmanagement auftauchten, hielten wir uns fortan an den Titel der Tagung und änderten konsequent das Wording. Und nur das Wording – an den Inhalten und am Programm änderten wir gar nichts, denn die hatten wir ja zuvor auf das Thema abgestimmt.

Ab der nächsten Veranstaltung, die in Bremen stattfand, war es, als hätte man einen Schalter umgelegt: Danach bekamen wir kein einziges Mal mehr die Rückmeldung, es gehe eigentlich um Konfliktmanagement. Stattdessen erhielten wir konstant fast ausschließlich positives Feedback zu allen Aspekten der Veranstaltung.

Die Wortwahl kann darüber entscheiden, ob Inhalte verstanden werden oder nicht – bis ins kleinste Detail hinein. In diesem Sinn ist relevante Sprache ein Instrument der Klarheit: Irrelevante Wortwahl kann verhindern, dass Menschen Inhalte verstehen und dann auch annehmen. Es kann sogar passieren, dass Menschen sich durch falsches Wording Botschaften verschließen, für die sie eigentlich offen sind und an denen sie großes Interesse haben.

Wenn wir nicht verstanden werden, können wir nicht wirken. Und wenn wir nicht *richtig* verstanden werden, können wir nicht *richtig* wirken. Erst durch relevante Formulierungen können Inhalte und Menschen ihre volle Wirkung entfalten.

## Auch Worte sind vergänglich

Bei aller Kraft, die Worte haben: Ihre Wirkung ist vergänglich. Worte, die lange Zeit eine bestimmte Wirkung hatten, ziehen plötzlich nicht mehr. Ein Wort wie »Solidarität« konnte früher Wahlen entscheiden; heute sorgt es schon mal für skeptisch hochgezogene Augenbrauen. Noch vor einigen Jahren war »geil« ein solches Modewort, dass ganze Werbekampagnen daran aufgezogen wurden. Heute würden Werber, die etwas auf sich geben, es nicht mal mit der Kneifzange anfassen.

Manchmal wird es zum Problem, wenn Worte ihre Kraft einbüßen. Denn wir berauben uns der eigenen Wirkung, wenn wir die falschen Worte weiterhin verwenden – aus Gewohnheit, aus Bequemlichkeit oder aus Sturheit. Zu glauben, die Bedeutung von Worten sei für alle Ewigkeit in Stein gemeißelt – das ist ein Fehler, den nicht nur die große Politik macht. Wir machen ihn beispielsweise auch als Eltern gegenüber unseren Kindern oder als Führungskräfte gegenüber unseren Mitarbeitern.

Wir denken manchmal nicht daran, dass nicht alle Worte auf alle Menschen gleich wirken. Und wir wollen manchmal nicht wahrhaben, dass wir neue Worte brauchen, um zu transportieren, was uns am Herzen liegt. Doch Sprachnostalgie kann der Relevanz abträglich sein. Und das sage ich als großer Fan der deutschen Sprache mit all ihren Facetten. Ich bin zum Beispiel ganz und gar kein Freund von Anglizismen um der Anglizismen willen und anderer Veränderungen in unserer Sprache. Doch auch ich kann nicht leugnen, dass klassische Werke der Literatur und Musik manchmal daran scheitern, dass sie sprachlich sehr viel schwerer zugänglich sind als aktuelle Werke. Natürlich hat ein YouTube-Video oder ein aktueller Blockbuster eine niedrigere Zugangsschwelle als der *Urfaust*.

Gerade deshalb ist es wichtig, dass wir wichtigen Ideen zu neuer Relevanz verhelfen, wenn wir nicht wollen, dass sie einfach »verfallen« wie eine Tüte Milch.

## Ideale entstauben, Wirkung aufpolieren

Der Ökonom Friedrich von Hayek sagte 1960 vor dem Hintergrund der noch recht frischen Erfahrung des Zweiten Weltkriegs in einer Betrachtung über die liberalen Ideale: »Wenn alte Wahrheiten ihren Einfluss auf das Denken der Menschen behalten sollten, müssen sie von Zeit zu Zeit in der Sprache und den Begriffen der nachfolgenden Generationen neu formuliert werden. Ständiger Gebrauch beraubt selbst die Ausdrücke, die sich einst als die wirkungsvollsten erwiesen haben, immer mehr ihrer Bedeutung, bis sie schließlich kaum mehr Überzeugungskraft haben. Selbst wo die überkommenen Formen sich auf Probleme beziehen, die auch noch die unseren sind, behandeln sie sie doch nicht in unserer Sprache.«[80]

Ein Beispiel ist das Wort »Freiheit«, eines der zentralen Ideale der Aufklärung oder des Liberalismus. Für jemanden, der den Zweiten Weltkrieg miterlebt hat oder aus einem Land geflohen ist, in dem Bürgerkrieg herrscht, hat es eine ganz andere Bedeutung als für jemanden, der in der Sicherheit und Geborgenheit einer demokratischen, liberalen Gesellschaft geboren und aufgewachsen ist. Für einen kriegserprobten Menschen manifestiert sich Freiheit vielleicht schon darin, jederzeit ohne Angst um Leib und Leben das Haus verlassen oder beim Plausch mit dem Nachbarn offen die eigene Meinung vertreten zu können, ohne Verfolgung fürchten zu müssen. Für manche von uns Jüngeren oder Demokratieverwöhnten manifestiert sie sich darin, dass man das Smartphone tatsächlich auch mal ausschalten kann.

Nun könnte man als Reaktion darauf das Ideal der Freiheit als zentralen Wert fallen lassen – Mission erfüllt. Und das wäre so ziemlich das Dümmste, was man tun könnte. Oder man kann das Ideal der Freiheit in neue Worte kleiden – in ein neues Narrativ für eine neue Zeit. Vielleicht stellt sich heraus, dass es Zeit für eine Renaissance längst obsolet geglaubter Narrative ist, wie dem der Meinungs- und Pressefreiheit. Vielleicht muss man den Kindern später von einer Welt ohne Internet erzählen, damit sie verstehen, warum es in seinem Ursprung einmal ein Werkzeug der Freiheit war. Vielleicht, vielleicht auch nicht. Sicher ist: Wer das Ideal der Freiheit in die Zukunft tragen will, muss es in relevante Worte kleiden.

Genauso verhält es sich mit anderen Werten, Respekt zum Beispiel: An diesem universellen Grundbedürfnis wird sich auch in hundert Jahren noch nichts geändert haben. Und doch müssen wir diesen Wert in unserer täglichen Kommunikation hochhalten, damit wir ihn genießen können. Nicht ein Mal, sondern immer wieder aufs Neue. Am Anfang war das Wort, und immer wieder wird es der Anfang sein.

Menschen mit unterschiedlichen Prägungen – historisch, kulturell, sozial – sprechen auf unterschiedliche sprachliche Muster an. Und das bedeutet: Sprache bedarf manchmal der Aktualisierung, um nachhaltig relevant zu bleiben. Relevante Worte brauchen hin und wieder ein Update.

## Papa, das Wort ist komisch …

In öffentlichen Debatten lässt sich die Evolution von prominenten Begrifflichkeiten leicht beobachten und nachvollziehen. Was darf's denn sein: »Erderwärmung«, »Klimawandel« oder »Klimakrise«? Woran aber merken wir im Alltag, wenn Begriffe sich überlebt haben, die wir aus Gewohnheit verwenden? Kinder sind ein hervorragender Gradmesser für die Aktualität unserer Wörter. Weil sie sich noch in der Phase des

Spracherwerbs befinden, tun sie das, was wir als Erwachsene mit unseren eingeschliffenen Sprachroutinen viel zu selten tun: Sie hinterfragen Wörter bewusst. Ich beobachte das bei meinen beiden Söhnen immer wieder.

Vor einigen Jahren telefonierte mein jüngerer Sohn Johann, damals vier Jahre alt, mit seiner Oma. Das Gespräch wurde ganz schön lang – in dem Alter hat man seinen Großeltern eine Menge zu erzählen. Da ich wusste, dass meine Mutter noch etwas vorhatte, sagte ich nach einer Weile zu meinem Sohn: »Johann, leg mal langsam auf.« Johann tat wie ihm geheißen, kam zu mir und überreichte mir mein Smartphone, mit dem er das Gespräch geführt hatte. Doch als er es mir in die Hand drückte, runzelte er plötzlich die Stirn, sah mich an und fragte: »›Auflegen‹ ist ein komisches Wort, Papa. Was bedeutet das eigentlich?«

Das sind diese Momente, wo man als Erwachsener erst mal eine Sekunde braucht, um zu verstehen, was das Kind eigentlich will. Spontan dachte ich: Das heißt »auflegen«, weil man den Hörer auf … hoppla! Und dann wurde mir klar, dass das Kind Telefonieren eben nicht mit einem knochenförmigen Hörer assoziiert, den man nach dem Gespräch irgendwo drauflegt. Johann ist komplett im Zeitalter der Smartphones aufgewachsen, in dem elektronische Kommunikationsapparate nicht mehr aus einer Basis und einem kabelgebundenen Hörer bestehen, sondern nur noch aus einem einzigen flachen Stück Hightech. Dass Papa sein Telefon irgendwo »hinlegt«, wo Johann es idealerweise nicht findet, kann er nachvollziehen. Aber dass man etwas »auflegen« müsste, um ein Gespräch zu beenden, ergibt keinen Sinn für ihn. Selbst Festnetztelefone, so man überhaupt noch eines hat, sind schnurlos und werden vielleicht noch hin und wieder zum Aufladen in eine Basis gesteckt, aber nicht mehr »aufgelegt«.

Johann hat recht: Das Wort »auflegen« hat im Kontext von Telefonieren keinen Sinn mehr. Fragen Sie sich deshalb ruhig hin und wieder mal, frei nach dem bekannten Credo eines deutschen Unternehmens:[81] Sind meine Worte enkelfähig?

## Auch sprachliche Bilder können vergilben

Mit unserem Sprachstil können wir ganz schöne Pleiten erleben, wenn wir unsere Worte nicht hin und wieder erneuern. Das gilt insbesondere für die sprachlichen Bilder und Vergleiche, die wir gern verwenden. Nicht nur die unmittelbare Wortbedeutung, sondern auch Assoziationen, die an bestimmte Worte oder Analogien geknüpft sind, können sich überleben. Wenn wir sie trotzdem weiterhin verwenden, können sie uns manchmal ganz schön alt aussehen lassen.

So erging es mir einmal mit meinem älteren Sohn Leo, als ich ihn dazu bringen wollte, seinen Spinat zu essen. Ich versuchte es mit der Metapher, die bei mir als Kind noch leidlich funktioniert hatte: »Leo, was isst Popeye immer, damit er Superkräfte bekommt?« Doch Leo sah mich nur ausdruckslos an. Dankbar für die Ablenkung, legte er erst einmal in aller Ruhe seinen Löffel beiseite und fragte mich dann: »Papa, wer ist Popeye?«

Ich habe nachgesehen: Tatsächlich ist die Figur Popeye inzwischen so alt, dass sie in vielen Ländern juristisch schon »Gemeinfreiheit« erreicht hat. Sie kann also nicht mehr als Marke geschützt werden. Das bedeutet: Ihr Schöpfer, der amerikanische Zeichner Elzie Crisler Segar, ist seit mehr als 70 Jahren tot, genau genommen seit 1939 – was ein Indiz dafür ist, wie langlebig Wortmarken sein können. Langlebig, aber nicht unsterblich …

Zurück an den Esstisch: In der Spinatfrage brauchten wir nach dieser Panne natürlich eine neue Relevanzstrategie. Und die fanden wir, denn gerade hatten wir einen aktuellen Comicfilm gesehen. Darin war ein gewisser Antiheld aufgetaucht, der neben seinen chronischen Stimmungsschwankungen auch für seine auffällige grüne Färbung bekannt ist. Seit diesem Tag heißt bei uns alles, was grün ist und vor dem Verzehr Überzeugungsarbeit braucht, »Hulk-Gemüse«. *Der unglaubliche Hulk* ist zwar ebenfalls um einiges älter als Leos Vater – im Mai 1962 feierte er im gleichnamigen Comic von Stan Lee und Jack Kirby Premiere – doch er hat er es irgendwie in den Kreis der zeitlosen Superhelden geschafft, die bis heute über die Leinwand toben. Die sprachliche Assoziation ist deshalb auch bei meinen Kindern frisch. Der Hulk braucht kein Update, jedenfalls noch nicht. Respekt!

In meinen Vorträgen oder Seminaren spreche ich zur Veranschaulichung manchmal von Prominenten wie Freddy Quinn, Friedrich Nowotny oder Alfred Biolek. Menschen meiner Generation und älter hilft das meistens sehr, denn ihnen sind diese Personen vertraut – jüngeren Menschen dagegen vielleicht weniger. Wenn wir mit Beispielen arbeiten, ist es wichtig, sie hin und wieder zu hinterfragen, immer die Augen nach neuen Beispielen offen zu halten und uns dabei auch der Unterschiede zwischen Menschen bewusst zu sein. Nicht jeder Mensch wird auf dem Weg zur Erkenntnis dieselbe Brücke überqueren. Manager sprechen oft nicht auf dieselben Beispiele an wie Kreative, junge Frauen nicht auf dieselben Zitatgeber wie ältere Männer.

## Worte kann man schmecken

Wenn wir gerade bei Parallelen zwischen Sprache und Essen sind: Wie bei Nahrungsmitteln kann es manchmal ungeheuer hilfreich sein, einmal gründlich auf Worten herumzukauen. Nicht nur, damit unser mentaler Metabolismus besser mit ihnen zurechtkommt, sondern auch, damit wir rechtzeitig merken, welche wir zukünftig lieber nicht mehr in den Mund nehmen – oder wenigstens nicht mehr mit anderen Worten mischen, weil sie deren Geschmack verderben.

Das Wörtchen »eigentlich« ist so ein Wort, das uns ganz schön die Suppe versalzen kann, wenn wir es mit seinem Gebrauch übertreiben. In seiner eigentlichen Bedeutung ist »eigentlich« ein sehr hilfreiches Wort – und in diesem Sinn habe ich es korrekt verwendet: Es bezeichnet als Attribut ursprünglich das »Eigene« von etwas und ist sprachlich verwandt mit dem englischen »own«.[82] Sehr oft verwenden wir »eigentlich« jedoch falsch, nämlich als Füllwort. »Was machst du eigentlich am Wochenende?« In diesem Satz hat das Wort nichts zu suchen. Gut sieht man den Unterschied auch an diesem Beispiel:

*Vorher: »Ich liebe dich.«*
*Nachher: »Eigentlich liebe ich dich.«*

Probieren Sie es doch mal zu Hause aus – viel Spaß dabei!

Worte kann man, wie die virtuose Kombination feiner Zutaten in einem guten Essen, natürlich auch im Zusammenspiel miteinander schmecken: Auch Sätze oder Wortgruppen haben ein Aroma. So hat »Ich bin …« eine ganz andere Wirkung als »Mein Name ist …« Probieren Sie mal: Sprechen Sie beide Phrasen ein paarmal laut in Verbindung mit Ihrem Namen. Sie werden den Unterschied schmecken können: »Ich bin René Borbonus« vermittelt spürbar mehr Standing und Autorität als »Mein Name ist René Borbonus«. Aus gutem Grund sage ich ja auch nicht »Mein Beruf ist Rhetoriktrainer«, sondern »Ich bin Rhetoriktrainer«.

Viele Aussagen kann man verbessern, wenn man Wörter richtig verwendet. Doch auffallen wird uns das nur, wenn wir uns selbst aufmerksam zuhören. Spätestens, wenn bestimmte Aussagen offenbar nicht so recht überzeugend auf andere wirken, empfiehlt sich das. Wenn wir sie uns mal auf der Zunge zergehen lassen, spüren wir, welche Wörter irgendwie nicht richtig schmecken. Es lohnt sich, diese Wörter einmal aus dem Zusammenhang herauszunehmen. Es ist wie bei einem Kaugummi: Wenn wir lange genug darauf herumkauen, wird überdeutlich, dass es sich tatsächlich um ein Stück Gummi handelt. Der Geschmack verrät es uns, wenn wir ihn mal lange genug im Mund hatten. Und einen ausgelutschten Kaugummi spucken wir aus gutem Grund aus.

Ein anderes Wort, auf das ich tendenziell verzichte, seit ich einmal gründlich darauf herumgekaut habe, ist das Wort »Ratschlag«. Denn Ratschläge sind auch Schläge. Es gibt so einige Wortzusammensetzungen, mit denen wir im Alltag regelrecht, ja, um uns schlagen.

Apropos: Mit einer Aussage wie »Ich schlage mich gerade mit diesem Projekt herum« mache ich dem Kollegen schon durch die Formulierung deutlich, wie ich dabei vorgehe. Wenn ich meine Bitte um Unterstützung so einleite, muss ich mich also nicht wundern, wenn er sich lieber raushält. Wenn ich meinem Kunden mit einem »Preisaufschlag« drohe, ist das ebenfalls keine besonders friedvolle Wortwahl; eine »Preiserhöhung« wird er vielleicht eher hinnehmen? Und wenn mein Arzt mir ankündigt: »René, da müssen wir jetzt mal einen Rundumschlag machen«, habe ich es mit dem nächsten Termin irgendwie gar nicht mehr eilig. Wenn er mir dagegen eine »Rundumvorsorge« empfiehlt, lasse ich eher mit mir reden.

Oder kauen Sie mal gründlich auf dem Verb »kriegen« herum: Man muss es nicht lange über die Zunge bewegen, um zu schmecken, dass es mit dem Wort »Krieg« verwandt ist. Und doch verwenden wir es ständig, obwohl wir diese Assoziation gar nicht beabsichtigen: »Ich kriege noch 10 Euro von dir!« – da kommt kein Zweifel auf, dass diese Schuld die Beziehung gefährdet. »Ich kriege ein Pfund von der Schweinelende!« – da will man nicht Schwein gewesen sein. »Ich kriege noch die Krise!« – da ist die Krise verbal tatsächlich nicht mehr weit.

Es gibt natürlich auch Akteure, die den Geschmack von Worten gezielt nutzen, um ihren Aussagen einen gewissen Beigeschmack zu geben. So werden Personen in öffentlichen Debatten manchmal als »umstritten« bezeichnet und damit implizit abgewertet. Wenn eine Überschrift etwa lautet »Damien Hirst, umstrittene Legende«,[83] stellt das den britischen Künstler in kein gutes Licht. Genauso wie bei Personen wirkt das Wort auch bei Ideen oder Projekten. Eine Aussage wie »Das umstrittene Gesetz wurde durchgedrückt« ist gleich doppelt wertend – hier hat man als Empfänger der Botschaft auch zwischen den Zeilen so einiges zu kauen.

Gerade in verdichteten Kommunikationseinheiten wie Überschriften werden Botschaften auf dieser impliziten Ebene häufig zusätzlich aufgeladen, um eine bestimmte Wirkung zu erzielen. So macht es einen großen Unterschied, ob jemand als »Freiheitskämpfer« oder als »Terrorist« bezeichnet wird. Je nachdem, welcher der Begriffe verwendet wird, können wir daraus auf die politische Haltung des Absenders schließen.

Wir sollten uns stets bewusst sein, wie massiv Wahrnehmung durch Worte beeinflusst wird. Je nachdem, welches sprachliche Etikett wir einer Person verpassen, können wir sogar ihr Ansehen heben, aber eben auch beschädigen. So bedeuten die Worte »Obdachloser« und »Wohnungssuchender« letztlich dasselbe – doch irgendwie stelle ich mir darunter zwei komplett unterschiedliche Menschen vor.

Eine Möglichkeit, die Relevanz von Themen durch Sprachgefühl zu erhöhen, demonstrieren die österreichischen Gesundheitsbehörden: Sie animieren die Bürger gezielt mithilfe eines wohlschmeckenden Worts, an einer wichtigen Vorsorgeuntersuchung teilzunehmen. Während wir hier in Deutschland gern von der »Krebsvorsorge« oder – noch beängstigender, weil konkreter – von der »Darmkrebsvorsorge« sprechen, ist dieselbe Untersuchung bei unseren Nachbarn als »Gesundenuntersuchung« bekannt.[84] Weg von der Krankheit und hin zur Gesundheit – so wirkungsvoll kann man der Relevanz mit den Mitteln der Sprache auf die Sprünge helfen. Wenn Sie Menschen dazu bewegen wollen, etwas zu tun, geben Sie der Idee einen wohlschmeckenden Namen.

Ein weiteres Wort, auf dem derjenige, der es in Umlauf gebracht hat, nicht gründlich genug herumgekaut hat, ist das Wort »Kinderkrankheiten«. Wie meine ich das? Eines Abends sah ich mich in eine WhatsApp-Debatte verstrickt, in der es darum ging, ob man seine Kinder gegen Masern impfen lassen sollte. Und ich gehöre ja zu denen, die ihren Kindern absichtlich Viren in die Venen schießen lassen, um sie zu immunisieren. Nicht weil ich völlig wahnsinnig bin, sondern weil die überwiegende

Mehrheit aller Mediziner sich darüber einig sind, dass das so richtig ist – und weil es bei einem ebenso überwiegend hohen Anteil der Geimpften auch perfekt funktioniert. Was natürlich nicht heißt, dass eine Impfung in sehr seltenen Fällen mal nicht voll wirksam wird und man sich dennoch anstecken kann – zum Beispiel mit den Masern, auch wenn der Verlauf dann in der Regel immerhin weitaus milder ist als ohne Impfung.

Eigentlich ist das wirklich nur logisch: Hin und wieder soll tatsächlich auch mal ein deutsches Oberklasse-Auto mit einem Defekt ab Werk aus der Fabrik rollen. Selbst Gott kann nicht überall gleichzeitig sein. Und die Qualitätskontrolle im Fall einer Impfung wäre eine, sagen wir mal, bescheuerte Idee.

Bleibt die Frage, warum ich meine Kinder gegen Masern habe impfen lassen. Die Antwort liefert zum Beispiel der jüngste Ausbruch der Krankheit auf den Philippinen, bei dem Dutzende Menschen ihr Leben ließen.[85] Hin und wieder kommt es auch in Deutschland mal vor, dass ein Erwachsener sich mit den Masern infiziert, obwohl er als Kind schon einmal einen Ausbruch hatte und sich immun glaubte. Und wenn der nicht geimpft ist, wird es ernsthaft unangenehm. Für Erwachsene sind die Masern nämlich besonders gefährlich.

Und doch sind die Begründungen vielfältig, mit denen die Gegner der Impfung mobilmachen: von Impfschäden über Autismus bis hin zu Verschwörungen von Gesundheitspolitik und Pharmaindustrie.

Als mir bei meiner WhatsApp-Diskussion mit dem Impfgegner der Blutdruck zu eskalieren drohte, kontaktierte ich eine befreundete Ärztin. Nicht so sehr meines Blutdrucks wegen, sondern um mir erklären zu lassen, warum es so viele überzeugte Impfgegner gibt, obwohl eine Masernimpfung bei relativ geringem Risiko eindeutig Leben retten kann. Ihre Antwort war eine Lektion in Relevanz: »Unser größter Fehler war, es *Kinderkrankheiten* zu nennen.«

Kauen Sie mal ein wenig darauf herum: Der Begriff »Kinderkrankheit« ist in der Tat eine Verniedlichung für Krankheiten, die auch Erwachsene befallen und sogar mit höherer Wahrscheinlichkeit das Leben kosten können als Kinder. Der Begriff wird zu häufig und zu leichtfertig gebraucht. Die meisten »Kinderkrankheiten« nehmen es nämlich nicht so genau damit, wen sie befallen. Man kann Themen durch die Wortwahl nicht nur groß machen, sondern auch klein.

Daher eine dringende Empfehlung an alle Impfzweifler: Zu Risiken und Nebenwirkungen fragen Sie Ihren Arzt oder Apotheker.

Eine ungeschickte Wortwahl subtrahiert von unserer Relevanz. Sie reduziert unsere Wirkung und verhindert, dass wir andere überzeugen. Es gibt viele Wörter in unserer Sprache, die bei gründlichem Kauen ganz schön nach Aggression und Gewalt schmecken. Und für all diese Wörter gibt es friedliche Alternativen, die uns deutlich milder, harmonischer und lösungsorientierter wirken lassen. Hier einige Beispiele.[86]

| Vorher | Nachher |
|---|---|
| um etwas kämpfen | um etwas bemühen |
| gerüstet sein | vorbereitet sein |
| den Spieß umdrehen | die Perspektive wechseln |
| Stellung beziehen | Meinung äußern |
| schlagartig | sofort |
| sich breitschlagen lassen | sich überzeugen lassen |
| beschlagen sein | sich auskennen |
| Bombenwetter | strahlendes Wetter |
| einschlagen wie eine Bombe | wirken |
| alles raushauen | klar Schiff machen |
| kriegen | bekommen |

Ein schlechter Beigeschmack kann unsere Wirkung auf andere beeinflussen und uns effektiv das Leben schwerer machen, ohne dass wir verstehen, warum. Und wir können das verhindern, indem wir unsere Worte einfach bewusster wählen. Was wir unseren Kindern über das Essen beibringen, gilt auch bei der Wortwahl: Wann immer es geht, erst einmal gründlich darauf herumkauen – und erst danach sprechen!

## Neue Würze für den Sprachbrei

Wenn ein Wort uns mit seinem Geschmack überrascht, muss das allerdings nicht immer etwas Schlechtes sein.

Auf der Vorliebe vieler Menschen für Anglizismen wird oft herumgehackt. Besonders in der Jugendsprache, aber auch im Business-Kontext sind Anglizismen verbreitet und sorgen zuverlässig für den Unmut von Sprachpuristen. Da nehme ich mich übrigens nicht aus: Auch ich bin der Meinung, dass wir viel zu oft Anglizismen verwenden, wo es gleichwertige deutsche Worte gibt.

Zwar gehöre ich zu denen, die zum Beispiel Anglizismen grundsätzlich erst einmal skeptisch gegenüberstehen. Doch im Lauf der digitalen Revolution bin ich zu einer differenzierteren Betrachtungsweise gewisser Modeerscheinungen in unserer Sprache gekommen. Nach einigen eindrücklichen persönlichen Erfahrungen, die ich gleich schildern werde, glaube ich: Manche Neologismen, also »Wortneuschöpfungen«, und auch manche Anglizismen tun unserem sprachlichen Einheitsbrei sogar ganz gut. Manche Wörter, mit denen ich erst einmal gefremdelt habe, haben sich bei näherer Betrachtung zumindest als ganz nützlich erwiesen.

Anglizismen haben unterschiedliche Qualitäten. Es gibt überflüssige Anglizismen, die wir nicht brauchen, weil sie der Bedeutung ihrer deutschen Gegenstücke nichts hinzufügen. Es gibt Modeanglizismen, die ausschließlich eine soziale Funktion erfüllen und Zugehörigkeit demonstrieren sollen. Und dann gibt es Anglizismen, die einem Thema eine neue Nuance hinzufügen, es damit wieder interessant machen und so tatsächlich seine Relevanz fördern. Man könnte auch sagen: Sie machen den Begriff wieder funktionsfähig, indem sie ihn an die neuen Bedingungen anpassen. Das ist vergleichbar mit einem Update, das eine App fit für ein neues Betriebssystem macht: Erst wenn eine Aussage sprachlich an den aktuellen Kontext andockt, kann sie auch überzeugen.

Linguisten nennen Sprachen, die sich progressiv entwickeln und neue Begriffe produzieren, »produktive Sprachen«. Oft bilden Einflüsse von außen die Grundlage solcher produktiven Veränderungen innerhalb einer Sprache. Das Wort »liken«, das den Vorgang beschreibt, wenn wir bei Facebook oder anderen sozialen Netzwerken ein »Like« vergeben, ist ein Beispiel dafür: Mit diesem Begriff haben wir ein Wort für ein Konzept, das es in der deutschen Sprache vorher nicht gab. Die Sprache ist durch das Wort also reicher geworden – auch wenn das Ansichtssache sein mag.

Mancher Anglizismus kann nicht nur im linguistischen, sondern auch im Sinn der Relevanz produktiv sein – als sinnvolle Spracherneuerung. Ich muss ihn deshalb nicht schön finden. Aber ich kann die Kraft dieses neuen Worts nutzen, um etwas, das mir wichtig ist, für andere interessant zu machen.

»Mindset« ist so ein Anglizismus, über den ich so meine Witze gemacht habe. Doch inzwischen habe ich beobachtet: Junge Menschen denken oft tatsächlich lieber über ihr »Mindset« nach als über ihre »Haltung« oder ihre »Einstellung«. Ich verwende das Wort immer noch nicht, kann aber nachvollziehen, warum es bei manchen Themen und je nach Publikum strategisch sinnvoll sein kann.

Womit ist Ihnen beispielsweise als Eltern mehr geholfen, wenn Ihr Sohn keine Lust hat, aus dem Hotel Mama auszuziehen? Damit, dass Sie am Begriff »Einstellung« festhalten, weil Sie mit dem neumodischen Sprachbrei nichts zu tun haben wollen? Dann sagen Sie weiterhin: »Tim, wir müssen über deine Einstellung reden.« Oder ist Ihnen wichtiger, dass Tim tatsächlich irgendwann auszieht? Dann versuchen Sie es doch spaßeshalber mal mit »Tim, lass uns mal über dein Mindset reden.« Ich sage nicht, dass Tim deswegen morgen auszieht. Aber die Wahrscheinlichkeit, dass Tim Ihnen überhaupt erst einmal zuhört, steigt … Der Fitnesstrend »Crossfit« ist ein Beispiel dafür, dass Anglizismen ein Konzept sogar zu einem Verkaufserfolg machen können, das so neu gar nicht ist. Crossfit ist ein Renner unter Fitnessfreaks und Abnehmwilligen, ganze Heerscharen von Personal Trainern verdienen seit Jahren ihr Geld damit. Dabei ist Crossfit bei genauerer Betrachtung gar nicht so weit entfernt vom guten alten Zirkeltraining, das wir noch aus dem Sportunterricht kennen. Aber aus irgendeinem Grund beschäftigen sich sogar Menschen begeistert mit Crossfit, die Zirkeltraining für pure Schinderei halten …

Bei einer Veranstaltung in der Stadthalle Montabaur stieß ich vor vielen Jahren zum ersten Mal auf das Konzept »World-Café«. Der Moderator Josef W. Seifert führte einen Workshop mit dieser Methode durch, die ursprünglich von zwei amerikanischen Unternehmensberatern stammte. Im Wesentlichen besteht sie darin, dass die Teilnehmer in einem sogenannten »sicheren Raum« in kooperativen Gruppen verschiedene Sichtweisen auf ein Thema diskutieren und Lösungen für gemeinsame Probleme finden. Das Ziel ist in der Regel, die Bereitschaft zur Mitwirkung an einem Veränderungsprozess zu wecken.

Ich kann mich noch gut daran erinnern, wie begeistert ich von diesem Konzept des World-Cafés war und wie engagiert die Teilnehmer in die Diskussion einstiegen – erfahrene Führungskräfte und Kommunikationsprofis eingeschlossen. Und dann hörte ich die Stimme meiner Frau, die neben mir stand – und übrigens Deutschlehrerin ist: »Ja, das kenne ich. Bei uns heißt das ›Gruppenarbeit‹.«

Die Kraft, die solche »neuen« Begriffe haben können, ist

bemerkenswert. Man kann uns damit sogar dieselben Ideen als begehrenswert verkaufen, die uns immer zur Weißglut getrieben haben, wenn Mutter sie uns wohlmeinend als guten Rat fürs Leben mitgeben wollte.

Wie oft hat meine Mutter zum Beispiel zu mir gesagt: »Junge, iss langsam!« Wenn ich ehrlich bin, sagt sie das manchmal heute noch. Und was sagen wir, wenn Mutter uns noch als Erwachsenen mit Erziehungskram kommt? »Geh weg!«, sagen wir, »in meinem Alter kann ich ja wohl allein entscheiden, wie schnell ich esse!« Und dann kommt irgendein Fernsehkoch mit einem neuen Trend um die Ecke, und der Trend heißt »Slow Food«. Von einem Tag auf den nächsten vergessen wir alles, was wir über Ernährung gelernt haben, stellen unsere Ernährung mehr oder weniger konsequent auf Slow Food um und versuchen, jeden zu bekehren, der nicht schnell genug weglaufen kann – einschließlich Mutter.

Auch, dass ich tendenziell ein bisschen viel auf dem Zettel habe, ist meiner Mutter natürlich nicht entgangen. Und wenn Mutter nicht mehr erfolgreich leugnen kann, dass wir etwas aus unserem Leben gemacht haben und es uns im Großen und Ganzen gut geht, was sagt sie uns dann? »Junge, tritt kürzer!« Und wie reagieren wir darauf? »Geh weg«, antworten wir, »das ist nicht so einfach, wie du denkst!« Und dann kommt irgendein Ex-Börsenmakler daher, den sein Millioneneinkommen allein – Überraschung – nicht glücklich gemacht hat. Mit 50 hat er seine wahre Berufung im Surfen gefunden, hat sich tätowieren und Dreadlocks wachsen lassen, lebt seither an Floridas Stränden im Camper und vertickt uns das Ganze als »Downsizing«. Und was machen wir? Wir springen auf den Camper auf, noch bevor uns auffällt, dass deutsche Strände für diesen Lifestyle vielleicht nicht ganz so geeignet sind. Ganz zu schweigen von den bohrenden Fragen, die Mutter stellen wird, wenn ihr auffällt, wie sparsam wir plötzlich geworden sind …

Für den Fernsehkoch und den alternden Surfer-Boy allerdings geht die Rechnung auf: Die clevere Begriffswahl ebnet ihren Ideen den Weg. Sie können dadurch zu großen Erfolgen werden und vielleicht sogar – Ironie aus – vielen Menschen eine große Hilfe sein, die auf Mutters Rat nicht hören und sich sonst nie damit beschäftigen würden.

Es gibt also Anglizismen, Neologismen und andere produktive Veränderungen innerhalb unserer Sprache, die durchaus ihren Nutzen haben. Wenn ein Anglizismus dazu taugt, eine wertvolle Idee ins Gespräch zu bringen oder vor dem Vergessen zu retten, dann sehe ich das vom Standpunkt der Kommunikation aus pragmatisch: Da nehme ich lieber den Anglizismus hin, als den Bedeutungsverlust zu riskieren. Neue Wörter können die Relevanz unterstützen, wenn sie das Gesagte zugänglicher machen.

Wenn ich als Vater zweier heranwachsender Söhne meine Sprachmuster anpassen muss, um meinen Kindern wichtige Botschaften zu vermitteln, dann tue ich das. Wenn ein Mediziner die Bevölkerung vor dem Risiko eines Herzinfarkts warnen will, lässt er seine Fachbegriffe ja auch im Koffer und verwendet anschauliche Worte, Bilder und Vergleiche, welche die Menschen verstehen. Er verwendet eine Sprache, die seine Relevanz unterstützt. Anglizismen oder neue Wortschöpfungen zu verwenden, um Interesse zu erzeugen, ist nichts anderes als die gute alte »Zielgruppenorientierung«. Und die erwarten wir schließlich von jedem Politiker, jedem Wissenschaftler und jedem Redner, dem wir Gehör schenken, genauso. Aus gutem Grund: Relevante Sprache ist produktiver.

## Sätze, die bleiben

Es gibt Sätze, die vergessen wir nie wieder – und die Menschen, die sie gesagt haben, ebenso wenig. Die Fähigkeit, so zu formulieren, schreiben wir gern einem ominösen rhetorischen Genie zu. Doch tatsächlich steckt hinter jeder berühmten Äußerung Methode.

*Was* wir Menschen sagen wollen – in einem Gespräch, bei einer Präsentation, in einem Posting in den sozialen Medien oder anderswo –, wissen wir in der Regel. Aus Eile oder Unachtsamkeit machen wir uns nur oft nicht genug Gedanken darüber, *wie* wir es sagen. Um herauszufinden, wie wir wichtige Aussagen so formen können, dass sie anderen im Gedächtnis bleiben, ist es aufschlussreich, sich anzuschauen, wie andere das geschafft haben – diejenigen, an deren Worte wir uns alle erinnern.

Das Ziel dabei ist Identifikation, denn die ist ein wichtiger Relevanz-Booster. Es geht beim relevanten Formulieren vor allem darum, eine Brücke zu anderen Menschen zu bauen. Und eine Brücke, über die jeder gern geht, ist – Schönheit. Ich kann Ihnen versichern: Jeder hat schöne Worte. Sprache, die berührt, ist kein Talent, sondern eine Entscheidung.

| Irrelevante Formulierung | Relevante Formulierung |
|---|---|
| »Ich kann mich nicht entscheiden, ob ich Selbstmord begehen soll oder nicht.« | »Sein oder nicht sein, das ist hier die Frage.« |

Der erste Satz mag irgendeine Reaktion bei Ihnen auslösen – das hängt wohl vor allem davon ab, ob Sie den Sprecher kennen oder nicht. In Erinnerung wird Ihnen aber wohl niemand für diese Formulierung bleiben, jedenfalls nicht für rhetorische Brillanz. Der Aussage fehlt jegliche sprachliche Prägnanz. Nun gehe ich aber jede Wette ein: Sie haben dieselbe Aussage schon gelesen oder gehört, vermutlich beides, und können sich sehr wohl daran erinnern. Weil sie anders formuliert war – nämlich so, wie auf der rechten Seite.

Den Unterschied macht auch hier wieder die Relevanz der Worte, die wir in den Ring werfen. Was wir sagen, kann Menschen in Erinnerung bleiben, manchmal sogar ein Leben lang, und es kann sie nachhaltig prägen. Oder es kann von einem Moment auf den nächsten vom Rand ihres Bewusstseins kippen.

Wo aber liegt der Unterschied zwischen der ziemlich irrelevanten Formulierung und Shakespeares wohl bekanntester Zeile? Wie lässt sich ein und dieselbe Botschaft relevanter formulieren? Die Antwort ist: Schönheit. Shakespeare hat die profane Formulierung in schöne Worte gekleidet, die philosophisch und tiefgründig sind und auch einen eigenen Rhythmus haben. Dass der Satz nicht nur die Figur des Hamlet betrifft, die gerade konkret über Selbstmord nachdenkt – sondern jeden Einzelnen, der ihn hört und selbst irgendwie mit seiner Existenz hadert. Schönheit ist etwas, das (fast) jeden Menschen berührt – und eine schönere Formulierung gibt es auch im Alltag fast immer, wenn wir nur danach suchen. Worte wirken – wenn wir sie richtig wählen.

Das Genie hat also Methode. Und das gilt für alle großen Sätze, die uns nicht mehr aus dem Kopf gehen. Wichtige Thesen in schöne Worte zu kleiden ist eine Möglichkeit, wichtige Aussagen relevanter zu formulieren. Sinnvoll ist diese Strategie vor allem dann, wenn Aussagen in ihrer Urform zu nüchtern, sachlich, trocken – kurz: zu langweilig – klingen, um Aufmerksamkeit zu erregen und im Gedächtnis zu bleiben.

| Irrelevante Formulierung | Relevante Formulierung |
|---|---|
| »Ich hoffe, dass die Diskriminierung der afroamerikanischen Minderheit in den USA in einer Generation verschwunden sein wird.« | »Ich habe einen Traum, dass meine vier kleinen Kinder eines Tages in einem Land leben werden, in dem sie nicht aufgrund ihrer Hautfarbe beurteilt werden.« |

Auch hier ist die Fassung auf der rechten Seite dieselbe Aussage wie links – nur in voller Ohrwurmqualität, wie sie wohl jeder von uns kennt und mehr oder weniger auswendig aufsagen kann. Ich muss nicht einmal erwähnen, dass der Satz von Martin Luther King stammt – und das ist der Wirkungsmacht seiner Worte zu verdanken. Martin Luther King hat dem wichtigen Thema eine schöne und damit berührende Form gegeben, indem er mit der Sprache das Bild freier Kinder und eines hoffnungsvollen Vaters gemalt hat.

Auch Sie können Ihren Aussagen eine höhere Relevanz verleihen, indem Sie sie in schöne Worte wie sprachliche Bilder kleiden.

## Relevantes einmal anders sagen

Eine weitere effektive Methode, um Menschen zum Zuhören und zur Auseinandersetzung mit Thesen zu bringen, ist die Form, die man den eigenen Sätzen gibt. Dabei darf es durchaus kreativ zugehen: Je unerwarteter und überraschender eine Aussage klingt, desto besser prägt sie sich ein. Manchmal muss man den Menschen einen Knoten in den Kopf machen, damit bei ihnen der Knoten platzt.

Eine Art das zu tun ist eine rhetorische Figur mit dem selbsterklärenden Titel »umgekehrter Satz«. Dabei kann, um die sprachwissenschaftlich korrekten Begriffe ins Spiel zu bringen, sowohl ein »Chiasmus« gemeint sein – die symmetrische Überkreuzstellung von syntaktisch oder semantisch entsprechenden Satzteilen – als auch ein »Epanodos« – die Wiederholung von Worten in umgekehrter Reihenfolge als Sonderfall des Chiasmus.

Die Vorgehensweise ist zum Glück viel einfacher als die Fachbegriffe: Eine Aussage, die besonders betont werden soll, wird um ihre Umkehrung ergänzt und erhält dadurch eine zusätzliche Sinnkomponente. Dabei muss die Umkehrung nicht perfekt sein, solange die grundlegenden Satzbausteine enthalten sind. Umgekehrte Sätze gehören zu jenen Wirkungsverstärkern, die sehr eindrucksvoll klingen und dennoch leicht zu formulieren sind. Zu fast jeder These lässt sich ohne große Mühe ein umgekehrter Satz ergänzen. Hier einige Beispiele.

| These | These mit Umkehrung |
|---|---|
| Wir müssen aufhören, Kriege zu führen. | »Die Menschheit muss den Kriegen ein Ende setzen, sonst setzen die Kriege der Menschheit ein Ende.« (John F. Kennedy) |
| Wenn Menschen sich nicht an dich wenden, musst du dich an die Menschen wenden. | »Wenn der Prophet nicht zum Berg kommt, muss der Berg zum Propheten kommen.« (Sprichwort) |
| Es nützt nichts zu bedauern, was man nicht beherrscht. | »Wer nicht kann, was er will, der wolle, was er kann.« (Leonardo da Vinci) |
| Man kann unterschiedlich mit dem Leben umgehen. | »Man muss das Leben nehmen, wie es ist, oder das Leben ist, wie man es nimmt.« (Stanley Motss in *Wag the Dog*) |
| Das Potenzial der Kunst ist unbegrenzt. | »Die Kunst ist lang! Und kurz ist unser Leben.« (Johann Wolfgang von Goethe) |

Wenn Sie zum Beispiel eine Rede vorbereiten, bauen Sie Ihre Kernbotschaft gezielt als umgekehrten Satz ein, zum Beispiel auch als Schlusswort und Schlussfolie. Achten Sie jedoch darauf, dass Sie präzise formulieren und nicht die Bedeutung Ihrer Ursprungsthese verzerren. Ein umgekehrter Satz verändert eine Aussage nicht, sondern verstärkt ihre Wirkung.

## Die Kraft der Worte als lyrischer Debattenbeitrag

All die Beispiele in diesem Kapitel zeigen: Sprache kann sehr viel bewirken. Welche Form für unsere Botschaften zweckmäßig ist, ist von Mal zu Mal verschieden. Manchmal sind nüchterne Faktenargumente die beste Lösung. Manchmal ist es sinnvoll, emotionale Worte zu wählen, um die Herzen der Menschen zu erreichen. Und manchmal ist eine außergewöhnliche Form ein guter Weg, um Aufmerksamkeit auf eine Botschaft zu lenken, die Ihnen wichtig ist.

In meinem Beitrag zu einer Veranstaltung, in der es um die Kraft der Rede ging, probierte ich deshalb vor einiger Zeit ein neues Format für meine Worte aus. Ich wiederholte meine wichtigsten Thesen zum Abschluss meiner Rede in Form lyrischer Verse. Ich wollte nicht nur mit meinen Aussagen, sondern auch mit ihrer Form ausdrücken, wie wirkungsmächtig Sprache ist, wenn wir sie bewusst und kreativ einsetzen. Genau darum geht es mir auch in diesem Buch und in diesem Kapitel: Dass wir uns der Macht der Worte bewusst werden und sie gezielt einsetzen.

**Achte auf deine Worte**

Und deshalb: Achte auf deine Worte!
Vor allem auf die Sorte derer, die verletzen –
die Menschen entsetzen.
Die Nationen auseinanderdividieren,
ohne sich für Unwahrheiten zu genieren.

Und deshalb: Achte auf deine Worte!
Und wähle eine Sorte, die Menschen vielleicht sogar beglückt.
In denen sich Respekt nicht allzu sehr versteckt.

Und deshalb: Achte auf deine Worte!
Denn Worte können heilen.
Und also lass uns doch verweilen – im Nachdenken, im Sinnieren.
Denn gute Worte brauchen Zeit.

Worte berühren, verführen, betören und zerstören.
Worte verletzen und können heilen.

Mal eilen sie von Herz zu Herz,
kritisieren und verursachen Schmerz.

Worte fantasieren, dirigieren, schwadronieren,
kontrollieren, insistieren, faszinieren, aktivieren.

Worte bringen gute Ziele zum Sieg,
gewinnen und nehmen Abschied.

Worte formen Beziehungen, und auch wenn es dich bedrückt:
Sie entscheiden dadurch über Glück und Unglück.

Worte weisen dich in deine Schranken
oder lassen dich Gedanken tanken.

Worte kannst du wörtlich nehmen.

Und deshalb: Achte auf deine Worte!

Also los, machen wir die Welt zu einem besseren Ort.
Und am Anfang – am Anfang steht das Wort.

Kapitel 7

# Relevanz durch Sprachbewusstsein: Wie Sie Menschen überzeugen

*»Wer denkt, will nicht überredet, sondern überzeugt sein.«*
*Victor Klemperer*

## Fakten sind nicht genug

Stellen Sie sich vor, Sie haben recht, aber niemand geht hin. Das Gefühl kennen wir natürlich alle, denn leider passiert uns so etwas ja ständig: Sie ahnen schon seit einem Jahr, dass Ihre Abteilung die falsche Strategie fährt, aber Ihr Chef weiß es besser. Sie wollen über die dunkle Wolke reden, die in Ihrer Beziehung heraufzieht, aber Ihr Partner will das Problem nicht sehen. Sie fühlen mit, wenn Ihr Kind unter einer schlechten Angewohnheit leidet, aber es hört nicht auf Sie. Sie haben ein Produkt, das das wichtigste Problem Ihrer Kunden löst, aber niemand kauft es. Ihre Botschaft als Redner spricht Zigtausenden aus der Seele, aber Sie finden keine Bühne. Menschen sind manchmal seltsam. Warum verstehen sie bloß nicht, was Sie ihnen zu sagen haben?

Es mag ein magerer Trost sein, aber eine ganze Reihe von Studien bestätigen uns: Menschen sind leider nicht immer vernünftig. Menschen glauben leider noch nicht mal immer an die Fakten. Bewiesen wurde das zum Beispiel in einer Studie von 2006 zur Einstellung von Amerikanern zum Irakkrieg von 2003. Die USA hatten damals den Irak mit der zentralen Begründung bombardiert, das Land verfüge über Massenvernichtungswaffen – eine Annahme, die später widerlegt wurde. Bei der Studie wurden zwei Gruppen von Teilnehmern Beweise dafür vorgelegt, dass es in Wahrheit keine Massenvernichtungswaffen im Irak gegeben hat: einer Gruppe von Menschen, die nach eigener Aussage an Massenvernichtungswaffen im Irak glaubte, und einer Gruppe, die nicht an deren Existenz glaubte. Das Ergebnis: Bei der Gruppe derer, die von vornherein nicht vom Vorhandensein der Waffen überzeugt war, stabilisierte sich die Einstellung. Doch bei der Gruppe derer, die davon ausging, dass der Irak über Massenvernichtungswaffen verfügte, glaubten nach Sichtung der Beweise noch immer zwei Drittel an deren Existenz. Im Angesicht der Fakten!

Der Grund dafür ist der sogenannte »Backfire-Effekt«: Bei emotional aufgeladenen Themen, bei denen wir eine starke Meinung haben und die deshalb an unseren grundlegenden Überzeugungen rühren, vertieft die Widerlegung eher noch die Überzeugung – der Argumentierende schießt sich also sozusagen selbst ins Knie. Wir lehnen die Gegenthese nur noch vehementer ab, weil wir sie als Angriff auf unsere Wirklichkeit auffassen. Deshalb ist in solchen Fragen mit Fakten nicht viel zu holen, was auch immer man an Argumenten auffährt. Da können wir uns die Haare raufen, den anderen anbrüllen, ihm den gesunden Menschenverstand absprechen, uns abwenden oder den Glauben an die Menschheit verlieren; Es nützt alles nichts.

Damit wir uns richtig verstehen: Ohne die Fakten geht es nicht. Fakten sind die Grundlage, die jedes Wort informieren sollte, das wir sagen. Fakten sind eine notwendige, aber eben noch keine hinreichende Bedingung, um Menschen zu überzeugen. Dennoch: Um Menschen zu überzeugen, braucht es mehr als Fakten.

Tatsächlich herrscht bei den meisten Themen, die öffentlich diskutiert werden, inzwischen ein solcher Meinungskampf, dass es fast unmöglich geworden ist, Fakten ohne eine gewisse Hilfestellung zu ihrer Deutung, also einen mehr oder weniger konkreten Interpretationsrahmen, zu kommunizieren. Das liegt zum einen daran, dass wir es nicht mehr gewohnt sind, reine Fakten zu konsumieren und uns selbst eine Meinung zu bilden.

Wir haben uns angewöhnt, Meinungen oder wenigstens »kuratierte Fakten« zu konsumieren. Zum anderen, und das ist auch der Hauptgrund für diese Gewohnheit, haben wir im Alltag angesichts der Faktenflut einfach keine Chance mehr, alle Fakten zu allen Themen zu konsumieren, die unser Leben berühren oder mit denen wir uns auseinandersetzen sollten. Die Fakten sind immer noch zentral, aber sie sind oft nicht mehr genug: Wir brauchen Hilfestellungen, wir brauchen unterstützende Erklärungsmuster. Wir brauchen Experten und Kommunikatoren mit Sprachbewusstsein, um heute noch durchzublicken!

Der Wissenschaftsjournalist Harald Lesch hat es in einer Ausgabe seiner Sendung *Terra X Lesch & Co* treffend formuliert: Um Menschen in ihrem Innersten zu überzeugen, müssen wir Brücken bauen.[87] Jeder Mensch bringt eine Geschichte mit. Irgendwo in dieser Geschichte liegt die Erklärung dafür, warum er eine bestimmte Überzeugung in sich trägt. Und dieser Geschichte, die den Menschen prägt, schulden wir Respekt. Selbst wenn derjenige sich irrt, dürfen wir ihm deshalb nicht die Menschenwürde absprechen. Was wir aber dürfen ist: nach Wegen suchen, ihn zu überzeugen. Wir dürfen Brücken bauen.

Wie kann ich die Mittel der Kommunikation systematisch verwenden, um andere Menschen zu überzeugen und um meine Ziele zu erreichen? Wie bringe ich Menschen dazu, sich mit dem zu beschäftigen, was ich zu sagen habe? Wenn es nicht die Fakten sind – was ist dann das Geheimnis der Überzeugungskraft? Kurz: Warum werden manche Dinge relevant und andere nicht?

Die Antwort lautet nicht selten: Sprache. Darum ist Sprachbewusstsein so hilfreich. Denn bewusstes Formulieren leistet genau das, was Fakten allein nicht leisten können: Bewusst sprechen heißt Bücken bauen.

## Ein Wort kann den Unterschied machen

Wie groß der Einfluss der Sprache ist, zeigt sich daran, wie sehr ein einzelnes Wort das Denken über ein Thema beeinflussen kann – beim Einzelnen, aber eben auch in ganzen Gesellschaften. »Heuschrecken« als Begriff für Konzerne, die sich durch überfallartige Übernahmestrategien Macht über ganze Branchen aneignen, ist heute so tief in unserem Sprachgebrauch verankert, dass diese Definition sogar im *Duden* steht. Man könnte meinen, das Wort sei schon immer da gewesen, so verlässlich taucht es in der Debatte um die Geschäftspraktiken von bestimmten Wirtschaftsakteuren aus dem Finanzwesen ein ums andere Mal auf. Dabei wurde die Vokabel erst 2005 vom damaligen SPD-Vorsitzenden Franz Müntefering geprägt: In einer aktuellen Stunde des Bundestags sprach er von »Heuschreckenschwärmen« und meinte damit US-Beteiligungsgesellschaften, die deutsche Unternehmen übernommen hatten.[88]

Ein eindrückliches Beispiel dafür, wie sehr ein einzelnes Wort die Denkweise einer ganzen Gruppe von Menschen beeinflussen kann, ist eine Studie der Psychologen Lera Boroditsky und Paul Thibodeau. Sie gaben Probanden ihres Experiments folgenden Text zu lesen:

> *»Das Verbrechen ist eine Bestie, die die Stadt Addison heimsucht. Vor fünf Jahren befand sich Addison in einem guten Zustand. In den vergangenen fünf Jahren jedoch sind die Abwehrsysteme der Stadt schwächer geworden, und die Stadt ist dem Verbrechen erlegen. Heute gibt es mehr als 55 000 kriminelle Zwischenfälle im Jahr – ihre Zahl hat um mehr als 10 000 zugenommen … Was braucht Addison Ihrer Meinung nach, um die Kriminalität zu reduzieren?«*[89]

Die Antwort einer deutlichen Mehrheit der Probanden, nämlich 71 Prozent, war folgende: Die Verbrecher müssen gejagt, hinter Gitter gebracht und noch härter bestraft werden als bisher.[90]

Dann legten die Durchführenden einer anderen Gruppe von Probanden denselben Text vor – mit einer scheinbar winzigen Änderung: Statt als »Bestie« wurde das Verbrechen nun als »Virus« bezeichnet. Und ein Virus ist nun mal kein absichtsvolles Individuum, das anderen bewusst und aus freier Entscheidung schadet, sondern ein Krankheitserreger, gegen den der menschlichen Erfahrung folgend Prävention helfen kann. Und dieser Unterschied wirkte sich deutlich aus: In der zweiten Gruppe war die Mehrheit der Teilnehmer der Meinung, man müsse die Ursachen der Kriminalität ergründen, Armut bekämpfen und Bildungschancen verbessern. Scheinbar gab ein einziges Wort den Ausschlag darüber, aus welcher Perspektive sie Kriminalität betrachteten. Und nicht nur das: Das eine Wort hatte offenbar auch einen Einfluss darauf, wie sie in der Konsequenz zu handeln bereit waren, also auch mit den Kriminellen umgehen wollten.[91] Wie über Themen gesprochen wird, hat folglich, bis hinein in die Wortwahl, Auswirkungen darauf, mit welchen Strategien Menschen Herausforderungen in ihrer Gesellschaft begegnen – und letztlich auch einander.

Nicht minder frappierend ist, wie leicht es ist, eine Veränderung dieses Verhaltens durch kleine sprachliche Modifikationen herbeizuführen. So erfuhr ich in einem Vortrag von einem Experiment, bei dem Zeugen eines Unfalls auf verschiedene Art und Weise befragt wurden. Das Ziel war zu ergründen, welchen Einfluss die Wortwahl bei der Befragung auf ihre Antworten haben würde. Ein Teil der Zeugen wurde gefragt: »Wie schnell war das Auto Ihrer Meinung nach, als es dem anderen Auto hinten *aufgefahren* ist?« Die anderen Zeugen hörten eine andere Frage: »Wie schnell war das Auto Ihrer Meinung nach, als es dem anderen Auto hinten *draufgebraust* ist?« In der letzteren Gruppe gaben signifikant mehr Menschen an, das auffahrende Auto sei zu schnell gewesen.

Dieser Unterschied in der Wortwahl kann also den Unterschied zwischen einem Akteur und einem Aggressor, einem Beteiligten und einem Täter machen – in der Wirtschaft, in der Juristik, aber auch in unseren ganz alltäglichen Gesprächen. Deshalb ist es unglaublich wichtig, dass wir uns mit unserem Sprachgebrauch und unserer Wortwahl auseinandersetzen und Worte bewusst verwenden. Sprache macht den Unterschied: Worte wirken sich direkt auf menschliche Entscheidungen und Verhalten aus. Und wir können entscheiden, welche Worte wir verwenden, welche Wirkung wir damit erzielen, und welches Klima wir damit in unserer Umgebung fördern. Jeder von uns wählt selbst, welche Worte er verwendet und welche Wirkung er damit erzielt.

Ich gebe Teilnehmern in meinen Seminaren gern einen Satz guter Worte an die Hand, Begriffe wie »Würde«, »Anmut«, »Habseligkeit« – besondere, schöne Worte, die wir im Alltag selten verwenden. Dann bitte ich sie, diese Worte in vorhandene Redetexte einzuflechten, also gezielt mit schönen Worten zu arbeiten. Oft verändert das die Tonalität der Texte völlig; selbst tendenziell negative, urteilende Texte werden plötzlich freundlicher und konstruktiver. Wenn Worte uns beeinflussen können, dann können sie die Welt auch zum Besseren verändern.

## Die richtige Sprache finden

Der stärkste Beweis dafür, wie sehr uns Sprachbewusstsein im Alltag helfen kann, ist, dass es sogar bei Kindern funktioniert. Eltern wissen: Eine schwierigere Zielgruppe gibt es nicht in der Kommunikation. Denn wirklich gern, lange und nachhaltig beschäftigen sich Kinder nur mit Dingen, die ihnen Spaß machen. Die Eltern-Kind-Kommunikation ist nur eines von vielen Spielfeldern, in denen die richtige Formulierung Wunder bewirken kann.[92]

Die Psychologin Mechthild von Scheurl-Defersdorf bezeichnet die Fähigkeit des gezielten, achtsamen Formulierens in diesem Zusammenhang als »Wortbewusstsein«: Nur wenn wir uns wirklich bewusst Gedanken darüber machen, was wir mit bestimmten Worten bei unserem Gegenüber bewirken, können wir auch die Worte wählen, die für den gewünschten Effekt am relevantesten, also am wirkungsvollsten sind.

Oft reicht es schon, wenn wir Worte wörtlich nehmen. Das macht im Alltag viel öfter einen Unterschied, als uns bewusst ist, bevor wir darüber nachgedacht haben. Es ist zum Beispiel ein himmelweiter Unterschied, ob wir sage: Jemand ist »im Marketing *tätig*« oder »für das Marketing *verantwortlich*«.

**Relevanzlupe:**
**Wortbewusstsein stärken durch die Geschmacksprobe**

Kauen Sie einmal darauf herum, indem Sie den Satz mehrfach laut aussprechen: »Ich bin im … tätig.«

Wie fühlt sich das an, wie schmeckt das? Machen Sie dann die Gegenprobe mit der alternativen Formulierung: »Ich bin für … verantwortlich.«

Wie verändert sich das Gefühl, inwiefern schmeckt die Formulierung anders?

Vieles sagen wir auch im Spaß und sind uns gar nicht bewusst, wie leicht der Scherz nach hinten losgehen kann. Das ist zum Beispiel der Fall, wenn ein Kollege mich um etwas bitten möchte und dabei mit dem Satz startet: »Ich habe ein Attentat auf dich vor!«[93] Da habe ich schon keine Zeit, bevor er auch nur ein Wort darüber verloren hat, worum er mich eigentlich bitten möchte …

Aus mangelndem Wortbewusstsein heraus haben wir gar nicht auf dem Schirm, was wir mit manchen Formulierungen anrichten. Durch die Ankündigung eines »Attentats« werden im Gehirn des anderen automatisch Widerstände ausgelöst, ob er das will oder nicht. Und dann wundern wir uns, wenn wir eine barsche Reaktion bekommen!

Nun werden wir uns im Alltag auch durch einen bewussten Umgang mit Sprache nicht für jede Eventualität absichern können. Doch das Beispiel zeigt, wie tief das Prinzip greifen kann: Die Formulierung kann direkt über die Wirkung entscheiden. Es ist keineswegs so, dass eine Botschaft nur irgendwie in die Welt muss, und sie wird ihren Zweck erfüllen. Erst die richtigen Worte sorgen für die gewünschte Wirkung.

Wir wirken nicht mit unserem Denken, wir wirken erst mit unserem Sprechen. Diesen Unterschied machen wir uns oft nicht bewusst: Die Menschen wissen nur das über uns und können nur auf das reagieren, was den Weg von unserem Bewusstsein in ihr Bewusstsein schafft. Wir dürfen erst dann erwarten, verstanden zu werden, wenn wir unser Möglichstes dafür getan haben. Und dabei kommt es auf jedes Wort an!

Ein Anwendungsbeispiel aus der Eltern-Kind-Kommunikation, bei dem mir das Sprachbewusstsein wirklich weitergeholfen hat: Mein Sohn Leo hatte, wie viele Kinder in diesem Alter, eine Wutphase. Das ging so weit, dass er andere Kinder nicht nur verbal angriff, sondern einmal sogar ein anderes Kind auf der Straße schubste. In dieser Situation steht man als Eltern vor der Frage: Wie bringe ich mein wütendes Kind dazu, sich mit dem Thema Wut im Allgemeinen und mit psychologischen Strategien für mehr Gelassenheit im Besonderen auseinanderzusetzen?

»Leo, wir müssen über deine Wutausbrüche reden!« – so wird das ganz sicher nichts. Leo ist zu jung, um seine Wut neutral von außen zu betrachten und mit rationalen Maßnahmen darauf zu reagieren. Und schon gar nicht hat Leo Lust darauf – schließlich rührt seine Wut daher, dass er sich ungerecht behandelt fühlt. Warum sollte er seine Verhaltensweisen durch solche ersetzen, die andere gern sehen würden?

**Relevanzlupe:**
**Kinder erreichen**

Für Eltern ist das eine riesige Herausforderung: Relevantes auch dem Kind relevant erscheinen lassen, ist einer der anspruchsvollsten Aspekte der Erziehung und die zentrale Kompetenz in der Eltern-Kind-Kommunikation. Gerade in jungen Jahren müssen wir bei unseren Kindern teilweise existenziell wichtige Weichen stellen. Dabei verlangen wir ihnen manchmal große Veränderungen ab. Das kann nur klappen, wenn wir in der Lage sind, unseren Kindern Relevanz zu vermitteln: Das ist für dich wichtig, auch wenn es dir nicht so vorkommt.

Der entscheidende Schritt bei dem Versuch, das Verhalten von Kindern zu ändern, ist der Perspektivenwechsel bei der Ansprechhaltung. Ein Schlüssel kann sein: aufhören, die schwierige Verhaltensweise zu kritisieren. Also nicht: »Du darfst andere Kinder nicht schubsen, du musst deine Wut in den Griff kriegen, du darfst nicht aggressiv sein …«

Eine auf den ersten Blick kleine Veränderung dieser Ansprechhaltung macht einen riesigen Unterschied! Sobald wir den Pfad der Kritik verlassen und stattdessen nach der Fertigkeit suchen, die das Kind braucht, um mit der Schwierigkeit umzugehen, wird das Kind mit einer ganz anderen Energie bei der Sache sein. Kinder lieben es zu lernen.

Noch besser funktioniert diese effektive Strategie der Psychologin Mechthild von Scheurl-Defersdorf,[94] wenn wir dieser vom Kind gewünschten und freiwillig angestrebten Fertigkeit auch noch einen Namen zuschreiben, mit dem es positive Assoziationen hat. Dann wird es sogar begeistert bei der Sache sein und aus eigenem Antrieb an der Verhaltensänderung arbeiten. Deshalb ist es für die Motivation wichtig, dass das Kind selbst der Fertigkeit ihren Namen gibt. Die Eltern dürfen bei der Suche moderieren und Fragen stellen, aber das Kind soll selbst erkennen, welche Fähigkeit es braucht und wie es sie nennen will.

Diese Methode ist ungeheuer effektiv und greift bei den meisten typischen Verhaltensthemen, die bei Kindern in den kritischsten Entwicklungsjahren anfallen.

Worum es bei Leo ging, war uns allen bewusst, einschließlich meinem Sohn selbst: Leo suchte nach Gelassenheit, Ruhe, Kontrolle. Und tatsächlich war er selbst es, der ohne lange zu überlegen spontan mit einem Namen für die Fertigkeit bei der Hand war. Gelassenheit, Ruhe, Kontrolle? Für Leo war sofort klar: »Das ist die Manuel-Neuer-Fähigkeit!«

In der Tat ist für einen Manuel Neuer Gelassenheit eine wichtige Kompetenz: Er darf sich nicht durch das Gebrüll aus dem anderen Fanblock, Gerüchte um seine Leistungsfähigkeit oder heranstürmende Gegner aus der Ruhe bringen lassen. Er muss Ruhe bewahren, einfach mal weggehen können und sich unter Kontrolle haben, um das zu tun, was er am besten kann.

Für uns war Leo seit diesem Tag erkennbar auf dem Weg zu einer gelasseneren Persönlichkeit; aus seiner Sicht arbeitete er einfach an seiner Manuel-Neuer-Fähigkeit. Entscheidend ist für beide Seiten: Es funktioniert. Leo lernte etwas, das sehr wichtig für ihn ist, seit das Thema als positive Fertigkeit besetzt ist, mit der er sich gern beschäftigt. Uns geht es besser, weil Leo einen Kanal zu dem wichtigen Thema gefunden hat und sich wohler fühlt.

Das ist übrigens grundsätzlich eine sinnvolle Strategie: Vieles, was wir als Problem betrachten, lässt sich in eine Fähigkeit verwandeln, wenn wir unser Sprachbewusstsein nutzen und nach passenden Deutungsmustern suchen. Was in der Eltern-Kind-Kommunikation extrem effektiv ist, funktioniert auch bei der Arbeit oder in Paarbeziehungen. Die passende sprachliche Form finden wir ganz einfach, indem wir den Menschen zuhören, die wir erreichen wollen. Sei es nun eine Metapher, eine Personifizierung oder – je nach Publikum – manchmal vielleicht auch eine hochgradig fachspezifische Analogie. Das Prinzip ist immer dasselbe. Sprachbewusstsein heißt: Ich spreche deine Sprache.

Nichts anderes als die Übertragung derselben Idee ist die Kampagne »Fun Theory« von Volkswagen. Das Unternehmen selbst beschreibt die 2009 gestartete Reihe von Social-Media-Videos als Versuch, Menschen bei Verhaltensänderungen zu unterstützen: »Wir glauben, dass der einfachste Weg, dass Menschen ihr Verhalten zum Besseren verändern, darin besteht, dass es Spaß macht.«[95] Zum Beispiel, so die Theorie, sei es möglich, dass Menschen sich freiwillig umweltfreundlicher verhalten, wenn die Verhaltensänderung an eine Belohnung geknüpft ist: nämlich dass die Alternative Spaß macht. Für einen Teil der Versuchsreihe bauten die Ingenieure zum Beispiel einen Glas-Recyclingcontainer, der nicht mehr Flaschencontainer hieß, sondern »Bottle Bank Arcade«, etwa: »Flaschen-Spielautomat«. Und so funktioniert er auch: Jede korrekt in eine von sechs blinkenden Öffnungen eingeworfene Flasche quittiert der Automat mit einem lustigen Geräusch und der Erhöhung des Punktestands auf seinem Display. An nur einem Abend wurde der Container von knapp hundert Menschen benutzt – ein normaler Flaschencontainer ganz in der Nähe nur zweimal.[96]

Was die Macher damit erreichten, ist nichts anderes als dasselbe Verhalten, das auch Umweltschützer und Verwaltungsbehörden den Menschen seit Jahrzehnten beibringen wollen – mit mäßigem Erfolg. Hinweisschilder und Strafandrohungen, wie sie in Parks und Recyclinganlagen häufig zu finden sind, haben sich als wenig effektiv erwiesen. Sobald das Konzept statt »Recycling« nun aber »Spaß« lautet, ändern mehr Menschen ihr Verhalten freiwillig. Es ist ähnlich wie bei Leo: Mit der Androhung von Bestrafung werde ich seine Wut nicht lindern, sondern eher noch steigern. Kaum ist mit der »Manuel-Neuer-Fähigkeit« eine Herausforderung im Spiel, die ihm Spaß macht, arbeitet er gern an seinem Verhalten. Wenn Sie Einfluss auf das Verhalten von Menschen nehmen wollen: Sorgen Sie dafür, dass es Spaß macht.

Und wieder höre ich die Stimme meiner Frau, der Lehrerin: »Ja, das kenne ich. Bei uns heißt das Pädagogik ...«

**Relevanzlupe:**
**Die zentrale Frage für überzeugende Formulierungen**

Sprachbewusstsein ist für jeden wichtig, der das Ziel hat, Menschen zu einem bestimmten Verhalten anzuregen. Das kann der Umweltschützer oder Menschenrechtsaktivist sein, der Menschen zur aktiven Mithilfe bewegen will; der Trainer, dessen Teilnehmer am Ende der Veranstaltung einen Feedback-Bogen ausfüllen sollen; der Vater, der sein Kind zu mehr Ordnung animieren will. Die Vorgehensweise ist immer die gleiche: Eine Botschaft »sprachbewusst« zu formulieren heißt, sie in die Welt des anderen übersetzen. Die zentrale Relevanzfrage lautet dabei immer: Wie bringe ich Menschen dazu, sich mit dem Thema zu beschäftigen? Finden Sie eine gute Antwort auf diese Frage, und Ihre Initiative wird Wirkung zeigen.

## Sprachbewusstsein in der Praxis: Relevanztools für Spezialisten

Natürlich lässt sich Sprachbewusstsein, die gezielte Suche nach überzeugenden Formulierungen, beruflich hervorragend einsetzen – um Ihre Ideen in der Firma voranzubringen, Ihre Produkte zu präsentieren oder die DNA Ihres Unternehmens zu kommunizieren. Vor allem letzteres ist heute, im Zeitalter von Social Media, wichtiger und effektiver als jede klassische Werbemaßnahme. Ein Unternehmen, das extrem bewusst mit

Sprache umgeht, um Kunden auf sich und seine Produkte aufmerksam zu machen, ist einer meiner liebsten Kunden: der Schraubwerkzeughersteller Wera.

Das mittelständische Unternehmen aus Wuppertal ist Teil eines hart umkämpften Markts: Hersteller von Schraubwerkzeugen gibt es viele, und die Konkurrenz ist nicht nur namhaft, sondern auch mit mächtigen Marketingabteilungen ausgestattet. In einem solchen Wettbewerbsumfeld die eigene Relevanz herauszustellen, ist keine leichte Aufgabe – vor allem, wenn das Produkt sich auf den ersten Blick nicht gerade als Objekt irgendeiner Begierde anbietet. Wie viel Fantasie werde ich brauchen, um ein Werkzeug attraktiv zu finden? Das fragte ich mich bei meinem ersten Kontakt mit Wera vor vielen Jahren. Damals stellte sich Verkaufsleiter Ralf Tessun mir vor und sprach von Erotik, als er mir seine Produkte beschrieb. Später hörte ich ihn bei meinen Veranstaltungen ausführlicher über seine »Babys« sprechen und war schwer beeindruckt: Die Teilnehmer hingen an seinen Lippen, als er Drehmomente, Schraubdreher und Ratschen beschrieb. Selten habe ich jemanden erlebt, dessen Euphorie sich so schnell auf andere überträgt. Er ist einer der »Frontmänner« von Wera und hat das perfektioniert, was seine Marke so erfolgreich macht: Werkzeug emotionalisieren.

Wera findet einzigartige Antworten auf eine extrem anspruchsvolle Frage: Wie bringt man ein Low-Interest-Produkt als Highlight-Produkt in die Köpfe seiner Kunden? Wenn Sie bis heute geglaubt haben, ein Schraubendreher könnte nicht sexy sein und relevante Kommunikation kein Alleinstellungsmerkmal, dann haben Sie die Rechnung ohne die »Tool Rebels« gemacht: So nennen die Wera-Mitarbeiter sich selbst und die Menschen, die ihr Werkzeug benutzen. Auf der Webseite wird die Formulierung sogar explizit gedeutet, das Deutungsmuster also mitgeliefert: »Der Ausdruck Tool Rebel (von lat. Rebellis, ›aufständisch‹) bezeichnet in seinem Umfang jemanden, der ungewöhnliche Wege geht und Werkzeug sozusagen neu erfindet. Der nicht mit vorhandenen Standards zufrieden ist. Der gerne den Status Quo in Frage stellt.«[97]

Und die sprachbasierte Kommunikationsstrategie funktioniert: Wera beliefert heute Weltmarken wie Apple und Boeing und genießt als Marke selbst so etwas wie Kultstatus. Der Grund dafür: Relevanz durch Sprachbewusstsein – auf ganz hohem Niveau.

## Relevanzhelfer Storytelling

Nicht nur Unternehmen wie Wera nutzen heute Storytelling. Auch viele öffentliche Persönlichkeiten rahmen ihre Botschaft mit ihrer persönlichen Geschichte, um mehr Aufmerksamkeit für ihr Anliegen zu erzielen. Der Grund dafür ist, dass es viele Thesen gibt, denen wir ohne einen geeigneten Rahmen gleichgültig gegenüberstehen – oft einfach deshalb, weil wir sie so oder so ähnlich schon tausendmal gehört haben. Und doch kommen wir zum Beispiel als Führungskräfte immer wieder mal in die Lage, sie verwenden zu wollen oder sogar zu müssen: »Wir brauchen eine klare Vision«, »Wir müssen an einem Strang ziehen«, »Wir müssen der Veränderung gegenüber aufgeschlossen sein« ... Es gibt viele dieser Sätze, die die Menschen manchmal nicht mehr hören können und die doch immer wieder Gültigkeit haben. Die Frage ist: Wie füllt man sie mit Relevanz, also: Wie macht man sie neu für die Menschen interessant?

Ein nachweislich effektiver Weg, das zu tun, ist Storytelling. Eine gute Geschichte kann eine These nicht nur lebendig werden lassen, sondern Zuhörer sogar messbar in Handlungsbereitschaft versetzen. Der Grund ist, dass Storytelling die Bereiche unseres Gehirns, in denen sich wichtige Erfahrungen dauerhaft einprägen und die bei Verhaltensänderungen bedeutsam sind, durch reine Fakten und neutrale Aussagen nicht erreicht werden. Storytelling ist besser mit unserem Gehirn kompatibel als abstrakte Thesen. Es fesselt, wo neutrale Aussagen langweilen, weil es abstrakte Zusammenhänge durch Narrative ersetzt – und dadurch wirkt es lebensnäher, realer und unterhaltsamer. Doch es kann noch mehr: Storytelling kann unsere Haltung ändern und unser Verhalten beeinflussen.

Der amerikanische Neurobiologe William Casebeer und der Neuroökonom Dr. Paul J. Zak haben die Wirkung von Geschichten auf das menschliche Gehirn mit neurowissenschaftlichen Methoden untersucht.[98] Sie konfrontierten ihre Probanden mit verschiedenen, mehr oder weniger emotionalen Storys, und nahmen ihnen unmittelbar danach Blut ab. Anhand der Laborwerte fanden sie heraus, dass emotionale Geschichten Kortisol und Oxytocin freisetzen. Kortisol fokussiert unsere Konzentration: Je mehr davon die Probanden ausschütteten, desto bedrückender nahmen sie die Geschichte wahr und gaben sich ihrer Traurigkeit hin. Oxytocin ist im Gehirn für das Beschützen, das Gefühl von Verbundenheit und Empathie zuständig. Je mehr Oxytocin die Probanden produzierten, desto mehr Mitgefühl empfanden sie für die Protagonisten einer besonders traurigen Geschichte über einen krebskranken Jungen und seinen Vater.[99]

Doch damit nicht genug: Die beiden Botenstoffe lösten bei den Probanden nicht nur Gefühle, sondern auch Handlungsbereitschaft aus. Die Forscher gaben den Teilnehmern nach der Geschichte die Möglichkeit, ihre finanzielle Entschädigung für die Teilnahme am Experiment mit Fremden zu teilen, die ebenfalls im Labor anwesend waren. Und tatsächlich: Diejenigen Probanden, in deren Blut sowohl Kortisol als auch Oxytocin nachgewiesen werden konnten, zeigten sich dabei großzügiger als die, bei denen das nicht der Fall war. Mehr noch: Die ausgeschüttete Menge von Kortisol und Oxytocin ließ Rückschlüsse darüber zu, wie viel Geld die Probanden abzugeben bereit waren – ein Effekt, den die Forscher in weiteren Experimenten bestätigen konnten.[100]

Storytelling kann tatsächlich das Verhalten von Menschen beeinflussen, indem es Einfluss auf die neurochemischen Reaktionen unseres Gehirns nimmt. Durch bewegendes Storytelling entsteht eine gefühlte persönliche Verbindung zwischen den Zuhörern und den Protagonisten, mit der Botschaft und auch der Person, die die Geschichte vorträgt. Je stärker die Gefühle, desto größer die Handlungsbereitschaft, welche die Story erzeugt.

Diesen Effekt können Sie nutzen, um Ihren Thesen durch Storytelling mehr Relevanz zu verleihen. Allerdings müssen zu diesem Zweck einige grundlegende Bedingungen der Geschichte erfüllt sein.

**Relevanzlupe:**
**Tipps für relevantes Storytelling**

- Denken Sie bei der Vorbereitung auf Ihre Rede darüber nach, welche Erkenntnis oder welches Verhalten Sie bei den Menschen erzielen wollen.
- Überlegen Sie, welche Gefühle geeignet sind, dieses Verhalten zu begünstigen.
- Wählen Sie eine Geschichte aus, die geeignet ist, das gewünschte Gefühl hervorzurufen, zum Beispiel Empathie.
- Beschreiben Sie Ihre Protagonisten, zum Beispiel sich selbst, so, dass das Publikum sich mit ihnen identifizieren kann und sie verstehen will.
- Verleihen Sie der Geschichte einen Spannungsbogen, indem Sie einen Konflikt und eine möglichst emotionale Auflösung einbauen.
- Setzen Sie am Ende Ihrer Rede einen direkten Handlungsimpuls, indem Sie ein konkretes Verhalten vorschlagen.

Um sich ein Bild von der konkreten Umsetzung dieser Tipps zu machen, empfehle ich Ihnen folgende Reden als Anschauungsmaterial:

- Ken Robinson: »Erstickt Schule die Kreativität?«[101]
- Steve Jobs: »Bleibt hungrig, bleibt tollkühn.«[102]
- René Borbonus: »Die Geschichte von Wang Zhaoyuan.«[103]

### Biografisches Storytelling: Menschen stehen für Botschaften

Ein Werkzeug, um dafür zu sorgen, dass wichtige Thesen tatsächlich als relevant wahrgenommen werden, ist das biografische Storytelling. Wenn Menschen eine Botschaft mit einem Gesicht und einer Handlung identifizieren können, prägt sie sich nicht nur besser ein, sondern bekommt auch hohen emotionalen Wert. Gerade bei relativ geläufigen oder inflationär gebrauchten Botschaften, wie wir sie etwa im Arbeitsalltag oder in der Führung immer wieder bemühen, ist das hilfreich: Durch die Person wird auch die These aufs Neue interessant – selbst wenn es eine These ist, die uns in ihrer Reinform nicht vom Hocker haut.

Wie sehr bewegt Sie zum Beispiel die These: »Jeder kann die Welt verändern!« Oder deren Abwandlung: »Auch als Einzelner kannst du viel erreichen!« Wir hören sie immer wieder, gerade wenn es um persönlichen Erfolg oder auch um dringende aktuelle Themen wie den Umweltschutz geht. Aber wenn wir ehrlich sind, glauben wir sie nicht wirklich. Was soll ich allein schon bewirken? Wie soll ich den Planeten retten? Welchen Unterschied kann ich schon machen?

Hier dieselbe These noch einmal anders: Schon seit Langem bewundere ich einen jungen Mann namens Felix Finkbeiner. Er begann im Alter von 9 Jahren, sich für den Klimaschutz zu engagieren. Sein Ziel damals wie heute: ein Bewusstsein für globale Gerechtigkeit und den Klimawandel zu schaffen. Also gründete er eine Initiative namens Plant for the Planet.

Schon allein die Idee zur Durchsetzung zu bringen, ist ein

starkes Stück für einen Neunjährigen. Doch da lief Felix sich gerade mal warm. 2009 startete er eine weltweite Kommunikationskampagne mit dem Titel »Stop talking. Start planting«. Auf den Kampagnenbildern war Felix zu sehen, wie er Prominenten von Harrison Ford über Gisele Bündchen bis hin zu König Felipe von Spanien den Mund zuhält. Zwei Jahre später, mit 13 Jahren, sprach Felix Finkbeiner vor den Vereinten Nationen in New York.

Noch als Teenager gelang es ihm, weltweit einige Milliarden Bäume zu pflanzen – mit vereinten Kräften im Rahmen seiner Initiative Plant for the Planet. Sie wird inzwischen von Hunderttausenden Kindern weltweit unterstützt – und nicht nur von ihnen, sondern auch von Prominenten, Politikern und Wissenschaftlern.

Heute reist Felix noch immer als Botschafter von Plant for the Planet und eine lebenswerte Zukunft für unsere Kinder um die Welt. Mit der »Billionen-Bäume-Kampagne« hat er seiner Initiative ein klares Ziel gesetzt und ist auf dem besten Weg, es zu erreichen. Weil er bewiesen hat, wie viel er zu erreichen in der Lage ist, wird er von internationalen Gremien, die beim Klimaschutz wirklich etwas bewirken und entscheiden können, äußerst ernst genommen. Er hat heute eine gewichtige Stimme in Umweltfragen – im globalen Kontext. Felix hat Unglaubliches erreicht und ist der lebende Beweis dafür, dass man weder berühmt noch prominent, ja noch nicht einmal erwachsen sein muss, um etwas zu verändern.

Die üblichen Ausreden greifen nicht, wenn wir einem Menschen wie ihm gegenüberstehen. Seine Geschichte erzeugt eine solche Resonanz, dass die Stimmung sich völlig verändert. Plötzlich mag niemand mehr die übliche Floskel aussprechen, die uns bei Zukunftsthemen sonst immer so leicht über die Lippen geht: »Was kann ich allein denn schon ausrichten!« Felix demonstriert seit zehn Jahren, wie man als Einzelner tatsächlich eine Delle ins Universum schlagen kann – frei nach Steven Jobs, einem anderen Dellenschläger.

Dabei ist Felix' Geschichte nichts anderes als dieselbe These in anderem Gewand: »Allein kann man viel erreichen.« Die Geschichte eines Menschen kann uns sogar von Thesen überzeugen, denen wir distanziert gegenüberstehen. Durch seine Geschichte werden Themen wie Klima und Umwelt extrem relevant für Kinder, weil sie seine Welt als Kind erleben dürfen.

Meine beiden Söhne sind inzwischen »Botschafter für Klimaschutz« und damit Teil von Felix' Bewegung. Sie können dort mit anderen eine Veränderung erleben: Kinder bringen Kindern etwas über den Klimawandel bei. Die ganze Bewegung ist eine gemeinschaftliche Aktion, die zu einem gemeinsamen Ziel führt. Mein jüngerer Sohn, der bei einer Veranstaltung mit Felix der jüngste Teilnehmer war, hatte danach die unbändige Lust, in seiner Klasse ein Referat über Klimawandel zu halten, weil die Begeisterung der anderen ihn angesteckt hatte. Kaum zu glauben: Ein Sechsjähriger geht zu seiner Lehrerin und fragt, ob er ein Referat zum Thema Klimawandel halten *darf*! Und mein älterer Sohn organisiert derzeit einen Verkaufsstand für die Plant-for-the-Planet-Schokolade, deren Erlöse in den Klimaschutz fließen.

Dieser Multiplikationseffekt ist auf die Macht von Felix' persönlicher Geschichte zurückzuführen – darauf, wie er sein persönliches Herzensthema kommuniziert – und auf die Schokolade, vielleicht. Schokolade hilft. So werden Themen relevant: Nicht nur Kinder, alle Menschen sind begeisterungsfähig, wenn sie in ihrer Welt abgeholt werden.

Noch eine populäre These: »Lieber kleine Schritte machen als große, aber die richtig!« Wenn eine Führungskraft sich hinstellt und diese Weisheit zum Besten gibt, geben wir erst einmal nicht viel darauf. Schließlich wird uns von den Überfliegern vom Dienst seit Jahren das Gegenteil eingehämmert: »Go big or go home!« Mit der These von den kleinen Schritten steht man also ziemlich verloren da – oder?

Versuchen wir es noch einmal anders: mit der Geschichte von Jane, der Erfinderin von Sugru. Das ist eine selbst aushärtende Knete, mit der sich so ziemlich alles reparieren, anpassen oder optimieren lässt – vom Kabelbruch über den Messergriff bis zum Riss in der Schüssel. Klingt nützlich, oder? Jane entwickelte das Produkt noch als Studentin in London, zunächst eher zufällig und nebenher. Sie war von ihrem Produkt derart überzeugt, dass sie alle Vorsicht über Bord warf, denn sie war sich sicher: Sugru wird das nächste Tesa. Damit kann man alles machen, und irgendwann wird jeder es in der Schublade haben!

Nach einer jahrelangen, schwierigen Entwicklungsphase, ersten Investitionsrunden und ambitionierten Kontakten zu großen Herstellern schlug 2008 die Finanzkrise zu, und das Projekt lag sozusagen im Sterben: Die großen Ambitionen schienen an eine Grenze zu stoßen. Jane und ihre Partner hatten all ihr Geld investiert, um Sugru im großen Stil in den Markt zu drücken – und waren spektakulär gescheitert. Der große Traum war offenbar eine Nummer zu groß gewesen – und nun war er geplatzt.

Über Weihnachten desselben Jahres traf Jane sich mit einer alten Freundin zum Tee. Und die gab ihr einen Rat. Salopp formuliert sagte sie: »Jane, komm mal runter. Fang noch mal von vorn an – dieses Mal in kleinen Schritten, aber dafür richtig.« Jane erkannte sofort: Ihre eigenen Ambitionen hatten ihr im Weg gestanden. Sie hatte immer nur im riesigen Maßstab gedacht: Sugru musste an jeder Ecke für jeden verfügbar sein und in jedermanns Schublade liegen, ganz oder gar nicht. Und mit dieser Haltung hatte sie sich übernommen.

Jane fing also noch einmal so an, wie die Freundin es ihr geraten hatte: in kleinen Schritten. Noch einmal sammelte sie Geld von einem Investor – gerade genug, um Sugru in einem kleinen Online-Shop unabhängig selbst zu verkaufen. Sie und ihr Team mixten die Knete selbst zu Hause. Sie gingen auf Veranstaltungen und zeigten den Anwendern ihr Produkt. Sie schickten Proben an Journalisten – alles in Eigenregie, alles im kleinen Rahmen.

Einer der Journalisten – der Einzige, der überhaupt reagierte – gab Sugru eine Topbewertung auf einer sehr populären Webseite. Blogger sprangen darauf an. Innerhalb von sechs Stunden verkaufte Jane tausend Packungen Sugru. Plötzlich standen große Investoren vor der Tür. Das *Time Magazine* berichtete über das Produkt als eine der Top-50-Innovationen von 2010, in einer Reihe mit dem iPad. Jane gewann einen Entwicklerpreis, und mit einem Mal war alles ganz groß.

Heute, viele kleine Schritte später, ist Sugru der Riesenerfolg, von dem Jane immer geträumt hatte. Es ist bei über 5000 Händlern in 176 Ländern rund um die Welt erhältlich und gehört zur Tesa-Gruppe. Jane hält derweil Vorträge über ihre Geschichte – eine Geschichte darüber, wie man mit kleinen Schritten Großes erreichen kann.[104] Janes Story zeigt: Die passende Geschichte kann sogar Botschaften Relevanz verleihen, die dem Mainstream diametral entgegenstehen. In diesem Fall dem Glaubenssatz: »Think big!«

**Relevanzlupe:**
**Mut zur eigenen Story**

Es müssen nicht immer prominente Geschichten sein, die einer Botschaft zu großer Wirkung verhelfen – es kann genauso gut Ihre eigene sein! Persönliches Storytelling kann die Wirkung jedes Anliegens verstärken, das Sie Ihrem Publikum nahebringen wollen. Wenn Ihr Herzensprojekt finanziert werden will, konstruieren Sie die Crowdfunding-Kampagne emotional – erzählen Sie, was für Sie persönlich dahintersteckt und was Ihnen daran liegt. Wenn die Moral in Ihrem Team durchhängt, erzählen Sie die Gründungsgeschichte noch einmal neu. Und wenn Ihre Präsentation hinkt, hängen Sie sie doch mal an einer starken Geschichte auf. Biografisches Storytelling ist genauso vielseitig wie wirksam.

## Zuhörer in die richtige Stimmung versetzen

Neben der Persönlichkeit des Absenders wirken sich noch andere Einflussfaktoren darauf aus, wie offen Menschen eine Botschaft aufnehmen und ihr folgen. Der Psychologe Robert Cialdini hat untersucht, wovon es abhängt, ob Menschen sich von einer Botschaft überzeugen lassen oder nicht – die Botschaft also Relevanz entfaltet oder nicht.[105] Warum sagen Menschen Ja zu einem Produkt, einem Projekt, einem Plan, einem gewünschten Verhalten?

Er fand heraus: Die überzeugendsten Menschen in Berufen, in denen es gerade auf die Überzeugungskraft ankommt, legen sehr großen Wert darauf, ihren Botschaften emotional den Boden zu bereiten. Mit anderen Worten: Sie bringen die Menschen erst einmal in die richtige Stimmung, bevor sie ihre Ideen, Produkte oder Vorschläge auf den Tisch legen. So betreiben viele erfolgreiche Verkäufer großen Aufwand, um erst einmal Vertrauen bei ihren Kunden zu erlangen, bevor sie mit dem Präsentieren beginnen.[106]

Beim Überzeugen kommt es in hohem Maß darauf an, den richtigen Moment zu erwischen, wenn Menschen für eine Botschaft offen sind. Und dieser Moment lässt sich herstellen und festhalten, indem man eine Offenheit für das fragliche Konzept herstellt. Überzeugende Menschen sind in der Lage, Aufmerksamkeit zu steuern. Mithilfe eines mentalen Konzepts – einer Haltung, einer Erinnerung, einer Überzeugung oder eines Gefühls – aktivieren sie die Bereitschaft für ihre Inhalte ganz gezielt.

So konnte Cialdini in Versuchen nachweisen, dass Menschen ganz unterschiedlich auf Botschaften reagieren, wenn sie zuvor mit bestimmen Schlüsselreizen vorgeprägt worden waren. So ließen sich mehr Menschen von dem Argument für einen Museumsbesuch überzeugen, dass das Museum bei vielen Menschen besonders beliebt sei, wenn sie zuvor einen Gewaltfilm gesehen hatten. Der Film hatte ihr Bedürfnis nach Sicherheit gesteigert und ließ die Zugehörigkeit zu einer Gruppe besonders attraktiv wirken. Auf eine Gruppe von Menschen, denen zuvor ein Liebesfilm gezeigt wurde, wirkte dagegen das Argument stärker, dass das Museum sich sehr gut für Individualisten eigne, weil es so besonders sei.[107] Der vorab ausgesendete Reiz »öffnete« die Menschen also für unterschiedliche Botschaften – er erzeugt ein Bewusstsein für die gewünschte Deutung.

Die Ergebnisse von Cialdini berühren in ihrem ganzen Ausmaß sogar ethische Fragen, so wirksam sind einige der aufgedeckten Methoden. Ohne in die Details einer Psychologie der Beeinflussung vordringen zu wollen, lässt sich für alltägliche Kommunikationszwecke festhalten: Emotionale Reize können Menschen gezielt für bestimmte Botschaften öffnen. Dazu muss auch keine besonders ausgefeilte psychologische Strategie im Spiel sein.

Manchmal verblüfft es mich immer noch, wie sehr der Rahmen darüber bestimmt, wie Menschen ein und dieselbe These wahrnehmen – und wie sehr schon eine kleine Änderung der sprachlichen Gestaltung die Offenheit für die These erhöhen kann. Für eine Veranstaltung hatte ich einen Autor und Redner gebucht, den ich unter anderem für seinen nüchternen, aber humorvollen Blick auf das menschliche Verhalten schätze: Frank Berzbach. Er ist christlich geprägt und nutzt die Religion auch immer wieder, um seine Botschaften zu untermauern.

In seinem Vortrag ergänzte er eine Erkenntnis, die er gerade formuliert hatte, mit folgender Erläuterung: »Eigentlich ist das christlich, aber ich nenne es buddhistisch, damit die Leute mir zuhören.« Damit sorgte er unter denjenigen Anwesenden, die selbst oft und viel vor anderen Menschen sprechen, für große Heiterkeit. Denn die Beobachtung konnten viele von uns teilen: An manchen Themen arbeitet man sich als Redner manchmal über Jahre vergeblich ab und wundert sich, warum man damit nicht durchdringt. Und dann schafft man durch eine kleine Kontextänderung oder auch nur durch ein anderes Etikett für denselben Inhalt einen neuen Anreiz, und plötzlich ist es, als hätten die Menschen nur darauf gewartet. Der Kontext entscheidet darüber, ob ich einer Botschaft Aufmerksamkeit schenke oder nicht.

## Relevante Lebensgestaltung

Auch über die Kommunikation hinaus haben sprachliche Deutungsmuster in unserem Alltag eine große Bedeutung. Mit bewusst oder unbewusst gewählten Formulierungen bestimmen wir nämlich unsere Prioritäten: was wir tun, wann, wie und warum. Und oft machen wir uns das gar nicht klar.

Eine der größten Paradoxien unseres Alltags ist, dass wir schlimme Perfektionisten geworden sind und gleichzeitig glauben, uns permanent weiter optimieren zu müssen. Auf welchen Irrweg wir uns damit begeben, hat eine Reihe von Untersuchungen gezeigt. Eine Studie zweier Psychologen von der Universität Kent etwa kam zu dem Schluss: Perfektionisten, die nach außen hin oft wirken, als hätten sie alles im Griff, gehen in Wirklichkeit nicht gut mit sich um. Sie geben sich eher selbst die Schuld an allem, was schiefgeht, beherrschen weniger positive Bewältigungsstrategien, verfügen über weniger Selbstakzeptanz – und sind am Ende des Tags unzufriedener.

Die Forscher unterschieden dabei zwischen Menschen, die zu perfektionistischen Bestrebungen einerseits oder zu perfektionistischen Sorgen andererseits neigten. Jene, die einen positiven Rahmen um ihre Ziele und Ambitionen setzten, also perfektionistischen Bestrebungen folgten, schnitten in den genannten Belangen besser ab und waren nachweislich zufriedener. Positives sprachliches Umdeuten erwies sich als sinnvolle Bewältigungsstrategie für persönliches Scheitern im Alltag – und tut besonders Perfektionisten gut, deren Sorgen verhindern, dass sie zufrieden auf ihr Tagwerk blicken.[108]

Wann Perfektionismus noch hilfreich ist, und ab wann er in Sorge umschlägt und zu einer Belastung wird, ist eine sehr individuelle Frage. Das Problem ist, dass wir sie uns in der Hektik moderner Lebensstile einfach gar nicht stellen. Deshalb fehlt uns auch ein Bewusstsein dafür, wann wir übertreiben. Sind wir doch ehrlich: Vielen Herausforderungen, die uns über den Kopf wachsen, stellen wir uns doch gar nicht, weil sie uns wichtig sind. Wir stürzen uns darauf, weil Facebook uns erzählt, dass andere das haben, können, tun oder behaupten.

Eine dieser Behauptungen, die wir jeden Tag zu hören bekommen, ist, dass man heute ja nie Zeit hat. Wir hören das ständig und schlucken es einfach. Und dann fühlt man sich allen Ernstes seltsam, wenn man selbst noch zu irgendetwas kommt, und sei es auch nur einmal im Jahr. Da ist doch was schiefgelaufen, wenn ich jetzt 5 Minuten nichts zu tun habe, mitten am Tag! Wenn ich am Sonntag Gelegenheit habe, mit meinen Kindern zu spielen – da stimmt doch irgendwas nicht! Wenn ich nicht 250 verschiedene Hotels im Jahr von innen sehe, kann ich doch gar nicht erfolgreich sein!

So denken wir Perfektionisten, Selbstoptimierer und selbst erklärte Überflieger, und so reden wir auch noch – als wäre es eine Auszeichnung, überlastet zu sein. Wir strafen und kasteien uns selbst, wenn uns etwas nicht gelingt. Wir bezichtigen nicht nur andere, anstatt sie zu widerlegen; wir bezichtigen auch uns selbst, anstatt uns zu vergeben und zu versöhnen. Und dann wundern wir uns, wenn es uns nicht gut geht.

Achtung, kognitive Dissonanz: »Keine Zeit haben« ist eben keine hilfreiche Haltung für die Lebensgestaltung. Die negative Wortwahl zeigt es eigentlich schon an: *Keine* Zeit haben ist eine destruktive Formulierung und alles andere als hilfreich. Wir kennen die bessere Alternative: Entschleunigung ist ein willkommenes Konzept in unserem hysterischen Alltag. Entschleunigung ist relevant – weil sie wieder relevant macht, was wir vergessen haben.

**Warum Entschleunigung?**

Weil wir machen und tun, ohne wirklich auszuruh'n.

Weil unser Gehirn müde ist und sich schlafen legt, lange bevor wir die Augen zumachen.

Weil wir Präsenz nur noch für eine Zeitform halten.

Weil wir Kontakte nicht pflegen, sondern verwalten.

Weil wir hundert Dinge gleichzeitig machen und dabei denken, Ruhe sei was für die Schwachen.

Ausruhen können wir ja, wenn wir tot sind.

Was erschreckend früh passiert, wenn uns die Zeit nur so durch die Finger rinnt.

Weil wir uns optimieren und drangsalieren.

Weil alles perfekt sein muss: Der perfekte Körper, das perfekte Haus, die perfekte Frau, und dabei wissen alle ganz genau,

Perfektion trennt – mich von dir, und ihn von ihr.

Unachtsam kaufen wir uns hundert Achtsamkeitsbücher.

Unsere Kinder vermissen uns, obwohl wir da sind, weil wir uns hinter Tablets verstecken.

Dann statten wir Kindergärten mit Tablets aus – dann herrscht wenigstens Waffengleichheit, und das nennen wir dann Medienkompetenz.

Kein Elan, aber WLAN: Wir verhotspotten unsere Werte.

Sinngebung folgt einer ausgeklügelten Routerplanung.

Weil wir machen und tun, ohne wirklich auszuruh'n.

Weil unser Hirn müde ist und sich schlafen legt, lange bevor wir die Augen zumachen.

Und dann geben wir der Zeit einen Raum und nennen das Zeitraum.

Und es vergeht kaum noch ein Tag, an dem ich mich nicht frag', ob das alles noch so richtig ist.

Hier ist er, dieser eine Tipp für dich und mich: Zeit hat man nicht, Zeit nimmt man sich.

Und rein sprachlich habe ich einen Traum: dass wir nicht Lücke sehen, sondern Freiraum.

Deshalb Entschleunigung.

Neben der Zeit gibt es noch viele weitere Lebensthemen, in denen wir uns mit einem anderen Blickwinkel selbst bei einer konstruktiven Veränderung unterstützen können – wie es meinem Sohn Leo mit der Manuel-Neuer-Fertigkeit gelungen ist. Wie wir über Dinge sprechen, aber auch denken, hat großen Einfluss auf unser Verhalten.

Wenn uns Themen im Alltag belasten, zeigt sich das an unserer Sprache. Mithilfe von Sprachbewusstsein und Selbstverantwortung können wir nicht hilfreiche Überzeugungen in unserer Lebensgestaltung aufspüren und in eine konstruktive Haltung verkehren. Die Sprache ist der Indikator für destruktive Haltung – und hilft uns dabei, sie in hilfreiche Denkmuster umzuwidmen! Der Umdeutungs-Dreischritt macht es ganz leicht.

**Relevanzlupe:**
**Der Umdeutungs-Dreischritt**

1. Destruktive Überzeugungen identifizieren, die uns hemmen oder blockieren

↓

*Wortbewusstsein einsetzen*

↓

2. Umdeutung in konstruktive Aussage, die die Veränderung unterstützt, statt torpediert

↓

*Selbstverantwortung übernehmen*

↓

3. Wirkimpuls/Fertigkeit mit Spaßfaktor formulieren

Beispiele:

| **1. Status quo** | **2. Umdeutung** | **3. Wirkimpuls/Fertigkeit** |
|---|---|---|
| Ich habe keine Zeit. | Zeit nimmt man sich. | Entschleunigung |
| Mir graut vor morgen. | Morgen kann ich meine innere Stärke beweisen. | Resilienz |
| Du kannst nicht kochen. | Du kannst noch nicht kochen. | Wachstum |
| Ich kann nicht tanzen. | Ich werde nicht tanzen. | Selbstbewusstsein |
| So wird das nie etwas. | Ich weiß, wie es klappen kann. | Veränderungsbereitschaft |

Sprachbewusstsein ist also nicht nur in der Kommunikation nützlich; es ist eine wertvolle Alltagskompetenz. Gute Sprachmuster machen das Leben schöner.

## Relevant ist, was wir draus machen

Dem Guten und Schönen im Leben mehr Relevanz verleihen: Das funktioniert nicht nur in Form von Sprachhygiene. Auch auf die Gesellschaft übertragen klappt das: Relevanz durch Sprachbewusstsein als kulturhygienische Maßnahme, sozusagen. Mein Lieblingsbeispiel dafür, wie das Sprachbewusstsein sogar unser Zusammenleben schöner machen kann, stammt aus der oberfränkischen Stadt Wunsiedel. Vielleicht waren Sie schon mal da: eine gut situierte bayerische Gemeinde in toller Lage im Fichtelgebirge.

Was die Menschen in Wunsiedel aber nervt, sind die häufigen Nazi-Aufmärsche in ihrer Stadt. Wunsiedel gilt als eine Art Pilgerstätte für Neonazis, weil sich auf dem Friedhof bis 2011 das Grab des Hitler-Stellvertreters Rudolf Heß befand. Nein, lassen Sie mich das umformulieren: galt. Seit einigen Jahren gilt Wunsiedel eher als ein Zentrum des Widerstands. Und die Zivilcourage nach Wunsiedeler Art ist genau nach meinem Geschmack.

Im November 2014 hatten die Bürger endgültig die Nase voll von dem rechten Theater in ihrer Stadt. Gemeinsam verpassten die Bürgerinitiative »Wunsiedel ist bunt«, die Projektstelle gegen Rechtsextremismus Bad Alexandersbad, und Exit, die bundesweite Aussteigerorganisation für ehemalige Rechtsradikale, einem angekündigten Nazi-Aufmarsch eine neue Bedeutung. Sie münzten den »Aufmarsch« kurzerhand in einen »Spendenlauf« für Aussteiger aus der rechtsradikalen Szene um. Das Motto: »Rechts gegen Rechts – der unfreiwilligste Spendenlauf Deutschlands«.[109]

Ob sie es wollten oder nicht: Die etwa 250 angetretenen Neonazis marschierten nun gegen sich selbst. Für jeden Meter, den sie liefen, spendeten die Initiatoren des »Spendenlaufs« 10 Euro an Exit; das Geld hatten sie schon im Vorfeld gesammelt. Die circa 500 Gegendemonstranten, die die Marschroute säumten, sparten daher nicht mit unterstützenden Botschaften an die Teilnehmer: Auf ihren Transparenten fanden sich Botschaften wie »Im Spendenschritt Abmarsch« oder »Endspurt statt Endsieg«. Sogar »Marschverpflegung« hielten sie bereit: Die Bananen waren in Banderolen mit der Aufschrift »Mein Mampf« eingewickelt.[110]

So holten die Wunsiedeler sich ihre Stadt zurück. Alles, was sie dafür tun mussten: den Unfug für irrelevant erklären und durch etwas Relevantes ersetzen. Ein bewusster Umgang mit Sprache kann Blödsinn in Sinn verkehren.

Auf das Risiko hin, mich zu wiederholen: Relevanz kann so guttun!

## Kapitel 8

# Relevanz durch Persönlichkeit: Wie Sie nach außen zeigen, was von innen wirkt

*»Nimm an, was nützlich ist.*
*Lass weg, was unnütz ist.*
*Und füge das hinzu, was dein Eigenes ist.«*
*Bruce Lee*

### Wer redet, bleibt

Randy Pausch trat als Sterbender auf die Bühne – und veränderte damit das Leben seiner Zuhörer. Als der Professor für Informatik an der Carnegie Mellon University in Pittsburgh am 18. September 2007 seine letzte Vorlesung hielt, wussten alle Anwesenden im Saal bereits, dass er nur noch wenige Monate zu leben hatte. Pausch war ein beliebter Dozent, dessen Vorlesungen immer gut besucht waren und hervorragendes Feedback bekamen – lange bevor die dramatische Nachricht von seiner Krebserkrankung die Runde machte. Daher war es nicht weiter verwunderlich, dass der Hörsaal zum Bersten gefüllt war, als Pausch zum letzten Mal vor sein Auditorium trat. Alle waren gekommen, um ihm ihre Ehre zu erweisen und zu hören, was er unter dem Titel »Last Lecture: Achieving Your Childhood Dreams« zu sagen haben würde. Trotzdem ahnte niemand, dass diese letzte Rede des Randy Pausch weit über den Campus hinaus legendär werden und Menschen überall auf der Welt bewegen würde – allein bei YouTube hat das Video der Rede fast 20 Millionen Aufrufe.[111]

So einige dieser Klicks gehen auf mein Konto: Bis heute zählt dieser Vortrag, der auch als Buch veröffentlicht wurde,[112] zu meinen absoluten Lieblingsreden. Pausch spricht darin mit der Klarheit des Todgeweihten über die Lektionen seines Lebens, und er tut es gänzlich ohne das zu erwartende Pathos. Stattdessen spricht er mit einem rhetorischen Kalkül und einem Ausmaß an Empathie für sein junges Publikum, das in Anbetracht der Umstände nur umso erstaunlicher sind.

Es gibt nur ein einziges Wirkprinzip, das rhetorisches Kalkül und Pathos, Ratio und Emotio, in dieser Weise integrieren und wirkungsmächtig vereinen kann: Persönlichkeit. Niemand anderer als Randy Pausch hätte diese Rede so halten können – und das ist so ziemlich das Beste, was man über einen Redner und seinen Stil sagen kann. Der Sterbende schafft es sogar, dass wir ohne schlechtes Gewissen mit ihm lachen, und zwar gleich mit seinem allerersten Satz in den tosenden Begrüßungsapplaus hinein: »Make me earn it! – Lasst es mich verdienen!« »Last Lecture« ist eines der besten Beispiele dafür, wie ein Redner seinen Inhalten mit der Kraft seiner Persönlichkeit größere Relevanz verleihen kann.

Diese Resonanz, also diese persönliche Verbindung zwischen Redner und Publikum, ist das individuellste und persönlichste aller Relevanzmerkmale – und sie ist kein Rezept, das sich einfach nachkochen ließe. Und doch lassen sich aus Randy Pauschs individuellem Stil einige Tipps ableiten, die uns helfen können, eine Verbindung zu anderen herzustellen. Denn Pausch gelingt es auf sehr natürlich Weise, seine persönlichen Stärken zum Tragen zu bringen, ohne dass er sie vor sich hertragen müsste.

### *Redneranalyse bezüglich der Form*

Aller Nutzenorientierung zum Trotz spricht Pausch in seinem Vortrag sehr viel über sich, denn das persönliche Beispiel erlaubt den Zuhörern die Identifikation mit dem Thema und mit dem Redner. Pausch ist angesichts der Umstände seines Vortrags das beste Beispiel dafür, wie wichtig es ist, seinen Träumen zu folgen – denn morgen kann alles vorbei sein. Er spricht ganz offen sogar über die harten Fakten seiner Erkrankung und gibt sich so humorvoll und direkt, wie er eben ist, weil er nur so seine Botschaft glaubwürdig transportieren kann: »Wenn ich nicht so deprimiert oder verdrießlich rüberkomme, wie Sie erwartet haben – entschuldigen Sie, dass ich Sie enttäusche.«

Dass Pausch so großzügig schwarzen Humor einsetzt, geht darauf zurück, dass diese Art von Humor ihn als Persönlichkeit auszeichnet – seine Zuhörer kennen ihn so. Bei einem anderen Redner könnte es auch jeder andere sympathische Charakterzug sein. Als Redner sollten wir auf unsere persönlichen Stärken setzen, statt uns für irgendwelche Redetrends oder Publikumsanalysen zu verbiegen – ganz besonders in der Frage, wie wir reden.

Meine beiden Kinder hatten eine Phase, in der sie mit Vorliebe Witze erzählten. Ich merkte immer schon, wenn ich nach Hause kam, dass es einen neuen Witz gab: Ganz aufgedreht hüpften sie vor mir herum und hatten es offensichtlich kaum erwarten können, dass ich endlich zur Tür hereinkomme. Ich schaffte es noch nicht mal, mir die Schuhe auszuziehen, bevor es regelrecht aus ihnen heraussprudelte.

Nun sind Kinderwitze ja alles, nur nicht lustig. Doch die Leidenschaft, mit der sie sie vortrugen, machte mir mehr Freude als jede Pointe: Sie lachten sich selbst kaputt dabei, die Stimme überschlug sich, sie fieberten selbst die Pointe herbei. Ich hätte ihnen stundenlang dabei zuhören können. Hätten die beiden vorher eine Zielgruppenanalyse gemacht, um zu ermitteln, ob ich diese Art von Witzen hören möchte, hätte ich das nie erlebt …

Setzen Sie typische Persönlichkeitsmerkmale gezielt als Stilmittel ein, um sich Ihren Zuhörern als Mensch zu zeigen. Dadurch werden Sie auf einer Ebene als Redner neben den gesprochenen Inhalten auf einer zusätzlichen Ebene relevant. Inhalte sind relevant – Inhalte mit Persönlichkeit sind relevanter.

### *Glasklare Nutzenorientierung bezüglich der Inhalte*

Obwohl mutmaßlich die meisten Zuhörer an jenem Tag gekommen waren, um ihn noch einmal live zu erleben, stellt Pausch unmissverständlich klar, dass es in seinem Vortrag *inhaltlich* um die Zuhörer gehe und nicht um ihn: »Es geht heute darum, [...] wie ihr die Dinge, die ihr heute hier hört, nutzen könnt, um eure Träume zu erreichen, oder andere dazu ermächtigen könnt.« Die Botschaft, die dahintersteckt, scheint ganz logisch, und Sie haben sie so oder so ähnlich wahrscheinlich schon gehört: Worüber auch immer Sie sprechen – interessant ist daran nur, was für das Publikum nützlich ist. Und doch vergessen viele irgendwo auf dem Weg zwischen der Idee und dem gesprochenen Wort, was das heißt.

Sehr oft geht der Blick für das, was den Zuhörern tatsächlich nützt, schon in der Vorbereitung verloren. Es ist leicht, sich in bestimmte Geschichten zu verlieben, die man selbst gern mag. Es ist auch verständlich, dass man als Redner die Argumente in den Vordergrund stellt, die man selbst am überzeugendsten findet. Und es ist keine Schande, witzig sein oder auffallen zu wollen. Doch was wir aus diesen Gründen sagen, müssen nicht zwingend die hilfreichsten Inhalte für die Zuhörer sein.

Bei den zentralen Inhalten gilt das Gegenteil dessen, was ich gerade über den Stil geschrieben habe – hier ist die Publikumsanalyse entscheidend. Faustregel: Das Was bestimmt der Gast, das Wie bestimmen Sie. Die Publikumsorientierung rhetorisch transportieren können sehr gut die sogenannten »Sie-Standpunkte«. Statt »Ich erzähle Ihnen jetzt ...« formulieren Sie den Ausblick am Beginn eines Vortrags zum Beispiel mit »Sie erfahren heute ...«.

### *Entwaffnende Offenheit*

Diese Regel, so Pausch, habe er von seinem Vater gelernt: »Wenn ein weißer Elefant im Raum ist, stell ihn vor.« So leitet der Redner die unumgängliche Information über seine Erkrankung und seine Prognose ein.

Auch in anderen Zusammenhängen ist es in den meisten Fällen zwecklos, dem Publikum etwas vorenthalten zu wollen. In kritischen Phasen eines Unternehmens oder bei politisch oder emotional aufgeladenen Themen ist es zwecklos, so zu tun, als gäbe es keinen Elefanten. Es lässt den Redner weltfremd oder sogar respektlos wirken, wenn es so aussieht, als versuche er, sein Publikum zu täuschen. Menschen haben feine Antennen dafür, wenn ein Redner sich verstellt – ganz besonders, wenn sie ihn kennen. Wenn es also etwas über das Thema oder auch über Sie als Redner zu sagen gibt, das gesagt werden muss – halten Sie damit nicht hinter dem Berg. Integrität imponiert uns – und verstärkt die Relevanz des Themas.

Wie viel Persönlichkeit kann eine Rede vertragen? Und wie viel von der eigenen Persönlichkeit sollte man als Redner mit auf die Bühne bringen? Wenn wir Persönlichkeit zu zeigen als Relevanzstrategie betrachten, ist die Antwort dieselbe wie bei jedem anderen rhetorischen Wirkverstärker auch: Solange es auf die Botschaft einzahlt, ist die Skala nach oben offen. Es gibt Persönliches, das nicht zum Thema passt – aber es gibt kein Thema, das keine Persönlichkeit verträgt. Sogar die Geschichte eines Todgeweihten kann uns in der Frage weiterbringen, wie wir unsere Träume verwirklichen: wenn er das Nützliche auf seine Art sagt und sich weder für das Publikum noch für das Thema verstellt.

**Relevanzlupe:**
**Tipps für Resonanz beim Reden**

1. Sagen Sie, was den Menschen hilft.
2. Sprechen Sie so, wie Sie sind.
3. Verstellen Sie sich für nichts und niemanden.

Wenn Sie sich an diese Tipps halten, eröffnen Sie sich eine zusätzliche Ebene der Relevanz: die Ebene der Persönlichkeit. Dann überzeugen Sie nicht mehr nur mit Ihren Inhalten, sondern auch mit Ihrem Charakter.

## Ethos: Was macht einen Redner sympathisch?

Nun bin ich nicht der Erste, dem auffällt, dass eine einnehmende Persönlichkeit hilfreich dabei sein kann, Menschen zu überzeugen. Schon Cicero, der vermutlich ruhmreichste Redner aller Zeiten, hat darauf hingewiesen. Er sagte: Das Wichtigste sei, dass die Zuhörer den Redner mögen und ihm vertrauen.

Relevanz durch Resonanz qua Persönlichkeit ist also eine Gleichung, die seit jeher von der Rhetoriklehre gestützt wird und von ihren wichtigsten Köpfen analysiert wurde. Der Erste, der sich des Themas systematisch annahm, war Aristoteles. Er sprach zwar nicht von »Persönlichkeit«, sondern von »Ethos«, meinte damit aber dasselbe.

**Relevanzlupe:**
**Was ist das »Ethos« eines Redners?**

»Ethos« heißt im Griechischen so viel wie »Lebensraum«. Was erst einmal seltsam klingt, erschließt sich besser durch den Begriff »Ethik«, der direkt von »Ethos« abstammt: Wenn jemandem eine hohe »Ethik« nachgesagt wird, heißt das nichts anderes, als dass die Person zu den Normen und Werten anderer passt – im Zusammenhang mit der Rhetorik also ihrer Zuhörer. Ein Redner mit »Ethos« ist in der Lage, den Lebensraum seiner Zuhörer gut zu antizipieren und seine Rhetorik den Erwartungen anzupassen.

Bemerkenswert ist, dass er drei zentrale Aspekte nennt, die sich noch heute in den meisten berühmten Reden öffentlicher Persönlichkeiten nachweisen lassen – von der Motivationsrede Winston Churchills an die Nation im Zweiten Weltkrieg über den Schlussmonolog von Charlie Chaplin in *Der große Diktator* bis hin zu überzeugenden Auftritten wie dem Vortrag von Randy Pausch oder der legendären iPhone-Präsentation von Steve Jobs.

Drei universelle rhetorische Techniken können Redner nach Aristoteles anwenden, um ein »überzeugendes Ethos« zu vermitteln: Tugend und Werte, praktische Weisheit sowie Selbstlosigkeit.

### *Tugend und Werte*

Mit Tugend ist gemeint, dass das Publikum überzeugt ist, dass der Redner seine Werte teilt. Barack Obama ist – bei aller Kritik an seiner Politik – ein Beispiel für einen Politiker, der aufgrund eines klaren Wertekanons gewählt wurde: Er stellte sich in den Dienst der demokratischen Erneuerung und des Fortschritts. Im Wahlkampf sorgte das durch den prägnanten Slogan »Yes, we can!« dafür, dass vor allem junge Menschen, Minderheiten und progressiv eingestellte Wähler massenhaft für ihn stimmten.

Doch auch in alltäglichen Situationen bemühen wir uns darum, den Werten der Angesprochenen Rechnung zu tragen. Ein Redner, der einen Vortrag vor der Belegschaft eines mittelständischen Unternehmens aus Baden-Württemberg hält, wird sich eher nicht positiv über die günstigere Konkurrenz aus China äußern, auch wenn er deren Technologie vielleicht selbst in der Jackentasche hat. Und ein Hochzeitsredner, der vor den Gästen einer jüdischen Trauung spricht, wird nicht unbedingt seine katholischen Wurzeln betonen. Dagegen wird er sich vielleicht gerade bemühen, Werte anzusprechen, die in beiden Religionen gleichermaßen bedeutsam sind.

Um die Werte Ihres Publikums zu reflektieren, müssen Sie sich als Redner also keineswegs verstellen. Entscheidend ist nicht die politische Ausrichtung, die Religion oder die Zugehörigkeit zu einer bestimmten Gruppe. In einer modernen Auslegung von Aristoteles, dessen Wirkungsfeld ja nun einmal in erster Linie militärische oder politische Reden innerhalb einer ganz bestimmten Gesellschaftsform waren, könnte man sagen: Ein Redner gewinnt die Sympathie der Zuhörer, wenn er gemeinsame Werte und Überzeugungen betont. So zeigt er: Wir sind in dieser Sache auf einer Wellenlänge.

**Relevanzlupe: Werte ergründen, Brücken schlagen**

Wie bringen Sie in Erfahrung, welche Werte bei Ihren Zuhörern von Bedeutung sind? Oft ist es auch ohne umfangreiche Erfahrung mit der Zielgruppe kein Hexenwerk, sich ein Bild von den Werten der Menschen zu machen, zu denen Sie sprechen:

- Ein Blick ins Unternehmensleitbild kann hilfreich sein: Die Leitwerte bilden oft eine gute Grundlage, um sich mit dem Business-Publikum vertraut zu machen.
- Der Werbeclaim einer Firma sagt oft viel über die Grundhaltung aus und kann sich in der Kernbotschaft spiegeln.
- Ebenso können das Motto der Tagung, die Thesen des Vorredners oder eine Aussage Ihres Ansprechpartners, etwa des Geschäftsführers, eine Vorlage liefern.
- Bei Wikiquote und vergleichbaren Internetseiten finden sich Zitate von wichtigen Persönlichkeiten der Firma oder Organisation. Wenn ich beispielsweise bei Siemens spreche, schaue ich mir zuvor an, was Werner von Siemens zum Thema geäußert hat. Oft finden sich auf diese Weise wunderbare Verbindungen, die Sie knüpfen können.

- Oft enthalten die Webseite oder die Imagebroschüre einer Firma mindestens einzelne Aussagen zum Thema des Vortrags, auf denen Sie aufbauen können.

Wenn Sie als Redner Brücken zu den Werten der Menschen bauen, wirkt das extrem sympathisch und drückt hohe Wertschätzung für die Zuhörer aus. Menschen, mit denen wir gemeinsame Werte teilen, sind wir eher bereit zuzuhören.

In meinen eigenen Vorträgen spüre ich immer wieder, wie unterschiedlich Menschen mit verschiedenen Wertesystemen auf bestimmte Aussagen reagieren. Eine Zeit lang habe ich in meinem *Respekt*-Vortrag beispielsweise eine Anekdote über meine Hochzeitsvorbereitung erzählt: »Ich habe am 11. September geheiratet. Das ist perfekt für mich, denn so kann ich mir den Hochzeitstag gut merken.« Ich fand das damals sehr witzig, doch ich beobachtete mehrfach, wie einzelne Zuhörer sich deshalb distanzierten. Humor ist eben etwas sehr Individuelles und eng an die Werte eines Menschen geknüpft. Nach einem Vortrag hatte ich ein Gespräch mit einem Pfarrer, der mir sehr eloquent erklären konnte, warum er diesen Scherz nicht schätzt – seitdem lasse ich ihn weg.

Warum? Wenn jemand wegen einer Aussage aussteigt, die seine Werte vergiftet, verliere ich diesen Zuhörer möglicherweise, und die Wirkung des gesamten Vortrags verpufft. Natürlich werde ich mich in meinem Redestil nicht verbiegen lassen und gänzlich auf Humor verzichten. Doch ich breche mir keinen Zacken aus der Krone, wenn ich meine Antennen ausfahre und Rücksicht auf die Werte meiner Zuhörer nehme. Die Frage lautet immer: Ist der Witz den Preis wert, den seine Opfer zahlen – oder zerstöre ich für eine Pointe die Relevanz aller anderen Inhalte, weil die Menschen mir dann nicht mehr zuhören wollen?

Ein Tropfen kann den ganzen Brunnen vergiften: Das Ethos

ist ein sensibles Konstrukt. Es kann durch einen einzigen verräterischen Fehltritt in sich zusammenbrechen. Wer sich zu Werten bekennt, sollte ihnen auch treu bleiben – oder muss damit leben, wenn seine Relevanz unter dem selbst verursachten Werteverfall leidet. Das Publikum sieht alles, und es vergisst nur sehr langsam.

### *Praktische Weisheit*

Menschen lassen sich in der Regel nicht davon beeindrucken, dass man sich Wissen angelesen hat und die Regeln herbeten kann. Praktische Weisheit lässt sich eher demonstrieren, indem man persönliche Erfahrungen einbringt und eine erfolgreiche Geschichte anzubieten hat. Positive Lösungsorientierung wirkt kompetenter als Fachchinesisch.

Mein Rednerkollege Dr. Roman F. Szeliga ist ein Beispiel für einen Menschen mit einer starken Vertikalen. Sein Thema ist der Humor – und das kommt nicht von ungefähr. Von klein auf hat er durch schwere Schicksalsschläge gelernt, dass wir nicht davon profitieren, uns von den Härten des Lebens verhärmt und frustriert in uns zurückzuziehen und negativ auf die Welt zu blicken. Vielmehr kann Humor heilend wirken und hilft uns dabei, das Leben zu bewältigen. Das zieht sich wie ein roter Faden durch sein Leben als Arzt und als Mensch. Weil er seine Thesen über den Humor mit seiner persönlichen Entwicklung untermauern kann, nehme ich ihm ab, was er sagt. Es gibt eine klare Kontinuität in seinem Leben und seinen Worten. Die Vertikale ist für einen Redner in meinen Augen in hohem Maß erfolgsentscheidend: Unternehmen oder Organisationen buchen keine Themen, sie buchen Referenten, also Persönlichkeiten – und die strahlen durch ihre starke Vertikale eine hohe Glaubwürdigkeit aus.

Eine konkrete Möglichkeit, praktische Weisheit rhetorisch einzubeziehen, ist, den eigenen Lösungsvorschlag als »goldenen Mittelweg« darzustellen. Dahinter steckt die psychologische Erkenntnis, dass Menschen instinktiv immer die Entscheidung vorziehen, die zwischen zwei Extremen liegt.

Wenn Sie also als Führungskraft eine schwierige Entscheidung wie etwa die Fusion mit einem konkurrierenden Unternehmen zu vertreten haben, wird dieser Schritt vermutlich viel Kritik aus den eigenen Reihen provozieren. Folgendermaßen könnten Sie praktische Weisheit demonstrieren, um sich als Entscheider in dieser Sache als kompetent zu zeigen: »Wir hatten die Wahl zwischen drei Möglichkeiten: Wir hätten so weitermachen können wie bisher und schon in absehbarer Zeit sehenden Auges der wachsenden Konkurrenz an unserem Markt zum Opfer fallen. Wir hätten auf der anderen Seite unsere lange Tradition aufgeben, unser Unternehmen an den Meistbietenden verscherbeln und zusehen können, wie es in seine Einzelteile zerlegt wird. Der Weg, den wir gewählt haben, ist der Einzige, mit dem wir beiden Szenarien auf Dauer ausweichen können: Wir können ohne den drohenden Schatten unseres größten Konkurrenten weitermachen und finden durch die Fusion sogar zur alten Stärke zurück.«

Ob eine Lösung eine gute Lösung ist, lässt sich am besten im Kontext anderer Lösungsmöglichkeit zeigen.

### *Selbstlosigkeit*

Bei dieser Technik geht es darum, den Menschen das Gefühl zu geben, man habe als Redner vor allem ihre Interessen vor Augen. Das bedeutet nicht, dass ein Redner sich selbst verleugnen müsste – vielmehr ergibt sich sein Eigeninteresse ja aus der Übereinstimmung mit den Werten des Publikums.

Ein Redner, der die Interessen des Publikums hervorhebt, muss also gar nicht vorgeben, keine eigenen Interessen mit dem Thema zu verbinden. Er wird sich in seiner Rede allerdings nicht auf seinen Eigennutzen berufen, der meist auf der Hand liegt, sondern immer betonen, was seine Zuhörer davon haben. Ein Arzt, der einen Vortrag über gesunde Ernährung hält, wird nicht seine eigene Gesundheit in den Vordergrund stellen, sondern an den Wunsch seiner Zuhörer nach Gesundheit appellieren – denn da liegt die Relevanz des Themas für sie. Es kann jedoch durchaus sinnvoll sein, die eigene Geschichte als Beispiel anzuführen, wie es etwa Randy Pausch tat – wenn Sie als Redner zuvor deutlich gemacht haben, welchen Zweck Sie im Sinn des Publikums damit verfolgen.

Ich möchte Sie dazu ermutigen, den Begriff Persönlichkeit umfassend zu betrachten. Viele Redner überbetonen ihre Stärken und Erfolge im Bemühen um eine starke Wirkung – und erreichen damit genau das Gegenteil: Sie wirken dadurch entweder unglaubwürdig oder unnatürlich perfekt und schon deshalb auch schnell arrogant. Selbstverherrlichung ist der persönlichen Wirkung abträglich: Oft sind es gerade unsere Fehler und Defizite, die uns menschlich und sympathisch machen. Vor allem aber vermittelt eine solche Selbstinszenierung den Eindruck, dass der Redner sich nicht so sehr für die Belange des Publikums interessiert, sondern vor allem für seinen eigenen Vorteil – und dieser Eindruck macht jede persönliche Wirkung zunichte.

Eine überzogene Selbstinszenierung ist allerdings bei Weitem nicht der einzige Fettnapf, in den wir im Bemühen um Relevanz mit unserem Auftreten tappen können.

## Wirkung beginnt in der Kinderstube

Guillaume Rey, Kellner in der kanadischen Provinz British Columbia, war in seinem Job eigentlich immer ganz gut zurechtgekommen. Er war stets gut in seinem Job, und auch die Gäste mochten ihn. Einige Kollegen konnten sein Auftreten hinter den Kulissen allerdings gar nicht leiden und warfen ihm unangenehmes Verhalten vor: »aggressiv, unhöflich und respektlos« sei er.[113] Trotz mehrfacher Ermahnungen trat keine Besserung ein.

An einem Augusttag im Jahr 2016 kam es schließlich zur Eskalation: Rey hatte einem anderen Kellner eine Aufgabe übertragen, die dieser nicht übernehmen wollte, weshalb er sich beim Restaurantmanager beschwerte. In dessen Büro kam es zu einer Auseinandersetzung, bei der die Fetzen flogen: Rey soll den Kollegen derart heftig beschimpft und angeschrien haben, dass dieser in Tränen ausbrach. Darauf warf der Manager Rey erst aus dem Büro und dann aus dem Job.

Was daraufhin geschah, hatte allerdings niemand kommen sehen: Guillaume Rey zog vor das Tribunal für Menschenrechte seiner Provinz. Die Kündigung stelle nämlich eine »Diskriminierung seiner Kultur«[114] dar, so die Argumentation des Geschassten: Er sei gar nicht unhöflich – er sei einfach Franzose. Was die Kollegen als unangenehm empfänden, sei einfach Ausdruck seiner »direkten, ehrlichen und professionellen Persönlichkeit«[115] – in Frankreich habe er es nicht anders gelernt.

Die Geschichte erinnert mich an ein Essen in größerer Runde, an dem auch mein geschätzter Kollege Josef W. Seifert teilnahm. Er hatte schon geraume Zeit auf sein Bier gewartet, als er zu mir sagte: »Wenn ich nicht bald ein Bier kriege, dreh ich durch.« »Ja, haben Sie denn eins bestellt?«, fragte ich ihn. Darauf gab der Kollege mit einem Blick auf die gerade vorbeieilende Kellnerin zurück: »Wenn es wirklich stimmt, dass der Erfolg der Kommunikation vom Empfänger der Botschaft bestimmt wird, dann weiß ich das nicht so genau.«

Vielleicht hätte irgendjemand auch Guillaume Rey einmal erklären sollen, dass Wirkung immer das ist, was beim anderen ankommt. Neben dem Was einer Botschaft gibt es auch noch ein Wie, das mit über Erfolg oder Misserfolg unserer Worte entscheidet.

Es gibt Menschen, die sich tatsächlich selbst einer größeren Wirkung berauben – nicht etwa mit dem, was sie sagen, sondern durch ihr Auftreten. Sie stehen sich selbst im Weg – zum Beispiel durch respektlose Umgangsformen.

Es ist gar nicht so selten, dass Experten dem Fluch des Wissens nicht nur mit ihrer Sprache erliegen, sondern auch mit ihrem Verhalten: Sie gehen davon aus, dass andere auch wissen müssten, was sie selbst wissen. Ein Experte, der in diese Falle tappt, kann gegenüber »Unwissenden« leicht überheblich und abwertend wirken – auch wenn er das vielleicht gar nicht beabsichtigt.

Beispiele liefern etwa die Auftritte eines Psychiaters, der für seine Kritik an einem unreflektierten Umgang mit neuer Technologie bekannt ist. Wenn ich ihm zuhöre, frage ich mich immer wieder, ob wir alle nicht viel mehr von seinem Wissen profitieren könnten, wenn er den Fluch des Wissens in seiner Ansprechhaltung überwinden könnte. Denn er hat viel über die Folgen der Digitalisierung zu sagen, da er sich in seiner Forschung intensiv mit den negativen Auswirkungen von Smartphones und Social Media auf die Entwicklung von Kindern auseinandergesetzt hat. Es gibt inzwischen eine ganze Reihe von Studien aus seinem Forschungsbereich, die zeigen, dass wir weniger aufmerksam sind, wenn ein Smartphone in der Nähe ist, oder dass Kinder sich neue Informationen merken, wenn sie sie mit einem Stift niederschreiben anstatt mit einer Tastatur. Die Digitalisierung hat also durchaus ihre Tücken in Bezug auf das Lernen, und ein Experte für menschliches Verhalten und seiner Einflussfaktoren kann uns effektiv darauf hinweisen – eigentlich. Seine Arbeit und seine Meinung sind besonders für Menschen wie mich, die Kinder haben, extrem relevant – eigentlich. Ich will ihn öfter hören und von ihm lernen – eigentlich.

Zweimal bin ich bereits bei Veranstaltungen mit ihm aufgetreten und konnte mich auch hinter der Bühne mit ihm unterhalten. Beide Male bestätigte sich, dass ich seine Thesen extrem interessant und relevant finde – er es aber nicht schafft, sie so stark zu streuen, wie sie es verdient hätten. Meiner Meinung nach kann das damit zu tun haben, dass er aus seiner Expertensicht heraus mit einer zu großen Selbstverständlichkeit über die Meinung anderer hinweggeht, sodass man wenig Lust verspürt, sich von ihm belehren zu lassen. Ich kann nur für mich sprechen, doch ich persönlich würde es begrüßen, wenn er mit seinen Mahnungen eine größere Wirkung im öffentlichen Diskurs hätte. Und ich bin sicher, die hätte er – wenn da nicht seine Art wäre, mit uns »Unwissenden« zu kommunizieren, als wären wir von der Evolution benachteiligt worden.

Abschreckendes Auftreten von Experten kann relevante Thesen ungenießbar machen. Deshalb ist es für die Kommunikation von Experten ungeheuer wichtig, dass sie sich in die Schuhe von Laien versetzen können und empathisch kommunizieren lernen. Immerhin ist nicht allein ihr Fachwissen, sondern auch dessen praktische Anwendung zum Nutzen aller Teil ihrer Rolle in der Gesellschaft. Was nützen uns die klügsten Ideen, wenn sie aufgrund von Kommunikationsdefiziten aus dem öffentlichen Diskurs ausgeklammert bleiben? Und welcher Experte ist schon gern als »Elfenbeinturmtheoretiker« verschrien?

Als Fachexperte können Sie Ihre Relevanz enorm steigern, wenn Sie sich für die Vorstellung öffnen, Laien die Bedeutung Ihrer Erkenntnisse verständlich zu erklären. Das hat nichts mit Niveau zu tun, sondern mit der Zugänglichkeit Ihrer Expertise. Viele Experten schrecken davor zurück, weil verständliche Sprache in ihren Kreisen nicht eben als Qualitätsmerkmal gilt. Doch wer etwas bewirken will, muss sich erst einmal denen verständlich machen, die er mit seinem Spezialwissen bewegen will. Und das gilt nicht nur für Wissenschaftler, sondern genauso für den Ingenieur, der einem Manager eine Innovation zu erklären versucht. Experten müssen nicht nur ihr Fachgebiet verstehen, sondern auch ihre Verantwortung zu kommunizieren.

**Relevanzlupe: Grundregeln für Verständlichkeit**

- *Beim Sprechen ist weniger mehr.* Brechen Sie kompliziertere Zusammenhänge in mehrere, kurze Sätze auf, und verwenden Sie möglichst einfache Satzkonstruktionen; Hauptsätze sind besser als Nebensätze.
- *Vermeiden Sie, dass sich Zahlen häufen.* Die werden nämlich auch durch bildliche »Übersetzungen« oft nicht einfacher. Das ist zwar eine beliebte Methode und funktioniert manchmal auch. Doch tausend Badewannen, dreimal Bielefeld oder achtzehn Fußballfelder können und wollen Ihre Zuhörer sich genauso wenig vorstellen wie die Zahlenwerte dahinter. Das hat mit der beabsichtigten Konkretion nämlich herzlich wenig zu tun. Besser ist es, Zahlen auf das Nötigste zu reduzieren.
- *Wenn Sie Zahlen relevant machen wollen, geht das über die Arbeit mit der Referenzzahl.* Menschen können Zahlen nicht absolut begreifen. Wenn ich mit einer Gruppe von zehn Menschen über den Wert von 1000 Euro diskutiere, bekomme ich zehn grundverschiedene Ideen, weil sie unterschiedlich viel verdienen, unterschiedliche Kosten, unterschiedliche familiäre Hintergründe, unterschiedliche Lebensentwürfe und so weiter haben. Oder nehmen wir Temperaturangaben: 4 Grad Celsius sind für uns relativ kalt, für einen Eskimo relativ warm. Zahlen werden nicht absolut begriffen, sondern relativ. Wie kann ich Menschen die Zahl dennoch in meinem Sinn begreifen lassen? Die Antwort ist die Referenzzahl. Wichtig ist dabei, dass diese vor der Zahl genannt wird, die veranschaulicht werden soll. Ein Beispiel: »In Europa sind dieses Jahr sechs Menschen an BSE gestorben. Nur in Deutschland sind an der Influenza im selben Zeitraum etwa 8000 Menschen zum Opfer gefallen.« So lässt sich deutlich machen, wie relevant hoch die Zahl der Influenza-Todesfälle tatsächlich ist und wie wichtig deshalb die Grippeimpfung. Biete ich dagegen keine Referenzzahl an,

muss sich jeder im Kopf seine eigene zurechtlegen, und die wird je nach Vorkenntnissen und persönlichem Kontext sehr unterschiedlich ausfallen. Kommt der Zuhörer von einem Onkologiekongress, wird ihm die Zahl 8000 möglicherweise sehr niedrig vorkommen – er hat nämlich gerade erst gehört, dass jedes Jahr eine Viertelmillion Menschen an Krebs sterben. Dieselbe Strategie wendet übrigens Ihre Autowerkstatt an, wenn sie sagt: Sie müssen mit 2500 Euro Reparaturkosten rechnen. Wenn Sie dann nämlich eine Rechnung über »nur« 1900 Euro bekommen, denken Sie: »Ist das aber günstig!«

- *Fassen Sie Ihre Botschaften in möglichst einfache Worte.* Fachbegriffe, komplizierte Wortkonstruktionen und Wortschöpfungen können weniger versierte Zuhörer nicht nur irritieren; sie verlieren möglicherweise auch den Faden, wenn sie daran hängen bleiben. Wenn sich etwas nicht einfach sagen lässt, ist es oft nicht der Erwähnung wert. Wenn Sie Fachworte verwenden müssen oder aus wichtigem Grund verwenden wollen, erklären Sie sie lieber einmal zu oft als einmal zu wenig.

## Bescheidenheit ziert den Redner

Zu erkennen, dass man als Experte einer größeren Sache dient, hilft ungemein bei einem sympathischen Auftreten. Nichts steht der persönlichen Wirkung effektiver im Weg als das eigene Ego.

Die Tugend der Bescheidenheit stünde daher auch manchem besonders gut zu Gesicht, der sich als »Experte« bezeichnet und damit keine höhere Berufung meint, sondern einen selbst gewählten Status. So gibt es eine ganze Reihe von selbst ernannten Experten für die »Generation Y« oder auch »Z«, deren wesentliche Qualifikation darin besteht, in der richtigen Zeitspanne geboren worden zu sein. Oder waren es alle, die mindestens einen ihrer Partner online kennengelernt haben anstatt beim Einkaufen oder in der Disco? (Falls der Begriff Fragen aufwirft, hier als Lesehilfe für die Jüngeren: Disco = Club. Für die Älteren: Club = Disco = Tanzlokal.) Ich bin mir nicht mehr sicher, ich weiß nur: Millionen anderer Menschen derselben Generation, ganz gleich welcher Generation, würden lieber nicht in allen Belangen von einem einzelnen Menschen vertreten werden, der zufällig irgendeinen demografischen Faktor mit ihnen gemeinsam hat.

Wie kann ein einzelner Mensch für Millionen sprechen, wenn er darüber schreibt und darüber spricht, »was wir denken, was wir fordern«? Wie kann seine Kollegin sich zum »Sprachrohr einer Generation« erklären und das ernst meinen? Ich für meinen Teil möchte mir von jedem Experten gern die Generationen Y und Z erklären lassen – nur nicht von einem, der die Abkürzung nimmt und sich einfach selbst für relevant erklärt.

Auch in anderen Themenfeldern treffe ich immer wieder auf dieses Phänomen der nutznießenden Verallgemeinerung. Ein Rednerkollege etwa beruft sich gern auf den Claim: »Bescheidenheit zieht Armut an.« Ich meine: Bescheidenheit zieht nicht Armut an, sondern Glaubwürdigkeit und Resonanz. Niemand von uns ist unfehlbar, schon gar niemand ist allwissend, und erst recht niemand hat die alleinige Deutungshoheit auf seinem Gebiet, auf irgendeinem Gebiet. Das sollten wir gerade dann beherzigen, wenn wir als Experten auftreten und mit unserer Persönlichkeit nicht nur für uns selbst, sondern auch für eine Sache einstehen. Jeder Redner sollte sich die Tugend der Bescheidenheit zu eigen machen.

Das ist ein weitverbreiteter Irrtum, dem ich mich nach Kräften widersetzen möchte: Relevanz ist kein Abzeichen, das man sich einfach anheften könnte. Sie ist auch kein Zertifikat, das man mit dem Ticket zu einem Workshop erwerben könnte, nachdem man pro forma einen Seminartag abgesessen hat. Der Weg zum Expertenstatus – er lässt sich nicht abkürzen. Nicht einmal die Lektüre dieses Buchs reicht, um relevant zu werden. Sie ist aber ein guter Anfang …

Nicht der Experte entscheidet, ob seine Worte relevant sind oder nicht – das tun die Menschen, die uns zuhören. Wir können nur unser Bestes tun, um relevant zu kommunizieren.

Kapitel 9

# Relevanz durch Resonanz: Wie Sie eine Verbindung herstellen

*»Dein Wahnsinn passt zu meinem Wahnsinn.«*
*Deadpool*

## Wem hören Menschen eigentlich zu?

Diese Frage zielt auf den Kern von Relevanz: Wir finden nur relevant, was wir von Persönlichkeiten gesagt bekommen, die wir als kompetent erachten.

Gleichzeitig können wir in der Regel nicht beurteilen, wer tatsächlich kompetent ist. Ich kann letztlich nicht einschätzen, wie gut beispielsweise ein Anwalt, ein Steuerberater, ein Baufinanzierer, ein Zahnarzt oder ein Fußballtrainer arbeiten. Dennoch haben wir ein Gefühl dafür, und wir liegen damit oft auch ziemlich richtig. Und dieses Gefühl ist die Kompetenzwahrnehmung. Auf sie können wir als Experten mit unserer Kommunikation einzahlen und so unsere eigene Relevanz zur Geltung bringen.

Die Frage ist also: Wie kann ich Menschen mit dem, was ich sage, demonstrieren, dass ich derjenige bin, dem es sich zuzuhören lohnt – also relevant bin? Oder anders formuliert: Wie modelliere ich Kompetenzwahrnehmung?

Trotz meines Plädoyers für die Tugend der Bescheidenheit: Zu unserer Verantwortung als Experten, Redner oder auch einfach nur als kommunizierende Menschen gehört auch, dass wir uns nicht unnötig kleinmachen. Jeder von uns darf und kann die Mittel und den Wirkradius, der ihm zur Verfügung steht, bestmöglich nutzen. Eines kann ich Ihnen garantieren: Wirkpotenziale in Ihrem Einflussbereich, die Sie selbst nicht nutzen, schnappt sich garantiert ein anderer! Wer etwas zu sagen hat, muss sich Gehör verschaffen.

Sich originell und trennscharf zu positionieren ist heute eine Kernkompetenz – in jedem Beruf, aber auch bei jeder persönlichen Mission. Ob wir Menschen von etwas überzeugen wollen, ob wir ein Ziel erreichen wollen, ob wir ein Projekt planen oder eine Beförderung anstreben, das Mittel ist immer das gleiche: relevante Kommunikation ebnet den Weg.

Nicht zuletzt Experten jeder Art stehen im Internetzeitalter vor der Herausforderung, sich von den unzähligen Fakern im Netz abzugrenzen, die den Expertenstatus auch ohne Qualifikation oder Referenzen einfach für sich beanspruchen. Wenn wir denen das Feld überlassen, die sich trotz oder gerade wegen Inkompetenz zu inszenieren wissen, stellen wir unser eigenes Licht unter den Scheffel. Wäre das nicht schade – und wäre das nicht verantwortungslos?

Es ist so wichtig, dass wir der allgemeinen Desinformation etwas entgegensetzen können – jeder von uns auf seinem Spielfeld, jeder auf seine Weise. Jeder, der für etwas steht, sollte sich Gedanken darüber machen, wie er es relevant kommunizieren kann – damit er nicht im digitalen Rauschen untergeht. Nie kam es mehr darauf an als heute, dass wir Substanz kommunizieren können. Nie war es bedeutsamer, dass die wichtigen Botschaften zu den Menschen durchdringen. Nie war relevante Kommunikation so entscheidend.

In unserer lauten Zeit, in der wir uns vor Absendern und Botschaften kaum noch retten können, ist es ungleich schwieriger geworden, sich Gehör zu verschaffen. Die Frage treibt heute viele Redner um: Wie steche ich heute noch durch Reden hervor? Wie sorge ich dafür, dass meine Geschichte gehört wird? Wie überzeuge ich andere davon, dass meine Botschaften, Ideen oder Produkte Aufmerksamkeit verdienen? Wie baue ich eine Brücke zu Menschen, die tragfähig genug ist, dass die relevanten Inhalte auch beim Empfänger ankommen?

Meine Antwort in einem Wort lautet: »Resonanz«. Es gibt Menschen, die beim Reden andere scheinbar magisch anziehen, als hätten sie den »Einen Ring« aus J.R.R. Tolkiens *Herr der Ringe* in der Tasche. Wirkungsvolle Kommunikation kann Menschen auf erstaunliche Weise erstrahlen lassen.

In Wahrheit ist die Verbindung zwischen dem Sprechenden und seinen Zuhörern jedoch ganz und gar kein Hokuspokus, sondern rhetorisches Handwerkszeug. Sie beruht auf der Frage, was *Sie* beim Reden für *Ihre* Zuhörer oder Gesprächspartner tun können – und wie sich das in Ihren Worten spiegelt. Das ist keine Magie, das ist Resonanz. Und um diesen Draht herzustellen, gibt es einige Ideen.

Die folgende Aufstellung erhebt keinen Anspruch auf Vollständigkeit. Alle Methoden relevanter Rhetorik, die ich Ihnen in diesem Buch vorstelle, sind der Resonanz dienlich. Doch die folgenden Werkzeuge sind besonders gut dazu geeignet, schnell und direkt eine persönliche Verbindung aufzubauen, wenn Sie vor oder mit anderen sprechen.

### Struktur hörbar machen

Eines der einfachsten und zugleich wirkungsvollsten Mittel, Inhalte besser erschließbar und damit relevanter zu machen, ist die Struktur. Mit dieser Feststellung sorge ich oft für Erstaunen: Strukturierten Menschen schreiben wir mehr Kompetenz zu.

#### *Strukturanzeiger*

Wenn ein ernährungswissenschaftlicher Laie, aber selbst berufener Diät-Guru sich hinstellt und erklärt: »Um abzunehmen, müssen Sie drei Dinge tun, und zwar erstens, zweitens, drittens«, hat er damit regelmäßig mehr Erfolg als ein Ernährungswissenschaftler, der wissenschaftlich korrekt von

Proteinketten und metabolischen Zyklen berichtet, aber keine Struktur vermittelt. Wenn wir vom Experten nicht gesagt bekommen, was wir tun sollen, um von seinen Erkenntnissen zu profitieren, verpuffen seine Ratschläge einfach. Struktur modelliert Kompetenzwahrnehmung – und schafft damit Relevanz.

Deshalb rate ich Ihnen, und zwar völlig themen- und zielgruppenunabhängig: Machen Sie die Struktur Ihrer Inhalte hörbar. Es ist wirklich eines der einfachsten Mittel zur Relevanzsteigerung, die die Rhetorik bereithält: Verwenden Sie Strukturanzeiger wie Aufzählungen »erstens, zweitens, drittens« (gern auch körpersprachlich flankiert), »einerseits, andererseits«, »entweder – oder« und so weiter, um Ihre Inhalte auch verbal zu ordnen.

### *Reihenfolge*

Ein wichtiges Strukturelement ist die Reihenfolge von Argumenten, mit denen Sie Ihre These oder Idee untermauern. Es gibt einen Unterschied zwischen Informieren und Überzeugen: Beim Informieren kann man mit dem Ziel beginnen und dann den Grund nennen. Beim Überzeugen erläutert man erst die Begründung und schließt mit dem Ziel oder der Schlussfolgerung. Sonst läuft man Gefahr, dass der Grund nicht mehr wirklich gehört wird.

Wir neigen jedoch dazu, mit der Tür ins Haus zu fallen, wenn wir andere überzeugen wollen, und die Schlussfolgerung zuerst auf den Tisch zu knallen. Das wirkt auf andere aber oft alles andere als überzeugend – vielmehr stachelt es Widerstände an. Und wenn unser Gesprächspartner erst einmal von seinen Widerständen vereinnahmt ist, können wir argumentieren, wie wir wollen, wir dringen nicht mehr durch: Die Relevanz ist blockiert. An den folgenden Beispielen wird das deutlich.

| Falsche Reihenfolge | Richtige Reihenfolge |
|---|---|
| »Ich brauche unbedingt einen Termin vor Ort bei Ihnen. Ich war gerade auf einer Messe und habe dort viele Ideen mitgenommen, die wunderbar zu Ihrer Firma passen würden.« | »Ich war gerade auf einer Messe und habe dort viele Ideen mitgenommen. Viele davon passen wunderbar zu Ihrer Firma. Deshalb würde ich gern einen Termin vor Ort mit Ihnen vereinbaren.« |
| »Frau Müller, überarbeiten Sie die Präsentation noch einmal. Ich habe mehrere Tippfehler in den Folien entdeckt.« | »Frau Müller, die Folien haben noch ein paar Tippfehler. Gehen Sie da bitte noch einmal ran?« |
| »Den Weisheitszahn links oben müssen wir ziehen. Er hat Karies und wirkt sich ungünstig auf die Stellung der Backenzähne aus.« | »Der Weisheitszahn links oben hat Karies und wirkt sich ungünstig auf die Stellung der Zähne daneben aus. Wir sollten ihn ziehen.« |

Durch die richtige Reihenfolge erreicht die Argumentation für eine These ihr Ziel: erst die Argumente, dann die Schlussfolgerung beziehungsweise der Handlungsimpuls.

### *Kurzstruktur*

Meist reicht es vollkommen aus, Inhalte in eine ganz minimale, kompakte Form zu bringen, um ihre Relevanz deutlich zu erhöhen. Ein Beispiel ist der sogenannte »Elevator-Pitch«. Das ist eine Mikropräsentation, mit der Sie sich, Ihr Thema oder Ihr Angebot in wenigen Sätzen an den Mann bringen, um jede Gelegenheit zum Netzwerken oder Verkaufen nutzen zu können. Es geht darum, eine Idee für Menschen in kürzester Zeit relevant zu machen. Es geht nicht darum, Menschen umfassend zu informieren, sondern ihnen einen Floh ins Ohr zu setzen, damit das Thema auf die Agenda kommt und wir die Chance erhalten, zu einem späteren Zeitpunkt noch einmal ausführlich darüber zu sprechen. Eine solche maximal konzentrierte rhetorische Substanz zur Verfügung zu haben, ist in Situationen nützlich, wenn wir wenig Zeit haben, um Menschen zu überzeugen – also ständig.

Eine wirkungsvolle Kurzstruktur für Relevanz – angelehnt an den Elevator-Pitch – besteht aus vier Schritten. Sie folgen psychologisch so aufeinander, dass sie Ihr Lösungsangebot, Ihre Idee oder Ihr Produkt, das ganz am Ende ins Spiel kommt, ultimativ relevant erscheinen lassen.

**Relevanzlupe: Kurzstruktur als Relevanzbooster**

Für maximale Relevanz folgt eine kurze Argumentation folgenden Schritten:

1. *Auftakt:* Den Anfang sollte ein Satz machen, der den Gesprächspartner dazu bringt, weiter zuzuhören. Ein Überraschungsmoment ist von Vorteil, allerdings sollte es auch nicht überinszeniert klingen. Vor allem sollte der Einstieg den Gesprächspartner nicht überfordern oder in seiner Intelligenz beleidigen, nach dem Muster: »In den nächsten 90 Sekunden werde ich Ihr Leben retten« – selbst wenn es womöglich stimmt. Das Ziel ist aber schon, mit dem Auftakt die Neugier des Gegenübers zu wecken – zum Beispiel, indem Sie auf überraschende Weise bei einer Gemeinsamkeit anknüpfen. Wenn ich zum Auftakt zum Beispiel sage: »Mein Name ist René Borbonus, und ich bin Rede-Berater«, ist das für die meisten Menschen überraschend genug. Das Thema Reden ist für fast alle relevant, mit denen ich im Berufsalltag spreche, die Gemeinsamkeit ist also beinahe garantiert. Vor allem aber ist diese Kurzvorstellung eine klare Aussage, die nicht missverstanden werden kann, aber neugierig macht. Der perfekte Auftakt holt den Gesprächspartner bei seinen Erfahrungen ab, etabliert einen gemeinsamen Nenner und bleibt auf dem Teppich.

2. *Menschen berühren:* Wenn der Auftakt gelungen ist, hat der Elevator-Pitch die Aufmerksamkeit des Gesprächspartners erregt. Nun wollen Sie in den folgenden Sekunden Ihr Gegenüber in Ihre Welt hineinziehen. Es gilt also, Spannung aufzubauen! Dafür gibt es zwei Möglichkeiten: das Problem oder die Verheißung. Wenn ich beispielsweise jemanden auf Rhetorik neugierig machen will, kann ich sein Problem aufgreifen und sagen: »Wussten Sie, dass die Redeangst eine der häufigsten Ängste ist? Ganz viele Menschen kennen das Problem und haben deshalb Stress, wenn sie eine Präsentation halten müssen: Ihr Herz rast, die Hände sind feucht, der Kopf rot, die Stimme brüchig, und sie gehen mit einem extrem schlechten Gefühl auf die Bühne.« Oder ich kann mit einer Verheißung Neugier erzeugen: »Wie schön wäre das, wenn man Menschen für eine Idee begeistern könnte, ähnlich wie Steve Jobs die Menschen auf seine Seite ziehen konnte.« Eine Ankündigung, die Menschen berührt, erzeugt ein Bild im Kopf des Gesprächspartners, reizt ihn mit einer Herausforderung und kündigt ihm die nachfolgende Lösung für das Problem an.
3. *Menschen bewegen:* Ihr Gesprächspartner ist an diesem Punkt ganz bei Ihnen und erwartet gespannt die Lösung für das Problem oder den Hebel, den Sie ihm im vorherigen Schritt angekündigt haben. Sie sind dadurch in der angenehmen Lage, dem anderen helfen zu können. In diesem Schritt ist es wichtig, dass Sie die knappe Struktur nicht aufgeben und ins Palavern geraten, weil der andere Ihnen ja nun zuhört. Bleiben Sie in Ihren Aussagen kurz und knackig. Das Ziel liegt darin, den anderen neugierig zu machen – nicht darin, alles zu verraten! Die Argumentation soll ja einen Kontakt etablieren und den Dialog beginnen – und ihn nicht etwa gleich wieder beenden. In meinem Fall wäre die Lösung ganz einfach das Produkt, das ich an diesem Punkt ins Spiel bringe: »Ich biete Rhetoriktrainings an, mit denen Sie Ihre Redeangst in den Griff bekommen und lernen, die freie Rede zu genießen.« Eine Botschaft,

die Menschen bewegt, entlädt sich in ihrem ersten Satz, enthält wirkungsvolle Schlagworte und spricht der Zielgruppe aus der Seele.

4. *Transferimpuls:* Einen Fehler darf man jetzt auf keinen Fall machen, nämlich den Gesprächspartner an dieser Stelle ohne konkreten Handlungsimpuls ziehen zu lassen. Wenn Sie ihm nicht sagen, was er als Nächstes tun soll, ist die ganze Relevanz, die Sie zuvor aufgebaut haben, dahin. Wichtig ist, die Schwelle dabei so niedrig wie möglich zu halten. Geben Sie deshalb zum Abschluss unbedingt eine ganz konkrete, aber auch einfach umzusetzende Handlungsempfehlung ab, etwa so: »Online gibt es einen Kurzvortrag von mir, den Sie sich anschauen können. Da lernen Sie schon mal meine Art kennen, über Rhetorik nachzudenken und zu reden. Wenn Sie das interessiert, geben Sie mir doch Ihre Karte, dann schicke ich Ihnen den Link zu.« Der perfekte Transferimpuls greift das Argument aus der Spannungsauflösung auf, ist verbindlich und trotzdem unaufdringlich formuliert – und enthält einen konkreten Vorschlag.

Diese Struktur ist nicht nur in Verkaufsgesprächen, auf Messen, bei Netzwerkpartys oder im Aufzug interessant, sie eignet sich für viele Situationen, in denen es Menschen mit möglichst effizienten Mitteln zu überzeugen gilt. Das kann eine Geschäftsidee sein, für die Sie Investoren gewinnen wollen, der Vorschlag einer Fahrgemeinschaft zur Kita, bevor die anderen Eltern schon wieder ins Auto gesprungen und davongerauscht sind, die Kontaktaufnahme mit einem Experten über ein soziales Netzwerk, mit dem Sie gern kooperieren möchten.

Wenn Sie nach einer Möglichkeit suchen, eine Herzensidee so aufzubereiten, dass Sie Menschen schnell und niedrigschwellig davon überzeugen können: Versuchen Sie es einmal mit diesen vier einfachen Schritten. Sie werden sehen: Struktur kann Themen zugänglich machen. Sie verschaffen sich mit ein wenig Struktur die Chance, Menschen auf sich und Ihr Thema aufmerksam zu machen und sie in Ihre Welt hineinzuziehen.

### »Jedem Anfang wohnt ein Zauber inne«

Der Opener, also der Einstieg, gehört zu den wichtigsten Momenten eines Redebeitrags. Am Anfang ist die Aufmerksamkeit bei 100 Prozent. Wer seine Zuhörer hier packt, bereitet allen Inhalten den Boden, die danach noch kommen: Der Einstieg entscheidet in hohem Maße darüber mit, ob das Publikum den Redebeitrag als relevant erachtet oder nicht.

Ein guter Opener betont, dass der Redner und das Publikum »im gleichen Team spielen«, also eine Ansicht oder ein Interesse teilen. Deshalb ist es keine gute Idee, mit einer Geschichte einzusteigen, die den Redner gut aussehen lässt, für alle anderen aber keinen Wert hat. Eine Rede sollte immer mit einer interessanten Information für die Zuhörer beginnen, nicht mit einer Ego-Show.

Wenn beispielsweise ein Arzt vor medizinischen Laien spricht, hilft er sich nicht damit, wenn er mit einer Anekdote über einen besonders ahnungslosen Patienten einsteigt: »Sie glauben ja nicht, was ich dem Deppen aus dem Magen geholt habe …« Die Zuhörer sind in dieser Geschichte auf der Patientenseite. Sie würden sich stellvertretend für den betroffenen Patienten respektlos behandelt fühlen. Der Redner wäre unten durch, bevor er richtig angefangen hat.

Eine wichtige Information, von der die Zuhörer wirklich etwas haben, wäre zum Beispiel: Was tut eigentlich ein Arzt, wenn er merkt, dass bei ihm eine Erkältung im Anflug ist? Wenn diese Information dann vielleicht noch spannend verpackt ist, etwa als treffende Anekdote, Analogie oder Zitat, setzt sie den Ton für alles Weitere. Diese Regel gilt natürlich auch für den Rest der Rede; am Beginn ist sie allerdings besonders wichtig, um eine Verbindung herzustellen.

Darüber hinaus gilt es, bei einem wirklich aufsehenerregenden Opener einen Spagat zu meistern: Einerseits sollte der Einstieg immer themenzentriert sein. Wenn Sie zu Beginn eine Geschichte vom Pferd erzählen, die Sie selbst lustig finden und von der Sie sich Sympathien versprechen, die aber keinen konkreten Themenbezug hat, geht der Schuss garantiert nach hinten los: Der Bezug zum Thema muss erkennbar sein. Schon der Anfang der Rede muss auf das einzahlen, was Sie am Ende vermitteln wollen – sonst stiftet er nur Verwirrung und setzt den Rest der Rede aufs falsche Gleis. Und das schadet der Relevanz Ihrer Botschaft direkt.

Der amerikanische Physikprofessor James Kakalios hat sich lange darüber geärgert, dass er seine Studenten nicht recht für die abstrakten theoretischen Inhalte begeistern konnte – wen wundert's? Dann stellte er fest, dass seine Studenten gern Comics lasen. Und so begann er seinen nächsten Vortrag mit den Worten: »Alles, was ich über Physik weiß, habe ich aus Superhelden-Comics gelernt«, und kündigte die Vorlesung fortan auch mit diesem Titel an. Von diesem Moment an hatte er nicht nur seine eigenen Studenten im brechend vollen Hörsaal sitzen, sondern wurde fakultätsübergreifend zum Star – und noch etwas später zum gefeierten Wissenschaftsautor mit mehreren Bestsellern.

Kakalios' Beispiel zeigt: Ein Opener darf durchaus auch mal unkonventionell sein, wenn er dafür sorgt, dass wichtige Inhalte gehört werden, also die ihnen gebührende Relevanz bekommen. Es gibt in der Rhetorik Gelegenheiten, in denen Mut gefragt ist, und der Opener gehört dazu. Doch wie überall in der Rhetorik gilt: Je unkonventioneller der Opener ist, desto wichtiger ist es, dass er dabei kompromisslos themenzentriert ist.

Manche Künstler und auch manche Redner beherrschen es, uns sogar aus 100 Metern Entfernung, trotz hoher Bühnenkante und Scheinwerferlicht, das Gefühl zu geben: Der redet ganz allein mit mir. Auch von anderen Kommunikationssituationen im viel kleineren Maßstab kennen wir einen ähnlichen Effekt: Manche Menschen scheinen im Gespräch ganz bei uns zu sein und die Welt drum herum auszublenden, als interessierten sie sich nur für uns. Andere blicken uns noch nicht einmal in die Augen und scheinen mit den Gedanken stets woanders zu sein. Welchen dieser beiden Typen von Gesprächspartnern empfinden Sie als relevanter? Die Sache ist klar: Wer in der Lage ist, aus dem Stand einen persönlichen Draht aufzubauen, erreicht Menschen besser.

Die Frage ist: Wie machen die begnadeten Kommunikatoren das, die uns sofort in ihren Bann ziehen? Wie kommen zwei Menschen – oder auch ein Mensch gegenüber einer beliebig großen Gruppe von Menschen – in Resonanz? Wie kann es uns gelingen, beim Sprechen bei anderen den Eindruck einer persönlichen Bindung aufkommen zu lassen, obwohl wir vielleicht vor einer Gruppe von zehn oder tausend Menschen sprechen? Und wie umgekehrt können wir dafür sorgen, dass jemand im Gespräch wirklich bei uns ist?

Die Antwort haben einmal mehr unsere Kinder. Besonders kleine Kinder sind Meister darin, einen Kontakt aufzubauen. Ich habe das bei meinen beiden Söhnen wiederholt beobachtet: Keiner von ihnen würde ein Gespräch auch nur beginnen, ohne gewiss zu sein, dass ich voll und ganz in Kontakt mit ihnen bin. Sie stellen also immer erst einmal sicher, dass sie meine volle Aufmerksamkeit haben.

Wie buchstäblich distanziert gehen dagegen wir Erwachsenen im Gespräch oft miteinander um, oder? Oft reden wir einfach drauflos, ohne vorher einen Kontakt herzustellen. Vielleicht kennen Sie das auch von zu Hause: Meine Frau befindet sich manchmal sogar in einem anderen Raum, wenn sie ganz selbstverständlich beginnt, mit mir zu reden, als stünde ich direkt neben ihr. Und oft funktioniert das auch: Ich springe auf und folge der Stimme, und bin schon genervt, wenn ich dort ankomme und zurückbelle: »Was?!«

Nicht nur, was wir wie zu anderen sagen, ist bedeutsam: Auch die Umstände von Kommunikation spielen eine Rolle für die Relevanz des Gesagten. In den meisten Fällen können wir das kontrollieren – wenn wir uns nur der Tatsache bewusst sind, wie bedeutend das ist. In den Kontakt zu gehen ist sehr wichtig, wenn die Kommunikation etwas bewirken soll. Und es ist ganz einfach: Wenn wir mit jemandem sprechen wollen, klappt das weitaus besser, wenn wir ihn auch tatsächlich ansprechen.

Wie schaffen Kinder das, Kontakt herzustellen? Wenn ich gerade beschäftigt bin, zum Beispiel lese oder am Smartphone E-Mails beantworte, dann sagen sie beinahe ohne Ausnahme: »Papa, guck!« Nicht »Hallo, Papa!« oder »Papa, hör mal!«, sondern: »Papa, guck!« Sie wollen also, dass ich mich ihnen zuwende und auch visuell mit ihnen in Kontakt trete. Wenn es sein muss, rufen sie das zwanzigmal, bis ich endlich aufblicke. Erst dann beginnen sie, mit mir zu reden. Das finde ich hoch spannend: Offensichtlich haben sie die Erfahrung gemacht, dass die Kommunikation mit mir besser funktioniert, wenn wir einander dabei in die Augen schauen.

Und das stimmt natürlich – nicht nur im Gespräch zwischen Eltern und Kindern, sondern generell. Zuwendung hat neben dem aufrichtigen Interesse auf der Inhaltsebene in der Kommunikation auch eine physische Ebene. Neben den Inhalten kann man anderen Menschen beim Sprechen auch mit den Mitteln von Körpersprache und Mimik zeigen, dass man ihnen zugewandt ist.

Auf diesem Fachgebiet gibt es viele Missverständnisse; manche Tipps werden überinterpretiert, manche Regeln in ihrer Bedeutung überschätzt. Grundsätzlich gilt bei der Körpersprache immer: Das Gesamtbild ist entscheidend, nicht jede einzelne Zufallsgeste und unbewusste Handbewegung. Ein zugewandtes Auftreten kann die inhaltliche Resonanz unterstützen, nicht aber die Bedeutung von Inhalten verändern. Auch eine ganze Wagenladung Charisma kann keine Substanz ersetzen.

Der Körperspracheexperte Stefan Verra hat bei einer gemeinsamen Veranstaltung, in der wir rhetorische Wirkprinzipien von der verbalen und von der nonverbalen Seite betrachtet haben, das Grundprinzip einer zugewandten Haltung sehr eindrucksvoll mit der »Nase-Nabel-Regel« veranschaulicht. Sein Beispiel war in diesem Zusammenhang die Kommunikation mit Kindern. Ich habe es anschließend zu Hause ausprobiert und kann bestätigen: Wenn ich meinen Kindern im Rausgehen noch über die Schulter zurufe, sie mögen doch ihr Zimmer aufräumen, zeigt das oft keine große Wirkung. Wende ich mich ihnen aber so zu, dass meine Nase und mein Nabel auf sie zeigen, habe ich bei der Ansage eine viel stärkere Präsenz. Was ich sage, wirkt stärker.

Und wie oft tun wir das im Alltag, nicht wahr? Wie oft sprechen wir, buchstäblich oder metaphorisch, »über die Schulter« mit anderen, statt uns ihnen zuzuwenden! Nur diese Unsitte abzustellen kann unsere Kommunikation schon ein Stück verbessern. Manchmal sind es tatsächlich einfache Mittel, die darüber entscheiden, ob eine Botschaft verpufft oder wirksam wird.

Den Kontakt herstellen heißt: Menschen körperlich ansprechen und anschauen, bevor wir sagen, was wir wollen.

Ein zusätzlicher Tipp für alle, die häufiger vor Menschen sprechen: Wenn Sie sich unsicher sind, wie Sie auf andere wirken – und auch, wenn Sie sich vielleicht zu sicher sind –, filmen Sie sich einmal beim Reden, zum Beispiel in Vorbereitung auf einen Vortrag. Das eröffnet Ihnen eine ganz neue Perspektive auf Ihre persönliche Wirkung. Es gibt Menschen, die jahrzehntelang glaubten, als Redner eine bestimmte Wirkung zu haben – bis sie sich einmal selbst dabei zusahen. Auch und gerade dann, wenn Sie schon relativ erfahren sind, fallen Ihnen bestimmte Routinefehler in Ihrer Körpersprache und bei Ihrer Sprechweise erst auf, wenn Sie sich selbst einmal in die Rolle des Zuhörers versetzen.

Das ist übrigens eine Falle, in die wir auch im Alltag oft stolpern: Wir formulieren manche Dinge aus Gewohnheit auf eine bestimmte Weise, die der Situation aber möglicherweise nicht dienlich ist. So werden Aussagen nicht relevant, obwohl wir die richtigen Worte verwenden. Zum Beispiel vermischen wir oft Aussagen, Aufforderungen und Fragen miteinander, indem wir zwar inhaltlich das Richtige sagen, dabei aber die falsche Sprechweise verwenden.

Ich erlebe zum Beispiel oft, dass Menschen am Ende eines Satzes die Stimme nach oben ziehen, weil sie in Gedanken schon wieder einen Schritt weiter sind als der Satz, den sie gerade sprechen. Die Folge ist, dass es für alle anderen dann klingt wie eine Frage – auch wenn es sich um eine Aussage oder gar um eine Aufforderung handelt. Und diese Vermischung kann dafür sorgen, dass eine Aussage nicht relevant wird.

Hundebesitzer kennen das Problem: Phonetisch betrachtet stellen wir oft unabsichtlich infrage, was wir eigentlich als Aufforderung kommunizieren wollten. Das ist wirkungsästhetisch problematisch. Wenn ich zu einem Hund sage »Kommst du mal her?« oder »Machst du mal Platz?« und dabei auch noch fragend die Stimme hebe, dann kommt der durchschnittliche Hund nicht her und macht auch nicht Platz. Stattdessen wedelt er fröhlich mit dem Schwanz, weil ich so lustig moduliere. Für den Hund klingt meine Sprechweise nicht nach einer Aufforderung, sondern nach Spielen. Hunde beantworten keine Fragen, Hunde hören auf Aussagen – und die erkennen sie an der Sprechweise.

Denselben Fehler machen wir auch im Gespräch, wenn wir unbewusst die Stimme heben oder senken, wo der Kontext und die Aussage eigentlich das Gegenteil erfordern. Manchmal wählen wir tatsächlich die völlig falsche Form und kommunizieren, etwa aus falsch verstandener Höflichkeit, eine Aufforderung als Frage. Dann wundern wir uns, wenn das Ergebnis unbefriedigend ausfällt.

Ich erlebe das zum Beispiel immer wieder mit Taxifahrern, denen ich eine Kurzstrecke abverlange. Wenn ich sage: »Bringen Sie mich bitte zum Hotel XY«, tun die meisten Fahrer das ohne Widerrede. Wenn ich dagegen frage: »Würden Sie mich bitte zum Hotel bringen?«, reicht die Skala der Reaktionen von verächtlichem Schnaufen über entrüstetes Kopfschütteln bis hin zu Diskussionen, die länger dauern, als die Fahrt gedauert hätte. Die Fahrer reagieren so, weil ihnen die Fahrt zu kurz ist.

Die Sprechweise kann den Gehalt einer Aussage verändern. Deshalb ist es wichtig, auch die richtige Stimmführung zu beachten.

Zusammenfassend lässt sich über die Bedeutung nonverbaler Aspekte – gleich ob bei einer Rede oder im Gespräch – sagen: Relevante Worte zu wählen reicht nicht. Relevant sprechen heißt, eine Konsistenz zwischen Worten, Körpersprache und Sprechweise herzustellen.

## Mit den Zuhörern interagieren

Der direkteste Weg, um eine Verbindung zu Menschen herzustellen, vor denen Sie sprechen, ist natürlich die tatsächliche Interaktion. Es gibt eine ganze Reihe von Interaktionsformen, die sich bei einem Vortrag oder einer Präsentation genauso organisch ergeben wie im persönlichen Gespräch.

Wenn Sie die Bedeutung der Menschen betonen wollen, zu denen Sie sprechen: Flechten Sie Fragmente aus Unterhaltungen ein, die Sie zuvor mit ihnen hatten. Wenn Sie sich beispielsweise vor einer Präsentation beim Kunden mit Ihrem Ansprechpartner unterhalten haben, tun Sie auch ihm einen Gefallen, wenn Sie ihn in Ihre Präsentation einflechten – seinem Chef und seinen Kollegen wird es auffallen, die Beziehung zwischen allen Beteiligten profitiert.

Am wichtigsten ist es, keine Berührungsängste zu haben. Eher introvertierte Menschen oder ungeübte Redner scheuen häufig vor Interaktion zurück – aus Angst, etwas falsch zu machen. Tatsächlich können Menschen kleine Patzer oder Aussetzer beim Reden aber viel eher verzeihen, wenn der Redner sich nicht als entrückt und perfekt inszeniert, sondern Nähe herstellt. Perfektion trennt!

Ein wirkungsvolles Mittel der Interaktion bei einem Vortrag sind auch Abstimmungsfragen. Die meisten Menschen werden gern einbezogen – aber nur, wenn sie dabei glänzen können. Fragen zu stellen ist deshalb eine gute Idee – es sollten nur die richtigen Fragen sein. Nicht alle Arten von Fragen sind geeignet, um bei einem Vortrag die Aufmerksamkeit zu lenken, manche können sogar im Gegenteil Abwehr hervorrufen.

Ein Horror für Zuhörer sind Fragen, die geeignet sind, sie zu blamieren. Dann fühlen sie sich vorgeführt und sagen lieber gar nichts. Wenn der Redner dann anschließend die einzige richtige Lösung aus dem Ärmel zaubert, wirkt er zu allem Überfluss auch noch wie ein Klugscheißer. Wissens- und Schätzfragen sind deshalb fragwürdig – dieses Spiel geht in irgendeiner Weise meistens in die Hose.

Sehr gut geeignet, um die Relevanz eines Themas für das Publikum zu unterstreichen, sind dagegen Abstimmungsfragen, die sich mit einem einfachen Handzeichen beantworten lassen. Solche Fragen binden die Zuhörer ein, ohne dass es ihnen wehtut:

»Wer war schon mal in Barcelona?«, »Wem ist das auch schon mal passiert?«, »Wer hat das neue Produkt schon in der Hand gehabt?«, »Wer ist heute mit der Bahn gekommen?«, »Wer hat den neuen Blockbuster schon gesehen?« Solche Fragen fördern die Aufmerksamkeit, denn die Zuhörer spüren: Hoppla, hier geht es um mich – hier kann ich etwas beitragen. Das ist Einbeziehung im besten Sinn: Wenn Sie den Zuhörern das Gefühl geben, dass ihr Beitrag geschätzt und ihre Stimme gehört wird, sind sie auch eher bereit, Ihnen ihre Aufmerksamkeit zu schenken. Es ist wie in einem Gespräch: Wer zuhört, dem wird auch eher zugehört.

Bei Abstimmungsfragen ist es sehr wichtig, darauf zu achten, dass sie themenzentriert sind: Wenn die Menschen sich auf die Interaktion einlassen, fesselt das ihre Aufmerksamkeit. Wenn die Fragen dann nicht genau in die gewünschte Richtung weisen, lenken sie vom Thema ab, statt die Relevanz zu erhöhen. Außerdem sollte auch dieses Mittel maßvoll eingesetzt werden: Wenn die Zuhörer im Lauf des Vortrags Armschmerzen bekommen, ist das nicht mehr hilfreich.

Auf ähnliche Weise können Hyperlinks in einer Präsentation die Relevanz steigern. Einer meiner Kunden bot Pharmaschulungen an, und zwar sowohl für kleine Apotheken als auch für große Pharmakonzerne. Deshalb enthielt sein Vortrag sechs verschiedene Beispielprojekte aller Größenordnungen. Dabei konnten die Zuhörer entscheiden, auf welches der Projekte er näher einging. In der PowerPoint-Präsentation musste er dazu nur auf den jeweiligen Hyperlink klicken, der Effekt aber war enorm: Dadurch, dass der Kunde interaktiv Einfluss auf den Vortrag nehmen kann, wirkt die Präsentation für ihn automatisch relevanter.

Auch technisch gibt es inzwischen eine ganze Reihe von Möglichkeiten, interaktive Elemente in einen Redebeitrag einzuflechten. Aus gutem Grund: Interaktivität ist ein Qualitätsmerkmal, das immer mehr an Bedeutung gewinnt. Wir sind es inzwischen einfach gewohnt, gerade bei unterhaltenden Inhalten Einfluss aufs Geschehen nehmen zu können. Denken Sie nur an Netflix: Wir konsumieren heute im Gegensatz zu früher viel mehr Inhalte nach eigener Wahl. Deshalb sind wir nur noch bedingt bereit, uns einfach auf das einzulassen, was uns vorgesetzt wird.

Einige Redner reagieren darauf inzwischen etwa durch den Einsatz von Apps, mit denen die Zuschauer vor oder während des Vortrags befragt werden, nach dem Muster: »Mit welchem Verkehrsmittel sind Sie zu dieser Veranstaltung angereist?«

Die Apps machen es möglich, am entsprechenden Punkt des Vortrags die Ergebnisse live in die Präsentation einzubinden. Dann ist es dem Redner zum Beispiel möglich zu sagen: »73 Prozent von Ihnen sind heute mit dem Auto angereist, 20 Prozent mit der Bahn«, und er kann diese Information mit einer These aus seinem Vortrag zum Beispiel über den $CO_2$-Ausstoß verknüpfen – was die Wirkung der Botschaft natürlich enorm verstärkt. Interaktion kann die Relevanz einer These in Echtzeit beweisen.

### Den eigenen Wert vertreten

Der Begriff »Wert« ist einer der missverständlichsten überhaupt. Gleichzeitig ist es ein Wort, das wir inflationär gebrauchen. Schon Aristoteles hat darauf hingewiesen, dass die lebenswichtigen Dinge auf der Welt oft seltsamerweise am wenigsten »wert« sind, und die vergleichsweise überflüssigen oft am wertvollsten. Schon daran lässt sich ablesen, dass der Wert eines Dings, aber eben auch der Wert einer »menschlichen Marke« an einem Markt nichts Fixes ist. Nirgendwo wird das deutlicher als am Aktienmarkt: Da haben Dinge einen Wert, die man noch nicht einmal sehen oder anfassen kann. Wert gibt es nicht; er wird Dingen oder Menschen zugemessen.

Wenn wir uns als Experten am Markt der Persönlichkeiten positionieren wollen, müssen wir dafür sorgen, dass man uns einen angemessenen Wert zumisst. Viele behaupten, das sei allein eine Frage von Image, Charisma oder Personality-PR. Ich halte dagegen: Gerade am Markt für Persönlichkeiten entsteht nachhaltiger Wert immer noch vor allem durch Substanz. Die Frage ist: Wie kann man den eigenen Wert vertreten und möglicherweise sogar steigern? Wie können wir dafür sorgen, dass wir mit unseren Inhalten als »wertvolle« Gesprächspartner, Experten, Redner wahrgenommen werden?

Bei Menschen wie bei Unternehmen ist die »Ursprungsgeschichte« beziehungsweise der »Entstehungsmythos«[116] der Nukleus des Persönlichkeitswerts. Von ihm strahlt alles aus – und je besser man ihn rhetorisch nutzt, desto »wertvoller« wirkt man. Betrachtet man die wertvollsten Unternehmen und die erfolgreichsten Menschen der Welt, ist ihre Ursprungsgeschichte fast immer das Kernmerkmal jener empfundenen Wertigkeit, die man ihnen zuschreibt.

Bei Apple ist es wesentlich die Human-Interest-Story der Entstehung aus einer Garage heraus und die wechselhafte persönliche Geschichte von Steve Jobs, die dem Unternehmen bis heute eine besondere Aura verleiht. Sie hat Apple bis zum Status als wertvollstes Unternehmen der Welt getragen, den es lange Zeit innehatte.

Dasselbe gilt im kleineren Maßstab bei vielen anderen Unternehmen. Letztlich hat jedes Unternehmen unabhängig von der Größenordnung eine spannende Entstehungsgeschichte, die sich als Mythos in der Kommunikation nutzen lässt und die Marke spannend macht. Die meisten Gründer erleben eine wechselvolle Zeit, müssen mit Rückschlägen zurechtkommen, müssen um ihre Idee kämpfen, stehen zwischendurch am Abgrund, bewältigen heldenhaft große und kleine Herausforderungen. Diese Geschichte ist ein Pfund, mit dem sich wuchern lässt – erzählen Sie sie! Immerhin sind der Schweiß, das Blut und die Tränen, die Sie in Ihre Idee, Ihre Entwicklung, Ihren Status quo gesteckt haben, die Währung, mit der Sie Ihren Erfolg bezahlt haben. Verkaufen Sie sich nicht unter Wert!

Viele Experten machen jedoch den Fehler, nicht ihre Geschichte, sondern ihren selbst empfundenen, auch nur behaupteten Wert zu inszenieren. Das ist ein erheblicher Unterschied. Nichts ist unsympathischer als ein Mensch, der sich als wertvoller betrachtet als andere, und das dann auch noch kommuniziert. Das Urteil, welchen Wert die Menschen einem Unternehmen, einer Positionierung, einer Idee beimessen, wollen sie selbst fällen. Deshalb ist breit gestreutes Storytelling besser als dumpfe Eigenwerbung: Den Entstehungsmythos als persönliche Geschichte zu erzählen, macht den Wert erlebbar. Geschichten wirken wertsteigernd, Behauptungen inflationär.

Um den Entstehungsmythos zu erzählen und dadurch den eigenen Wert in Worten auf sympathische Weise zu transportieren, braucht es gar nicht viel.

**Relevanzlupe:**
**Die Ursprungsgeschichte erzählen**

- Wie sprang bei Ihnen der Funke über, der Sie für das Thema Feuer fangen ließ? War es ein Erlebnis, eine Entdeckung, eine Begegnung?
- Inwiefern haben Sie dem Thema etwas Neues hinzugefügt?
- Welche Widerstände – Konventionen, Sachzwänge, Widersacher et cetera – mussten Sie auf Ihrem Weg überwinden?
- Welche besonderen Erfahrungen haben Sie gemacht, die nur deshalb möglich wurden, dass Sie diesen Weg gegangen sind?
- Was hat sich in Ihrem Leben durch das Thema/die Entdeckung/die Idee verändert?

Das sind einige zentrale Fragen, die Ihnen dabei helfen können, Ihre Ursprungsgeschichte zu erzählen. Viele weitere Strategien für eine werthaltige Positionierung vermittelt zum Beispiel der Innovations- und Strategieexperte Mario Pricken in seinem Buch *Die Aura des Wertvollen.*[117]

Eine sehr wirkungsvolle Strategie zur Wertsteigerung ist auch der Umgang mit Referenzen. Viele Unternehmen und Experten verdanken ihren Marktwert zu großen Teilen wenigen oder sogar nur einer einzigen zentralen Referenz, die für sie zum Wendepunkt wurde. Ich nenne solche alles verändernden Kunden oder Kontakte »Sinatra-Referenzen«, weil der Effekt derselbe ist, den Frank Sinatra in einem seiner größten Hits New York City zuschrieb: Schaffst du es dort, dann schaffst du es überall.

Ein Beispiel für ein Unternehmen, dessen Wert durch seine Sinatra-Referenzen einen großen Sprung nach oben machte – nicht nur gefühlt, sondern in Umsatzzahlen messbar –, ist Wera. Der mittelständische Werkzeughersteller war in Kapitel 7 bereits als Beispiel für erfolgreiche Unternehmenskommunikation durch Sprachbewusstsein Thema. Neben den dort beschriebenen Kommunikationsstrategien hat Wera von Anfang an stark in Referenzen investiert, um seinen Marktwert zu steigern.

Wenn Wera in einem Atemzug mit Apple, Tesla oder Boeing genannt wird, hört man schon mal genauer hin: Der Glanz dieser Marken färbt auf denjenigen ab, der sie als Referenz vorzuweisen hat. Ich habe es in meinem Seminar erlebt: Alle Ohren waren auf den Verkaufsleiter Ralf Tessun gerichtet, als er davon sprach, dass viele der Mobiltelefone auf den Tischen im Seminarraum mit Drehern aus seinem Hause verschraubt wurden.

Eine Sinatra-Referenz ist mehr als eine Empfehlung; sie erzählt eine gemeinsame Geschichte.

### Keinen Bullshit erzählen hilft, relevant zu bleiben

Bei einer Zugfahrt vor einigen Jahren tat ich, was manche Menschen in Zügen hin und wieder tatsächlich noch tun: Ich las eine Zeitschrift. Darin gab es eine Kategorie mit dem Titel »Verriss des Monats«. Ich bin kein Fan dieser Kategorie, denn ich finde schon den Titel respektlos. Doch in jener konkreten Ausgabe ging es um ein Sachbuch, das ich mochte: Eckart von Hirschhausens *Die Leber wächst mit ihren Aufgaben.*[118] Ich las den Artikel, weil mich interessierte, welchen Aspekt ich wohl übersehen hatte, der diesem Buch gleich einen Verriss bescherte.

Wie sich herausstellte, war es im Wesentlichen das Zitieren einer bestimmten Studie, das der Kritiker monierte. Eine einzige Studie, für deren Fehlerhaftigkeit der Autor des Buchs womöglich noch nicht einmal etwas konnte, sorgte dafür, dass das ganze Buch in einem Leitmedium verrissen wurde. Dabei nahm natürlich auch die Glaubwürdigkeit des Autors im Allgemeinen massiv Schaden.

Dasselbe kann jedem von uns passieren, Ihnen und mir, ständig und jeden Tag. Wenn Sie mich fragen, ob ich ein unfehlbares Rezept gegen den Relevanzverlust durch Fehler habe, dann muss ich passen. Ich kann nur dazu anhalten – und damit meine ich mich selbst zuallererst –, oft genug in den Spiegel zu schauen. Glaubwürdigkeit ist eine Grundvoraussetzung für Relevanz. Wer erkennbar darum bemüht ist, beim Reden und als Persönlichkeit so konsistent zu sein wie möglich, wirkt glaubwürdiger – also konsistent im Auftreten und konsistent in den Inhalten. Wer einmal zu viel Bullshit erzählt hat, wird ganz schnell mit Irrelevanz gestraft.

Glaubwürdigkeit ist eine Grundvoraussetzung für Resonanz, und damit auch eine Bedingung von Relevanz. Das gilt vor der großen Öffentlichkeit genauso wie vor einer kleinen Fachöffentlichkeit, vor den eigenen Kindern genauso wie in einem Online-Netzwerk. Gerade letzteres vergessen wir leicht: Auch das, was wir online tun, ist Kommunikation; auch daran werden wir gemessen. Kommunikation wirkt immer – auch dann, wenn wir vielleicht gern auf »Zurück« klicken würden.

Einer meiner privaten Facebook-Kontakte postete vor einigen Monaten den Link zu einem Fake-Artikel, den Gesinnungsrechte lanciert hatten. Darin wurde die Behauptung verbreitet, die Stadt Bautzen würde Flüchtlinge bei gleicher Einigung bei der Stellenvergabe bevorzugen. Mein Bekannter handelte natürlich nicht in böser Absicht, als er das teilte. Er war einfach der Masche der Populisten aufgesessen und hatte einer falschen Sensationsmeldung geglaubt. Am Ergebnis ändert diese Absichtslosigkeit aber nichts: Die Glaubwürdigkeit dieses Mannes, den ich mag und schätze, leidet darunter, wenn er so etwas teilt – und das tut mir leid. Würde er solche Meldungen grundsätzlich hinterfragen und der auffällig tendenziösen These im Zweifel erst einmal mit einer kurzen Recherche auf den Grund gehen, bevor er den Link teilt, wäre also nicht nur mir und allen anderen geholfen, die das lesen. Er täte sich auch selbst einen Gefallen damit, besser aufzupassen.

Einmal Bullshit, und die Glaubwürdigkeit einer ganzen Zeitschrift wankt. Einmal Bullshit, und wir stellen eine ganze Persönlichkeit infrage. Einmal Bullshit, und mir fliegt eine ganze Rede um die Ohren. Einmal Bullshit, und die Relevanz ist dahin: Auch daran sollten wir denken, wenn wir online, als Experten oder wo auch immer kommunizieren, was das Zeug hält. Viel hilft in der Kommunikation selten viel. Lieber nur so viel kommunizieren, dass wir vor uns selbst und anderen dafür geradestehen können. Konsistenz ist relevanter als Masse.

Das anspruchsvolle Prinzip Resonanz ist im Grunde ganz einfach: Tun Sie, was verbindet, und vermeiden Sie, was trennt.

## Epilog

# Relevanz macht Helden – und Helden machen Relevanz

*»Ein Held ist jemand, der die Verantwortung versteht, die ihm durch seine Freiheit zuteilwird.«*
*Bob Dylan*

Wenn ich Ihnen mit diesem Buch eines zeigen wollte, dann dass Relevanz kein vorbestimmtes Schicksal ist – sondern etwas, woran wir arbeiten können. Sie ist nicht nur Prominenten, Influencern und Wissenschaftlern vorbehalten. Relevanz ist das Ergebnis von Wirkung. Und daran können wir arbeiten: Es gibt eine ganze Reihe von praktischen, oft sogar universell anwendbaren rhetorischen Werkzeugen, mit denen Sie Ihre Relevanz steigern können – ganz gleich, von welchem Niveau aus Sie starten.

Relevanz kommt nicht von Macht oder Einfluss, nicht von Berühmtheit oder Reichtum und auch nicht von Amt und Würden – nicht die Art von Relevanz, die gestaltend wirkt und gestaltbar ist. Selbst Minister können aus dem Amt scheiden, ohne wirklich etwas bewegt zu haben; selbst Staatsoberhäupter können zu Papiertigern verblassen, wenn sie kein relevantes Vermächtnis hinterlassen. Relevante Persönlichkeiten sagen Relevantes, statt es nicht zu sagen, und sie sagen es auf relevante Weise.

Sie können auf Ihrem Gebiet und in Ihrer Einflusssphäre am bedeutungsvollen Diskurs teilnehmen. Sie können Ihre persönliche Relevanz in die Waagschale werfen und Ihr Gewicht als menschliche Institution nutzen, damit etwas besser wird. Egal, wie klein der einzelne Beitrag sein mag, gehen Sie immer davon aus: Wenn Sie es nicht sagen, sagt es niemand.

Wer relevant kommuniziert, übernimmt Verantwortung.

Und wenn Sie mit Ihren Aussagen Relevanz erfahren: Stehen Sie dazu! Lassen Sie die Empörten, die Trolle und die Neider sich an Ihren Aussagen abarbeiten: Durch Facebook-Kommentare ist noch niemand zur relevanten Persönlichkeit geworden. Es braucht oft gar nicht viel, damit die wichtigen Botschaften Verbreitung finden. Der Philosoph und Schriftsteller Ralph Waldo Emerson hat einen spannenden Satz über das Heldentum geprägt: »Ein Held ist nicht mutiger als jeder andere Mensch, aber er ist es fünf Minuten länger.«

Wie oft könnten wir in der Kommunikation einen Unterschied machen, wenn wir auch nur fünf Minuten, fünf Sätze, fünf Wörter länger mutig wären? Wenn wir fünf Wörter weiter argumentieren, statt eine Diskussion zu früh aufzugeben, und zu einer Einigung finden? Wenn wir fünf Wörter mehr offen aussprechen, statt eine Verletzung herunterzuschlucken, und uns Luft verschaffen? Wenn wir fünf Wörter länger im Gespräch bleiben, statt es an einer unbedachten Formulierung ersticken zu lassen, und die Beziehung retten?

Fünf relevante Wörter mehr können uns zu Helden des Augenblicks machen. Wir können sie nutzen, um die Oberfläche zu durchdringen und durch Kommunikation tiefer zu gehen.

Relevanz wird uns nicht geschenkt. Wir müssen sie uns erkämpfen, indem wir unserer Verantwortung gerecht werden. Frei nach Bob Dylan: Nutzen wir die Freiheit des Worts, um heldenhaft zu kommunizieren. Dafür wurde es uns gegeben.

Kommen Sie gut an!
Ihr
René Borbonus

# Anmerkungen

1 Ipsos Mori: *Perils of Perception 2017*, https://www.ipsos.com/sites/default/files/ct/news/documents/2017-12/ipsos-mori-perils-of-perception-2017-charts.pdf.

2 Nick Higham: »Why things may not be as bad as we think«, *BBC News*, 26.12.2017, https://www.bbc.co.uk/news/uk-42329014.

3 F. Lošek (Hg.): *Stowasser. Lateinisch-Deutsches Schulwörterbuch*, Oldenbourg 2016, S. 597.

4 U. Hermann: *Knaurs Herkunftswörterbuch. Etymologie und Geschichte von 10 000 interessanten Wörtern*, Lexikographisches Institut 1982, S. 412.

5 Ebenda.

6 Dudenredaktion (Hg.): *Das Herkunftswörterbuch. Etymologie der deutschen Sprache. Duden* 7, Bibliographisches Institut 2014, S. 691.

7 Ebenda.

8 G. Strauß, U. Haß, G. Harras: *Brisante Wörter von Agitation bis Zeitgeist. Ein Lexikon zum öffentlichen Sprachgebrauch*, de Gruyter 1989, S. 704–705.

9 Dudenredaktion (Hg.): *Das Herkunftswörterbuch. Etymologie der deutschen Sprache. Duden* 7, Bibliographisches Institut 2014, S. 691.

10 G. Strauß, U. Haß, G. Harras: *Brisante Wörter von Agitation bis Zeitgeist*, de Gruyter 1989, S. 704–705.

11 Dudenredaktion (Hg.): *Das Herkunftswörterbuch. Etymologie der deutschen Sprache. Duden* 7, Bibliographisches Institut 2014, S. 691.

12 G. Strauß, U. Haß, G. Harras: *Brisante Wörter von Agitation bis Zeitgeist*, de Gruyter 1989, S. 704–705.

13 H. Müller: *Journalistisches Arbeiten. Journalistische Grundlagen. Journalistische Arbeitstechniken. Journalistische Darstellungsformen*, Mittweida 2011, S. 204.

14 S. Ruß-Mohl: *Journalismus. Das Lehr- und Handbuch*, Frankfurter Allgemeine Buch 2016, S. 111–114.

15 Gerry Jay Louis: »Testing Inter-hemispheric Social Priming Theory in a Sample of Professional Politicians – A Brief Report«, *Psychology and Psychotherapy Research Study*, 2.7.2018, https://static1.squarespa-

ce.com/static/56c77251f8baf3ae17ce0a75/t/5b51a047352f5399d14e2088/1532076108626/Gerry+Jay+Louis+hoax+paper.pdf.

16 Jörg Römer: »Forscher narrt Fachmagazin mit absurder Klo-Studie«, *Spiegel online*, 6.7.2018, http://www.spiegel.de/wissenschaft/mensch/quatsch-studie-forscher-narrt-fachmagazin-mit-klo-studie-a-1216792.html.

17 Ebenda.

18 Ebenda.

19 P. L. Berger, T. Luckmann: *Die gesellschaftliche Konstruktion der Wirklichkeit. Eine Theorie der Wissenssoziologie*, Fischer 2007, S. 139–157.

20 Steven Sloman / Philip Fernbach: *The Knowledge Illusion: Why We Never Think Alone*, Macmillan 2017.

21 Twitter-Feed von Donald Trump, 7.11.2012, https://twitter.com/realdonaldtrump/status/266259787405225984?lang=de; eigene Übersetzung.

22 IPCC: *Sonderbericht 1,5 °C globale Erwärmung*, 8.10.2018, https://www.de-ipcc.de/256.php.

23 Christoph Seidler: »Die Welt gerät aus den Fugen – fragt sich nur, wie sehr«, *Spiegel online*, 8.10.2018, http://www.spiegel.de/wissenschaft/mensch/klimawandel-ipcc-bericht-zum-1-5-grad-ziel-vorgestellt-a-1231805.html.

24 Christian Stöcker: »Das Schlimmste an Trump«, *Spiegel online*, 13.11.2016, http://www.spiegel.de/wissenschaft/natur/donald-trump-glaubt-nicht-an-den-klimawandel-und-das-hat-folgen-a-1120761.html.

25 »›Die Leute wissen nicht, wie unwissend sie sind‹. Interview mit Steven Sloman«, *Psychologie heute* 8/2017, S. 15.

26 Steven Pinker: *Aufklärung jetzt. Für Vernunft, Wissenschaft, Humanismus und Fortschritt. Eine Verteidigung*, Fischer 2018.

27 »›Die Leute wissen nicht, wie unwissend sie sind‹. Interview mit Steven Sloman«, *Psychologie heute* 8/2017, S. 15.

28 Zitiert nach: Ingrid Brodnig: *Lügen im Netz. Wie Fake News, Populisten und unkontrollierte Technik uns manipulieren*, Brandstätter 2018, S. 10.

29 Steve Lohr: »It's True: False News Spreads Faster an Wider. And Humans Are to Blame«, *New York Times online*, 8.3.2018, https://www.nytimes.com/2018/03/08/technology/twitter-fake-news-research.html?smid=tw-share&referer=https://www.media.mit.edu/articles/how-lies-spread-online.

30 Ebenda.
31 Ebenda.
32 Ebenda; eigene Übersetzung.
33 Ebenda.
34 Siehe die englische Webseite der Studie: https://ed.stanford.edu/news/stanford-researchers-find-students-have-trouble-judging-credibility-information-online. Zur deutschen Berichterstattung über die Studie, siehe A. Agarwala: »Wir vergraben uns in unseren Vorurteilen«, *Zeit*, 8.12.2016, https://www.zeit.de/2016/51/fake-news-glaubwuerdigkeit-sam-wineburg-stanford.
35 A. Sängerlaub, M. Meier, W.-D. Rühl: *Fakten statt Fakes. Verursacher, Verbreitungswege und Wirkungen von Fake News im Bundestagswahlkampf 2017*, Stiftung Neue Verantwortung 2018, S. 89, https://www.stiftung-nv.de/sites/default/files/snv_fakten_statt_fakes.pdf.
36 I. Brodnig: *Lügen im Netz. Wie Fake News, Populisten und unkontrollierte Technik uns manipulieren*, Brandstätter 2017, S. 53–54.
37 P. Wampfler: *Schwimmen lernen im digitalen Zeitalter. Wie Kommunikation trotz Nonsens gelingt*, Stämpfli 2018, S. 83.
38 A. Królikowski, J.-M. Loebel: »Fake-News. Können Algorithmen Menschen manipulieren?«, *Informatik_Spektrum* 4/2017, S. 369.
39 »Fake News im Netz erkennen«. *So geht Medien*, https://www.br.de/sogehtmedien/stimmt-das/luegen-erkennen/un-wahrheiten-luegen-erkennen124.html (23.7.2018).
40 A. Himmelrath, J. Egbers: *Fake News. Ein Handbuch für Schule und Unterricht*, hep 2018, S. 59.
41 L. Frischlich: »Fake News und Social Bots. Erkennung, Wirkung, Bekämpfung«, in: B. Holznagel, W. Steul (Hg.): *Öffentlich-rechtlicher Rundfunk in Zeiten des Populismus*, Vistas 2018, S. 33.
42 A. Himmelrath, J. Egbers: *Fake News. Ein Handbuch für Schule und Unterricht*, hep 2018, S. 100–101.
43 Max Roser: »Our world in data«, YouTube-Kanal von Bill Gates, 26.6.2018, https://www.youtube.com/watch?time_continue=5&v=-HQSQ16dntbc.
44 Max Roser: »Memorizing these three statistics will help you understand the world«, *gatesnotes.com*, 26.6.2018, https://www.gatesnotes.com/Development/Max-Roser-three-facts-everyone-should-know?WT.mc_id=06_26_2018_10_MaxRoser_IFLS-PTR_&WT.tsrc=IFLSPTR.

45 Viola Ulrich: »Tel Aviv führt Ampeln am Boden für ›Smombies‹ ein«, *Welt kmpkt*, 16.3.2019, https://www.welt.de/kmpkt/article190343755/Tel-Aviv-fuehrt-Ampeln-am-Boden-fuer-Smombies-ein.html.

46 »Wie Reutlingen dank des mysteriösen Smombie-Schilds weltweit berühmt wurde«, *Tagblatt.de*, 4.5.2018, https://www.tagblatt.de/Nachrichten/Wie-Reutlingen-dank-des-mysterioesen-Smombie-Schilds-weltweit-beruehmt-wurde-372075.html.

47 Ingrid Brodnig: *Lügen im Netz. Wie Fake News, Populisten und unkontrollierte Technik uns manipulieren*, Brandstätter 2018, S. 15.

48 Ebenda, S. 15.

49 »Studie: Minderheit steuert Hass-Kampagnen im Netz«, *Deutsche Welle online*, 20.2.2018, https://www.dw.com/de/studie-minderheit-steuert-hass-kampagnen-im-netz/a-42667114?maca=de-GK-Flipboard-DE-Welt-21165-xml-media.

50 Schlecky Silberstein: *Das Internet muss weg. Eine Abrechnung*, Knaus 2018, S. 26f.

51 »Bayerns Ribery verzehrt goldenes Protz-Steak«, *RP online*, 4.1.2019, https://rp-online.de/sport/fussball/bayern-muenchen/frack-ribery-goennt-sich-goldenes-steak-von-salt-bae_aid-35452833.

52 Schlecky Silberstein: *Das Internet muss weg. Eine Abrechnung*, Knaus 2018, S. 28.

53 Ebenda, S. 59.

54 Ebenda, S. 52.

55 Sascha Lobo: »Seenotrettung im Mittelmeer: Die Unwucht in unserer Wahrnehmung«, *Spiegel online*, 22.8.2018, http://www.spiegel.de/netzwelt/web/seenotrettung-im-mittelmeer-eine-unwucht-in-unserer-wahrnehmung-a-1224329.html.

56 Ebenda.

57 Robert B. Cialdini, Noah J. Goldstein, Steve J. Martin: *Yes! Andere überzeugen. 50 wissenschaftlich gesicherte Geheimrezepte*, Huber 2009, S. 18.

58 Ebenda, S. 19.

59 Ebenda, S. 21.

60 Kurt Tucholsky: »Französischer Witz«, *Lerne lachen ohne zu weinen*, Rowohlt 1932, S. 147–156.

61 George Lakoff, Elisabeth Wehling: *Auf leisen Sohlen ins Gehirn. Politische Sprache und ihre heimliche Macht*, Carl Auer 2016, S. 27.

62 Gareth Morgan: *Bilder der Organisation. Sonderausgabe Management Klassiker*, Schäffer-Poeschel 2018, S. 14.

63 Ebenda, S. 30.
64 Ebenda, S. 31.
65 Carlotta Cornelius: »›Wir brauchen mehr aufgeklärte Ignoranz‹, Interview mit Matthias Horx«, *Süddeutsche Zeitung online*, 20.9.2018, https://www.sueddeutsche.de/kultur/interview-am-morgen-debattenkultur-wir-brauchen-mehr-aufgeklaerte-ignoranz-1.4133488.
66 Sven Rohde: »Bin nicht so gut drauf heute«, *Psychologie heute* 8/2018, S. 74.
67 Hans-Peter Nolting: *Abschied von der Küchenpsychologie. Das Wichtigste für Ihre psychologische Allgemeinbildung*, Rowohlt 2012.
68 Sven Rohde: »Bin nicht so gut drauf heute«, *Psychologie heute* 8/2018, S. 74.
69 »Trump will Bill Gates als Berater – und erhält eine vernichtende Antwort«, *stern.de*, 2.5.2018, https://www.stern.de/digital/online/donald-trump-will-bill-gates-als-berater---und-erhaelt-eine-vernichtende-antwort-7968174.html.
70 Ebenda.
71 Die Lebenszweck-Übung ist einer Übung aus der folgenden Quelle entlehnt: Jack Canfield/Janet Switzer: *Kompass für die Seele. So bringen Sie Erfolg in Ihr Leben*, Goldmann 2005.
72 Rachel Nuwer: »What if we knew when an how we'd die?«, *BBC future online*, 18.6.2018, http://www.bbc.com/future/story/20180618-what-if-we-knew-when-we-were-going-to-die.
73 Ebenda.
74 Ebenda.
75 »Cool Germany. Germany is becoming more open and diverse«, *The Economist online*, 14.4.2018, https://www.economist.com/leaders/2018/04/14/germany-is-becoming-more-open-and-diverse.
76 Ebenda.
77 Ebenda.
78 »Ist das noch mein Land?«, *Spiegel online*, 19.4.2018, http://www.spiegel.de/spiegel/debatte-um-islam-und-heimat-ist-das-noch-mein-land-a-1203083.html.
79 Corinne Grinapol: »Christiane Amanpour: ›I believe in being truthful, not neutral‹«, *adweek.com*, 23.11.2016, https://www.adweek.com/digital/christiane-amanpour-i-believe-in-being-truthful-not-neutral.
80 Alfred Bosch, Reinhold Veit (Hg.): *Friedrich von Hayek: Die Verfassung der Freiheit*, Band 3, Abt. B der gesammelten Schriften von F. A. von Hayek in deutscher Sprache, Mohr Siebeck 2005.

81 »Enkelfähig« ist ein von der Investmentholding Haniel aus Duisburg geprägter Begriff und Titel eines Magazins, mit dem das familiengeführte Unternehmen eine gesellschaftliche Debatte über Werte anstoßen möchte: http://www.enkelfaehig.de.

82 Mechthild R. von Scheurl-Defersdorf: *Deutlich reden – wirksam handeln: Kindern zeigen, wie leben geht*, Herder 2016, S. 89.

83 »Ekel, Schock, Schönheit – Kunst: Damien Hirst, umstrittene Legende«, *n-tv online*, 4.4.2012, https://www.n-tv.de/mediathek/bilderserien/unterhaltung/Damien-Hirst-umstrittene-Legende-article5954061.html.

84 »Vorsorgeuntersuchung für Erwachsene«, Stadt Wien, https://www.wien.gv.at/gesundheit/beratung-vorsorge/gesundenuntersuchung.

85 »Tote bei Masernausbruch auf Philippinen«, *Aerzteblatt.de*, 7.2.2019, https://www.aerzteblatt.de/nachrichten/100970/Tote-bei-Masern-ausburch-auf-Philippinen.

86 Auswahl der Beispiele angelehnt an Scheuerl-Defersdorf, S. 166.

87 »Warum ignorieren wir Fakten? Der Backfire-Effekt«, *Terra X Lesch & Co*, YouTube, 8.11.2017, https://www.youtube.com/watch?v=OQem_nMk65I.

88 »Müntefering benennt die räuberischen Heuschrecken«, *Manager Magazin online*, 29.4.2005, https://www.manager-magazin.de/unternehmen/artikel/a-353997.html.

89 Claudia Wüstenhagen: »Große Worte, subtiler Einfluss«, *Zeit online*, 25.12.2014, https://www.zeit.de/2014/51/sprache-manipulation-gefuehle/komplettansicht.

90 Ebenda.

91 Ebenda.

92 Als weiterführende Quelle zu diesem Thema sei allen Eltern folgendes Buch ans Herz gelegt: Mechthild R. von Scheurl-Defersdorf: *Deutlich reden, wirksam handeln. Kindern zeigen, wie Leben geht*, Herder 2016.

93 Mechthild R. von Scheurl-Defersdorf: *In der Sprache liegt die Kraft. Klar reden, besser leben*, Herder 2016, S. 52.

94 Ben Fuhrmann: *Ich schaffs! Spielerisch und praktisch Lösungen mit Kindern finden – Das 15-Schritte Programm für Eltern, Erzieher und Therapeuten*, Carl-Auer 2015, S. 44 ff.

95 Jennifer Carmen Kleemann: »›The Fun Theory‹: Webvideos als Instrument der Nachhaltigkeitskommunikation«, Blog der Universität Siegen, 18.3.2014, https://blogs.uni-siegen.de/webvideo/2014/03/18/the-fun-theory-viral-die-welt-verbessern-jenny-kleemann.

96 »The Fun Theory 2 – an initiative of Volkswagen: Bottle Bank Arcade Machine«, YouTube-Kanal von Volkswagen, 26.10.2009, https://www.youtube.com/watch?v=zCt_MzsnIUk.

97 »Wer sind die Tool Rebels?«, Webseite der Wera GmbH, https://www.wera.de/de/unternehmen/tool-rebels.

98 Eine Zusammenfassung der Studie gibt es auf der Webseite *Future of Storytelling*: http://futureofstorytelling.org/video/empathy-neurochemistry-and-the-dramatic-arc.

99 Die ganze Geschichte und die wichtigsten Ergebnisse der Studie erläutert Studienautor Paul Zak in diesem Video: »Empathy, Neurochemistry, and the Dramatic Arc. Paul Zak at the Future of Storytelling 2012«, 3.10.2012, https://www.youtube.com/watch?feature=-player_embedded&v=q1a7tiA1Qzo#!.

100 Ebenda.

101 Ken Robinson: »Do schools kill creativity?«, *TED-Talk*, TED 2006, https://www.ted.com/talks/ken_robinson_says_schools_kill_creativity/transcript#t-2913 (deutsche Untertitel verfügbar).

102 Steve Jobs: »Abschlussrede vor Studenten der Universität Stanford 2005«, https://www.youtube.com/watch?v=DpMwWaxoI4Y (deutschsprachige Erstausstrahlung von ZDFinfo).

103 René Borbonus: »Respekt. Wie Sie Ansehen bei Freund und Feind gewinnen«, YouTube-Kanal von *GedankenTanken*, 10.3.2013, https://www.youtube.com/watch?v=9869CcKULwo&t=662s, Zeitstempel: Minute 14:12 bis 17:52.

104 »Jane's story«, Webseite von Sugru, https://sugru.com/story.

105 Robert Cialdini: »Zustimmung vorprogrammiert«, *managerSeminare* 236, November 2017.

106 Ebenda, S. 57 f.

107 Ebenda, S. 61.

108 J. Stoeber, D. P. Janssen: »Perfectionism and coping with daily failures«, *Anxiety, Stress & Coping* 5/2011, S. 477–497.

109 »Spendenlauf gegen Neonazis«, Bayerischer Rundfunk Oberfranken, *BR24/BR.de*, 15.11.2014, https://www.br.de/nachricht/oberfranken/inhalt/wunsiedel-demo-100.html.

110 Ebenda.

111 Carnegie Mellon University: »Randy Pausch Last Lecture. Achieving Your Childhood Dreams«, 20.12.2007, https://www.youtube.com/watch?v=ji5_MqicxSo&t=3118s.

112 Randy Pausch, Jeffrey Zaslow: *Last Lecture. Die Lehren meines Lebens*, Goldmann 2009.

113 »Ich bin nicht unhöflich, sondern Franzose«, *Spiegel online*, 23.3.2018, https://www.spiegel.de/karriere/gefeuerter-kellner-in-kanada-ich-bin-nicht-unhöeflich-sondern-franzose-a-1200085.html.

114 Ebenda.

115 Ebenda.

116 Mario Pricken: *Die Aura des Wertvollen. Produkte entstehen in Unternehmen, Werte im Kopf. 80 Strategien*, Publicis 2014, S. 32.

117 Ebenda.

118 Eckart von Hirschhausen: *Die Leber wächst mit ihren Aufgaben*, Rowohlt 2008.